Die Kriege des 18. Jahrhunderts

Jeremy Black

Die Kriege des 18. Jahrhunderts

Aus dem Englischen von Klaus-Dieter Bosse

Brandenburgisches Verlagshaus

Für WARWICK LIGHTFOOT

Die Deutsche Bibliothek –
CIP-Einheitsaufnahme
Der Titeldatensatz für diese Publikation ist bei der
Deutschen Bibliothek erhältlich.

ISBN 3-89488-137-2

Erstveröffentlichung bei: Cassell & Co., Wellington House,
125 Strand, London, WC2R OBB
Titel der englischen Originalausgabe:
Warfare in the Eighteenth Century
© 1999 Text: Jeremy Black

Übersetzung in die deutsche Sprache:
Klaus-Dieter Bosse, Dardesheim

© der deutschen Übersetzung 2001 by Brandenburgisches
Verlagshaus in der Dornier Medienholding GmbH Berlin

Umschlaggestaltung: Behrend & Buchholz, Hamburg
Umschlagbild: Die Schlacht von Fleurus
Koordination und Bearbeitung der deutschen Ausgabe:
Neumann & Nürnberger, Leipzig
Satzherstellung: XYZ-Satzstudio, Naumburg
Printed in Italy
Gedruckt auf alterungsbeständigem Papier mit
chlorfrei gebleichtem Zellstoff.
Die Schreibweise entspricht den Regeln der
neuen Rechtschreibung.
04 03 02 01 4 3 2 1

Vorbemerkung und Danksagung

Ein Jahrhundert voller Konflikte und militärischer Entwicklungen mit 40 000 Worten zu beschreiben ist eine echte Herausforderung. Jede historische Abhandlung macht eine bestimmte Auswahl erforderlich, aber für einen solch langen Zeitabschnitt fällt diese Selektion besonders schwer, und es kann sogar passieren, dass bestimmte Kriege und Länder dabei vollständig unerwähnt bleiben. Deshalb habe ich dieses Buch auf der Grundlage einer Reihe prinzipieller Aussagen konzipiert. Erstens ist eine eurozentrische Militärgeschichte dieser Zeit, die andere Gesellschaften vollständig vernachlässigt, inakzeptabel. Man muss vielmehr unterstreichen, dass Kriege weltweit geführt wurden und dass Konflikte, an denen Europäer nicht beteiligt waren, auch große Bedeutung hatten und wir viel daraus lernen können. Zweitens sollte man sich, insoweit es die europäische Militärgeschichte betrifft, hauptsächlich auf die in Übersee lebenden Europäer konzentrieren, sowohl was Kriege mit Nichteuropäern angeht als auch in Bezug auf transozeanische Konflikte mit den Streitkräften anderer europäischer Staaten, da diese sehr wichtig für die Weltgeschichte waren.

Von großem Nutzen für mich war die Beratung durch Matthew Anderson, Gerry Bryant, Jan Glete, Richard Harding, Harald Kleinschmidt, Peter Lorge, Gunther Rothenberg, Armstrong Starkey und Harry Ward, und auch Penny Gardiner vom Verlag Cassell möchte ich für ihre Hilfe bei diesem Buch danken. Ich bin dankbar dafür, dass ich die Möglichkeit hatte, die in diesem Buch dargestellten Themen in Vorträgen an den Universitäten von Adelphi, Bundesstaat Georgia, Harvard und Ohio State, an den Universitäten von Richmond und West of England, auf Konferenzen über chinesische und südasiatische Militärgeschichte an der Universität von Cambridge, auf der Wellington-Konferenz an der Universität von Southampton, auf der Konferenz des Dibner-Instituts über Wissenschaft und Materialkultur in der Kriegführung, auf dem Naval War College in Newport, auf der Sommerschule der University of Virginia Alumni in Oxford und auf dem Assumption College entwickeln zu können. Ein besonderes Vergnügen ist es für mich, diese Studie einem alten Freund widmen zu können.

JEREMY BLACK
Exeter

Historie des Schahs Jahan Muhammad Salih Kanbu. Mogul-Manuskript.

Inhalt

LEGENDE ZU DEN KARTEN

Waffengattungen

Infanterie

Kavallerie

Allgemeine militärische Symbole

Ort einer Schlacht

Fort

Verteidigungslinie

Kampflinie

Feldgeschütz

Militärische Bewegungen

Angriff

Rückzug

Geografische Symbole

städtisches Gebiet

städtisches Gebiet (3D-Karten)

Fluss

zeitweilig Wasser
führender Fluss

Kanal

inländische Grenze

Landesgrenze

KARTENVERZEICHNIS

ZEITTAFEL

1696   Schlacht von Gio-modo:
        Die Chinesen schlagen
        die Dsungaren.

1698   Die omanischen Araber
        erobern Mombasa von
        den Portugiesen.

1699   Die Franzosen gründen
        eine Siedlung in Biloxi.

1701–   Spanischer Erbfolge-
1714   krieg (für die Briten
        1702–1713).

1704   Aurangzeb stürmt das
        Fort der Marathen
        in Torna. Schlacht von
        Blindheim: Marl-
        boroughs erster großer
        Sieg.

1706   Schlacht von Ramillies:
        Marlborough siegreich.
        Schlacht von Turin:
        Österreichisch-savoy-
        ische Streitkräfte
        schlagen die Franzosen.

1707   Schlacht von Almanza:
        Die Franzosen schlagen
        die Briten.

1708   Die Algerier erobern
        Oran von Spanien.
        Schlacht von Oude-
        naarde: Marlborough
        siegreich.

1709   Schlacht von Malpla-
        quet: Marlboroughs
        letzter und am schwers-
        ten erkämpfter Sieg.
        Schlacht von Poltava:
        Die Russen schlagen
        die Schweden.

1710   Die Franzosen gründen
        Mobile.

1711   Schlacht an der Pruth:
        Peter der Große kapitu-
        liert vor den Türken.

1715   Die Türken erobern die
        Peloponnes.

1716   Schlacht von Peterwar-
        dein: Die Österreicher
        schlagen die Türken.

1717   Die Dsungaren dringen
        in Tibet ein und stür-
        men Lhasa. Die Spanier
        dringen in Sardinien ein.
        Die Venezianer halten
        Korfu gegen die Türken
        und erobern Belgrad.
        Schlacht von Belgrad:
        Die Österreicher schla-
        gen die Türken.

1718   Schlacht von Kap Pas-
        saro: Die Briten schla-
        gen die spanische Flotte.

1720   Die Chinesen erobern
        Lhasa.

1721   Die afghanischen
        Ghilzai dringen in Per-
        sien ein und erobern
        Kirman.

1722   Schlacht von Gulnabad:
        Die afghanischen
        Ghilzai schlagen die
        Perser. Isfahan wird ein-
        genommen. Die Russen
        erobern Derbent.

1723   Die Russen nehmen
        Baku ein.

1723   Die Dsungaren dringen
        bis nach Zentralka-
        sachstan vor.

1724   Schlacht von Shakark-
        hera: Der Nizam von
        Hyderabad begründet
        seine Macht. Daho-
        meische Streitkräfte
        erobern das Königreich
        Allada.

1724–   Die Dsungaren über-
1725   fallen Turkestan.

1727   Dahomeische Streit-
        kräfte erobern Whydah.

1728   Russisch-chinesischer
        Vertrag von Kiachta.

1730   Schlacht von Naha-
        vand: Die Perser unter
        Nadir Kuli schlagen die
        Türken. Die türkische
        Armee rebelliert. Die
        Franzosen schlagen den
        Stamm der Fox.

1733–   Polnischer Erbfolge-
1735   krieg.

1733   Schlacht von Buleleng
        in Bali. Die Franzosen
        nehmen Kehl ein. Nadir
        schlägt die Türken bei
        Kirkuk.

1734   Schlacht von Bitonto:
        Die Spanier schlagen die
        Österreicher.

1735   Schlacht von Bagha-
        vand: Nadir schlägt die
        Türken.

1736	Schah Nadir erobert Südafghanistan. Erfolgreiche russische Belagerung von Asow. Erfolglose russische Invasion auf der Krim.
1737	Erfolgreiche russische Belagerung von Otschakow. Erfolglose russische Invasion auf der Krim.
1738	Schah Nadir erobert Kabul und Kandahar. Schlacht von Bhopal: Die Marathen schlagen den Nizam von Hyderabad. Schlacht von Talkatora: Die Marathen schlagen die Moguln in die Flucht. Erfolgreiche russische Belagerung von Khotin.
1739	Schah Nadir fällt in Nordindien ein. Schlacht von Karnal: Schah Nadir schlägt die Moguln. Schah Nadir erobert Delhi. Belgrad wird von den Österreichern an die Türken übergeben. Schlacht von Stawutschanach: Die Russen schlagen die Türken. Admiral Vernon erobert Porto Bello.
1740	Schah Nadir erobert die Khanate von Buchara und Khiva. Schlacht von Mollwitz: Die Preußen schlagen Österreich. Schlacht von Damalcherry: Die Marathen schlagen den Nawab von Karnataka.

1740– 1748	Österreichischer Erbfolgekrieg.
1741– 1743	Schah Nadir führt einen erfolglosen Feldzug in Daghestan.
1741	Die Briten scheitern bei der Eroberung von Cartagena. Friedrich der Große von Preußen fällt in Schlesien ein.
1741	Die Marathen erobern Trichinopoly.
1743	Schah Nadir erobert Kirkuk. Schlacht von Dettingen: Die Briten schlagen die Franzosen.
1744	Schlacht von Toulon: ergebnislose Schlacht zwischen den britischen und französisch-spanischen Flotten.
1745	Schlacht von Kars: Schah Nadir schlägt die Türken. Die Briten erobern Louisbourg. Schlacht von Fontenoy: Die Franzosen unter de Saxe schlagen die Briten.
1746	Schlacht von Roucoux: Die Franzosen unter de Saxe schlagen die Briten.
1747	Ermordung von Schah Nadir. Schlacht von Lawfeldt: Die Franzosen unter de Saxe schlagen die Briten.
1751	Die Pimas von Arizona rebellieren gegen Spanien.

1752	Ahmad Khan von Persien (Iran) annektiert Lahore und Kaschmir.
1752	Schlacht von Bhalke: Die Marathen schlagen den Nizam von Hyderabad.
1755	Schlacht am Fluss Ili: Die Chinesen schlagen die Dsungaren unter Dawaci. Die Cheyenne und Pawnee benutzen Pferde.
1756	Beginn des Siebenjährigen Krieges: Friedrich der Große fällt in Sachsen ein. Die Franzosen erobern Menorca.
1757	Ahmad Khan von Persien annektiert Sirhind. Schlacht von Roßbach: Die Preußen unter Friedrich dem Großen schlagen die Franzosen. Schlacht von Leuthen: Die Preußen unter Friedrich dem Großen schlagen die Österreicher. Schlacht von Plassey: Robert Clive schlägt den Nawab von Bengalen. China beendet die Eroberung der Dsungarei.
1757– 1758	Birma fällt erfolgreich in Manipur ein.
1758	Die Briten erobern Louisbourg. Schlacht von Zorndorf: Die Preußen unter Friedrich dem Großen schlagen die Russen.
1759	Die Chinesen erobern

Kashgar. Alaung-hpaya von Birma fällt erfolgreich in Tenasserim ein. Die Briten erobern Quebec und Niagara. Britische Seesiege bei Lagos und in der Quiberon-Bucht. Schlacht von Kunersdorf: Die Russen schlagen Preußen. Schlacht von Minden: Die Briten schlagen die Franzosen.

1760   Die birmanische Belagerung der siamesischen Hauptstadt Ayuthia ist erfolglos. Schlacht von Udgir: Die Marathen schlagen den Nizam von Hyderabad. Schlacht von Wandewash: Die Briten unter Eyre Coote schlagen die Franzosen in Indien. Die Briten erobern Montreal.

1761   Dritte Schlacht von Panipat: Ahmad Khan schlägt die Marathen. Haidar Ali übernimmt die Macht in Mysore. Kirti Sri von Kandy erobert große Teile des in holländischer Hand befindlichen Sri Lanka.

1762   Die Briten erobern Havanna und Manila von Spanien.

1763   Ende des Siebenjährigen Krieges.

1763–   Indianererhebung unter
1764   Pontiac.

1764   Schlacht von P'etchaburi: Die Siamesen unter P'Ya Tashin schlagen

die Birmanen. Die holländische Invasion von Kandy ist erfolglos. Schlachten von Patna und Buxar: Durch Siege wird die britische Herrschaft in Bengalen gestärkt.

1765   Die Birmanen fallen in Manipur ein. Die holländischen Bemühungen zur Niederwerfung von Kandy sind erfolglos.

1766–   Chinesische Feldzüge
1769   gegen Birma.

1767   Ayuthia wird von den Birmanen gestürmt. Der siamesische König wird gefangen genommen.

1768–   Russisch-türkischer
1774   Krieg.

1769   Die chinesische Armee wird durch die Birmanen unter Maha Thi-ha Thu-ra bei Kaung-ton eingeschlossen.

1770   Schlacht von Bharatpur: Die Marathen schlagen die Jats. Schlachten von Ryabaya Magila, Larga und Kagul: Die Russen schlagen die Türken. Schlacht von Çesmé: Die Russen schlagen die türkische Flotte. Die Sioux setzen jetzt Pferde ein.

1771   Schlacht von Chinkurali: Die Marathen schlagen Haidar Ali.

1773   Der birmanische Angriff auf Siam schlägt fehl.

1774   Schlacht von Kosloduj: Die Russen schlagen die Türken.

1775   Tashin von Siam vertreibt die Birmanen aus Ching Mai. Schlacht von Bunker Hill.

1775–   Birmanische Invasion
1776   auf Siam.

1776   Amerikanische Unabhängigkeitserklärung. Schlacht von Long Island: Die Briten schlagen die Amerikaner unter George Washington. Die Briten erobern New York. Die Perser erobern Basra von den Türken.

1777   Schlacht von Brandywine: Die Briten unter Howe schlagen die Amerikaner und erobern Philadelphia. Schlacht von Saratoga: Die Briten werden von den Amerikanern geschlagen.

1778   Tashin von Siam erobert Vientiane. Schlacht von Ushant: eine ergebnislose britisch-französische Seeschlacht.

1779   Schlacht von Wadgaon: Die Briten kapitulieren gegen die Marathen. Erfolgreicher spanischer Angriff auf die Komantschen.

1780   Die Briten erobern Charleston. Schlacht von Camden: Die Briten schlagen die Amerikaner.

1780– Aufstieg Tupac Amarus
1781 in Peru.

1781 Die Briten kapitulieren
bei Yorktown.

1782 „Battle of the Saints":
Die Briten schlagen die
französische Flotte.

1783 Schlacht von Urai-Ilgasi:
Die Russen schlagen
die Nogaier. Ende des
amerikanischen Unab-
hängigkeitskrieges.

1784 Belagerung von
Malacca durch die Bugi
wird durch die Hol-
länder zurückgeschla-
gen.

1784 Die Birmanen erobern
Arakan.

1785 Die Birmanen fallen in
Laos ein und greifen
Siam erfolglos an.

1786 Die Birmanen greifen
Siam erfolglos an.

1787 Die Türken belagern
ohne Erfolg das auf-
ständische Scutari. Die
Tuareg erobern Tim-
buktu. Schlacht von
Kinburn: Die Russen
schlagen die Türken.

1788 Die Russen stürmen
Otschakow. Schlacht
am Dnjepr: Die Russen
schlagen die türkische
Flotte.

1788– Die Chinesen greifen
1789 Tongking (Nordviet-
nam) ohne Erfolg an.

1789 Die Österreicher
nehmen Belgrad ein.

1790 Darfur erobert Kordo-
fan (im heutigen Sudan).
Die Russen erobern
Forts von den Türken
im Donaudelta. Die
Amerikaner werden von
den Miami geschlagen.
Schlacht von Tendra:
Die Russen schlagen
die türkische Flotte.
Nootka-Sund-Krise: Die
Briten schüchtern die
Spanier erfolgreich ein.

1791 Die Briten erobern Ban-
galore von Mysore-
Streitkräften, aber der
Vormarsch auf Sering-
apatam schlägt fehl.
Kamehameha erobert
die Herrschaft über
Hawaii. Die Amerika-
ner werden durch
Ureinwohner am Fluss
Wabash geschlagen.

1792 Chinesischer Vormarsch
auf Katmandu. Die
Gurkha geben nach. Die
Briten rücken erfolg-
reich auf Seringapatam
vor. Mysore gibt nach.
Schlacht von Valmy: Die
Franzosen halten die
Preußen auf. Schlacht
von Jemappes: Die
Franzosen schlagen die
Österreicher und mar-
schieren in Belgien ein.

1793 Die Türken belagern
Scutari ohne Erfolg.

1794 Schlacht von Fallen
Timbers: Die Amerika-
ner schlagen die Urein-
wohner. Die Franzosen

schlagen die Österrei-
cher.

1795 Die Perser fallen in
Georgien ein. Schlacht
von Nuuanu: Kameha-
meha erweitert erfolg-
reich seine Macht über
die hawaiischen Inseln.
Die Franzosen schlagen
die Holländer.

1796 Montenegro widersteht
erfolgreich dem türki-
schen Angriff. Napo-
leon fällt erfolgreich in
Norditalien ein.

1798 Napoleon fällt in Ägypten ein. Nelson besiegt
die französische Flotte
in der Schlacht am Nil.

1799 Die Briten erobern
Seringapatam. Sultan
Tipu wird getötet.

DIE KRIEGE DES 18. JAHRHUNDERTS

DIE SCHLACHT VON ÇESMÉ, 5. JULI 1770. Die türkische Flotte mit zwanzig Schiffen und Fregatten sowie mindestens dreizehn Galeeren wurden von einem kleineren russischen Geschwader vor Chios geschlagen und mit Kanonenschiffen fast völlig zerstört. Ungefähr 11 000 Türken kamen dabei um. Jedoch gelang es den Russen nicht die Situation auszunutzen und die Türken aus der Ägäis zu vertreiben.

DIE KRIEGE DES 18. JAHRHUNDERTS

Im Jahre 1757 stürmte Alaung-hpaya die Stadt Pegu und vereinigte damit Birma unter seiner Herrschaft. Im gleichen Jahr schlug Friedrich der Große von Preußen seine französischen und österreichischen Gegner bei Roßbach bzw. Leuthen in den Kämpfen, die später als Siebenjähriger Krieg (1756–1763) bekannt wurden. Der letzte Feldzug wird oft in Werken über die Militärgeschichte angeführt, der erste nie. Trotzdem hatten beide die gleiche Bedeutung für das Leben der Menschen in den jeweiligen Gebieten und für die zukünftige Entwicklung verschiedener Teile der Welt, und beide erzählen uns viel, was für Militärhistoriker von Interesse ist. Das Gleiche gilt auch für Feldzüge, die weniger bedeutend waren, wie zum Beispiel die Eroberung der Festung Kehl durch die Franzosen, ihren einzigen Gewinn während des Vormarsches im Rheinland im Jahre 1733 (die nach dem Frieden von 1735 wieder zurückgegeben wurde), oder die große Schlacht bei Buleleng im gleichen Jahr, durch welche Gusti Agung Made Alengkajeng seine Hegemonie in Bali aufrechterhielt.

Die eurozentrische Methode ist nicht nur in Bezug auf die damit zu erfassenden Ereignisse begrenzt, sondern auch hinsichtlich ihrer Analysemöglichkeiten. Der Historiker geht dabei davon aus, dass eine spezielle Militärentwicklung, und zwar jene der großen europäischen Mächte, eine überragende Bedeutung hat. Er listet die Ereignisse auf und versucht sie zu erklären. Dabei vernachlässigt dieser Historiker jedoch die Entwicklungen in anderen Gesellschaften und schafft keine vergleichende Darstellung, in deren Kontext die Ereignisse in Europa besser bewertet werden können. Der eurozentrische Ansatz ist vielleicht berechtigt, wenn man das Jahr 1900 untersucht, als die europäischen Staaten und Militärmethoden tatsächlich die meisten Teile der Welt dominierten. Für das Jahr 1800 ist dies jedoch nicht geeignet und noch weniger für 1750, als sich ein großer Teil der Welt außerhalb europäischer Kontrolle befand.

Worin sonst sollte demnach der Ansatz dieses Buches bestehen, wenn nicht in einer Darstellung der Kriegführung in verschiedenen Teilen unseres Planeten? Gibt es dafür ein übergreifendes Modell?

A. Mücheln, wo nahe dabej die Franzvember gestanden. C. Viele Anhöhen, auf Holz, an welchen der rechte Flügel der Armee ges Weissenfels u. Merseburg abzuschneiden H. March flügelt. L. Kö: Pr. Cavallerie, welche den rechten S

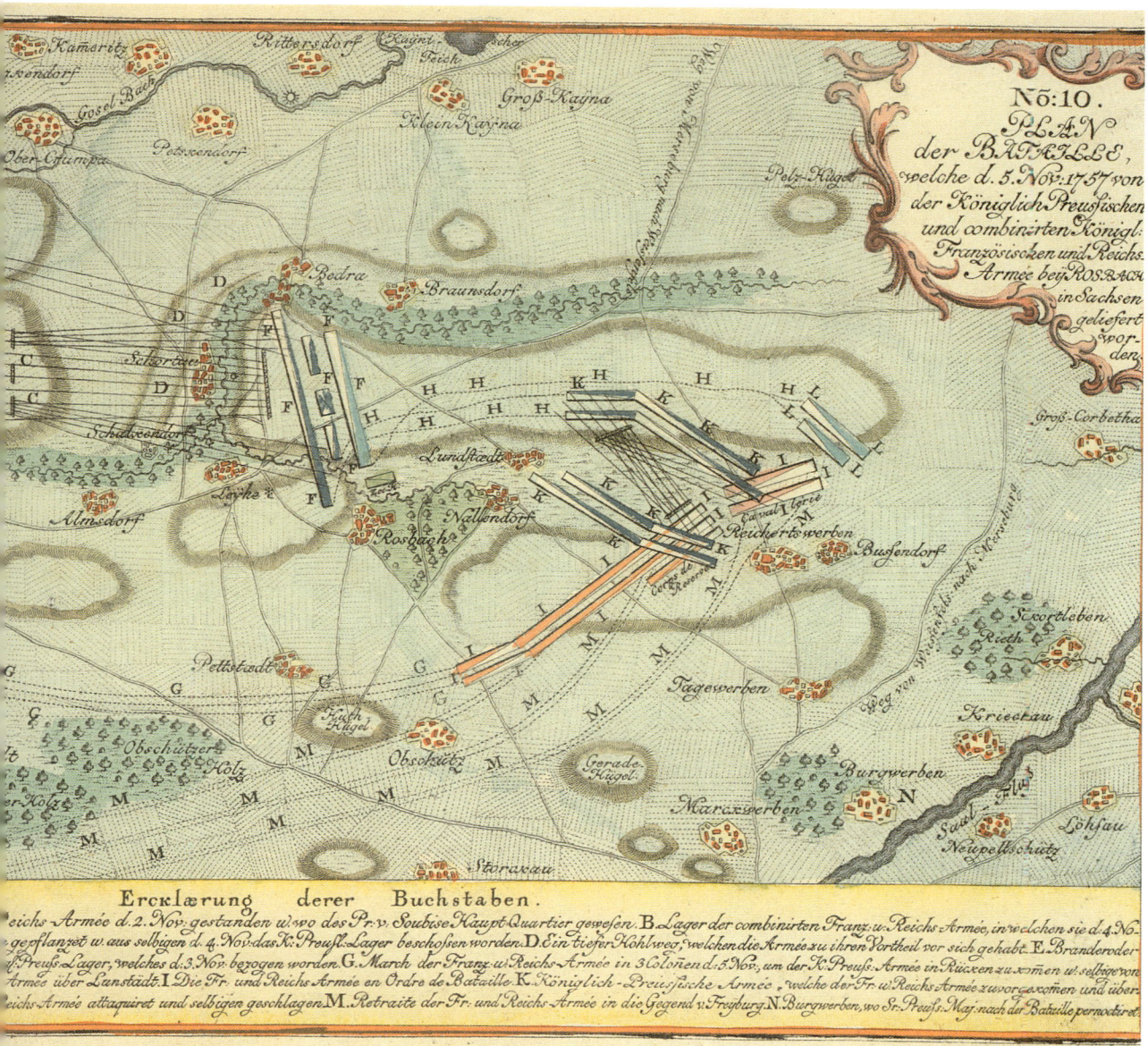

Nᵒ:10.
PLAN
der BATAILLE,
welche d. 5. Nov. 1757 von
der Königlich Preußischen
und combinirten Königl:
Französischen und Reichs
Armée bey ROSBACH
in Sachsen
geliefert
wor-
den.

Ercklærung derer Buchstaben.

…eichs Armée d. 2. Nov. gestanden w. wo des Pr. v. Soubise Haupt Quartier gewesen. B. Lager der combinirten Franz: u. Reichs Armée, in welchen sie d. 4. No: …gepflanzet w. aus selbigen d. 4. Nov. das K: Preuß: Lager beschossen worden. D. Ein tiefer Köhlweg, welchen die Armée zu ihrem Vortheil vor sich gehabt. E. Brander oder …Preuß. Lager, welches d. 3. Nov. bezogen worden. G. March der Franz: u: Reichs Armée in 3 Colonen d. 5. Nov. um der K: Preuß. Armée in Rücken zu xxmen u. selbige von …Armée über Lunstädt. I. Die Fr: und Reichs Armée en Ordre de Bataille. K. Königlich-Preußische Armée, welche der Fr: u: Reichs Armée zuvorgexxmen und über… …eichs Armée attaquiret und selbigen geschlagen. M. Retraite der Fr: und Reichs Armée in die Gegend v. Freyburg. N. Burgwerben, wo Sr. Preuß: Maj. nach der Bataille pernoctiret.

Erstens haben wir es hier mit einer wirklichen Vielfalt zu tun. Dabei geht es nicht darum, einfach eine interessante Vielfalt militärischer Praktiken zu erfassen, sondern vielmehr darum zu verstehen, dass dies entscheidend ist für das Argument, dass unterschiedliche militärische Praktiken und Systeme in verschiedenen Teilen der Welt angemessen waren.

Zweitens, und im Zusammenhang mit dem letzten Punkt, gibt es keinen Grund für technisches Triumphdenken, und man sollte nicht glauben, dass es eine Hierarchie der militärischen Leistungen gab, die auf dem Einsatz spezieller Waffen basierte.

Drittens gibt es kein einzelnes Modell, mit dessen Hilfe sich sowohl die Kriegführung zu Land als auch zu Wasser erfassen ließe, da auch diese Analyse dem Krite-

Schlacht von Roßbach, 5. November 1757. Eine zügig geführte Schlacht, in der die französische Armee und ihre deutschen Verbünden durch die Schnelligkeit der preußischen Antwort unter Friedrich dem Großen eine verheerende Niederlage erlitten. Die preußische Infanterie schoss in der Vorwärtsbewegung.

Schlacht von Kolin, 18. Juni 1757. Diese preußische Niederlage schadete dem Ruf Friedrichs des Großen. Die Entscheidung, einen ursprünglich geplanten Flankenangriff aufzugeben und stattdessen die gut gewählte Position von Daun frontal anzugreifen, führte zu schweren Verlusten unter der preußischen Infanterie. Durch seine Arroganz vernachlässigte Friedrich die Planung und büßte dann die Kontrolle über die Schlacht ein. Die Preußen verloren 13 000 Mann und gaben die Belagerung Prags auf.

rium der Vielfalt untergeordnet ist. Diese Frage liegt in Bezug auf Strategie, Taktik und Organisation in unterschiedlichen Bedingungen von Raum und Kampfkraft begründet, die überall auf dem Globus nachzuweisen sind. Insbesondere lässt sich mit diesem Verhältnis auch die fortgesetzte Bedeutung der Kavallerie in vielen Ländern begründen. Demzufolge kann man das traditionelle Bild der Kriegführung in dieser Epoche, das in aus nächster Nähe aufeinander feuernden, dicht gestaffelten Infanteriereihen besteht (was in Europa wirklich von Bedeutung war), durch viele andere Systeme ergänzen, von der Kavallerie in Zentralasien bis zu den Bogenschützer der Mura in ihren Festen in Amazonien. Um die Art und Weise sowie die Bedeutung der außereuropäischen Kriegführung zu illustrieren und um zu analysieren, worin die Unterschiede zu den Konflikten in Europa lagen, beginne ich in Tibet.

par S EX de Feld Marechal Comte LEOPOLD de DAUN emporta la VICTOIRE sur
par le ROY.

vint se former le 19 Juin au matin   C. hauteurs ou la reserve avoit passé la nuit.
Général Comte de Nadasdy

otre droite, mais SEXC le Marechal de DAUN fit marcher quelque tems sa
rmée Prussienne setant decider pour porter touttes leurs forces sur notre

apres 8 heures du Soir.

Im 18. Jahrhundert war Asien der bevölkerungsreichste Kontinent der Welt und
große Teile waren bis dahin von den europäischen Mächten wenig berührt worden.
Tibet war der Drehpunkt eines Kampfes zwischen China und seinem mächtigsten
Gegner. Dies war weder Chinas europäischer Nachbar, Russland, noch waren es
die Seestreitkräfte von Westeuropa, sondern es war das Reitervolk der Dsungaren.
Dieser Kampf zeigte, dass die unterschiedlichen Kriegsmethoden in der Welt sich
nicht nur mit Vielfalt und Neugier begründen lassen. Unterschiedliche Methoden
spiegelten die Notwendigkeiten spezieller militärischer Bedingungen wider. Kriege,
an denen keine europäischen Truppen oder Methoden beteiligt waren, diktierten
das Schicksal großer Teile der Welt im 18. Jahrhundert.

KAPITEL EINS

Krieg ohne Beteiligung Europas

KOSAKENREITER. *Kosaken hatten einen fürchterlichen Ruf, stellen aber nur ein Beispiel für die leichte Kavallerie dar, die im Asien des 18. Jahrhunderts so wichtig war. Diese Streitkräfte kombinierten Mobilität und Feuerkraft, konnten jedoch gegen befestigte Stellungen wenig ausrichten. Die Kosaken wurden zu einem Symbol der militärischen Stärke Russlands.*

KRIEG OHNE BETEILIGUNG EUROPAS

Der chinesische Kaiser Kangxi (1662 – 1723) vereinigte mit Erfolg die chinesischen und mandschurischen Militärtraditionen. Nach der Niederschlagung der Rebellion der drei Vasallen konnte er die chinesische Macht ausdehnen und die Dsungaren 1696 und 1697 schlagen.

Im Jahre 1717 fiel eine 6000 Mann starke dsungarische Streitmacht in Tibet ein. Dieser Feldzug, der durch das letzte der nomadischen Mongolenreiche Zentralasiens gestartet wurde, war in Bezug auf die dabei eingesetzten Kriegstechniken Welten von der spanischen Seestreitmacht entfernt, die im gleichen Jahr erfolgreich auf der Mittelmeerinsel Sardinien landete. Die Invasion der Dsungaren zeigte, dass jahrhundertealte Muster der Kriegsführung immer noch gültig waren. Beim Einmarsch nach Tibet über eine sehr hohe und wüste Route verloren die Dsungarenreiter aufgrund des unwegsamen Geländes viele Männer. Dennoch drangen sie weiter vor. Sie sollten nicht nur einen kleinen Überfall durchführen, der außer für die Opfer keine weiteren Folgen gehabt hätte. Dieser Feldzug war vielmehr Teil eines erbitterten Kampfes um die Herrschaft über einen weiten Landstrich Innerasiens, der zwischen den Dsungaren, die in einem Gebiet ansässig waren, das heute Xinji-

ang oder Nordwestchina entspricht, und den Mandschu-Herrschern Chinas lag. Dieser Kampf dauerte bis in die 50-er Jahre des 18. Jahrhunderts und führte dazu, dass China seine größte territoriale Ausdehnung erreichte.

Schon 1696 hatte der chinesische Kaiser Kangxi den Dsungarenführer Galdan Boshugta bei Gio-modo in der Mongolei geschlagen. Beide Mächte kämpften dann um die Vorherrschaft in Tibet, das damals nicht zu China gehörte und dessen Kontrolle die Loyalität der Ostmongolen gegenüber China beeinflussen konnte. Im Jahre 1717 war das Ziel der Dsungaren Lha-bzan Khan, ein chinesischer Protegé, der den Dalai Lama, das geistige Oberhaupt Tibets, 1706 vom Thron gestürzt hatte. Lhabzan Khans Berater waren sich uneinig darüber, wie man den Dsungaren am besten begegnen sollte. Einer von ihnen, Aka Taiji, empfahl den Kampf in einer offenen Ebene, während ein anderer, P'o-lha-nas, eine starke Verteidigungsstellung vorschlug. Diese Strategie hatten die Chinesen 1696 angewandt. Der Erste gab aus sozialen und kulturellen Gründen eine Kriegführung mit der Kavallerie den Vorzug, während Letzterer auf den Einsatz von Feuerwaffen drang. Letztendlich blieb Lhabzans Armee auf den Wiesen, wo die Tiere Futter hatten, und wurde dort von den

Der Kaiser Kargxi bei der Inspektion eines Deichbaus. Die chinesische Stärke beruhte nicht nur auf der demografischen und ökonomischen Macht Chinas, sondern auch auf der Fähigkeit der Regierung zur Mobilisierung und Organisation dieser Ressourcen. Dies zeigte sich besonders beim erfolgreichen Einsatz der Streitkräfte in weit entfernten Gebieten wie in Tibet und gegen die Dsungaren.

Dsungaren angegriffen. Nach einem allgemeinen Beschuss mit Musketen kam es zum Nahkampf, insbesondere mit Schwertern und Messern, und nach einer Reihe ähnlicher Schlachten wurde Lha-bzan nach Lhasa zurückgedrängt, das selbst am 21. November 1717 nach Mitternacht erfolgreich gestürmt werden konnte.

Dieser Feldzug und seine Folgen sind von größerer Bedeutung für das Studium der Militärgeschichte, da sie wenig bekannte Beispiele für allgemeinere Prozesse bieten. Erstens zeigen sie den vorübergehenden Charakter des militärischen Erfolgs. Die Chinesen starteten 1718 einen Gegenangriff und, obwohl eine chinesische Armee durch die Dsungaren im gleichen Jahr ausgelöscht wurde, führten konzertierte Operationen von zwei Armeen zwei Jahre später zur Eroberung von Lhasa. Dieser vorübergehende Charakter ist wichtig, denn er weist auf die Schwierigkeiten hin dauernde Erfolge zu erreichen und unterstreicht die Probleme hinsichtlich der Bewertung der militärischen Fähigkeiten und Effektivität, sowohl unter momentanen Bedingungen als auch über einen längeren Zeitraum. Welche Schlachten und Feldzüge sind also wichtig und sollten untersucht werden? Wie können Armeen beurteilt werden? Das Argument, dass außereuropäische Militärsysteme, wie zum Beispiel das chinesische, überholt waren, da sie ein Jahrhundert später zur Zeit der Opiumkriege den Europäern keinen Widerstand leisten konnten, ist dabei keine Hilfe, wenn man nicht berücksichtigt, dass es früher und zur gleichen Zeit gleichwertige Gegner gab, denen sie nicht unterlagen.

Zweitens wird durch den Feldzug von 1717 die entscheidende Rolle der Politik für die Kriegführung unterstrichen. Der chinesische Erfolg im Jahre 1696 verdankte viel der Unterstützung durch Galdans rebellischen Neffen, Tsewang Rabtan, und

Chinesisches Drehgeschütz. Die Artillerie entwickelte sich in China und Europa unterschiedlich. Die Chinesen wussten, dass ihre Schießpulverwaffen eine geringere Wirksamkeit besaßen und suchten deshalb bei europäischen Spezialisten um Rat nach. Dies geschah mehr im 17. als im 18. Jahrhundert, was teilweise daran lag, dass China zur Zeit der Ming- und dann der Mandschu-Dynastie vor allem im 17. Jahrhundert unter Druck stand.

die Uneinigkeit auf Lha-bzans Seite war von Bedeutung für den Ausgang im Jahre 1717. Sein Regime basierte auf Gewalt, seine Armee war geteilt und hatte keinen Zusammenhalt, und der Angriff auf Lhasa wurde in großem Maße durch interne Verräter unterstützt. Die große Bedeutung der Politik in Konflikten gilt ebenfalls in allgemeinerer Hinsicht. Auch der schwierige Feldzug des Mogulkaisers Aurangzeb gegen durch die von Marathen gehaltene Forts in Indien von 1699 bis 1704 basierte auf Bestechung, was durch das Loyalitätsverständnis innerhalb dieser Gesellschaft erleichtert wurde. 1704 fiel Torna in einem nächtlichen Überraschungsangriff, aber in den meisten anderen Forts wurden die Kommandanten durch Bestechung zur Übergabe veranlasst. In ähnlicher Weise spielten finanzpolitische Momente eine entscheidende Rolle bei dem britischen Sieg über den Vizekönig von Bengalen bei Plassey im Jahre 1757: Der leitende General des Nawab, Mir Jaffir, hatte eine Übereinkunft mit Robert Clive getroffen.

Drittens unterstrich der Dsungaren-Feldzug von 1717 die Bedeutung der Kavallerie. Das Gleiche gilt für die Einnahme von Turkestan in Zentralasien durch die Dsungaren von 1724 bis 1725. Die taktischen Aspekte des Kavalleriekrieges hatten tief greifende Auswirkungen auf das strategische Verständnis dessen, was den Sieg ausmachte. Insbesondere für die Kriegführung in den Steppen, wo es nur wenige Festungen gab, hatte ein Sieg eine äußerst relative Bedeutung. Die Bedingungen waren äußerst fließend und der Feind konnte zu jedem Zeitpunkt wegreiten. Demzufolge mussten sich die Führer Gedanken machen, wie sie die Lage am besten kontrollieren konnten, und es war außerordentlich schwer, ohne den üblichen Einsatz von Gewalt eine gewisse Macht über die Bevölkerung zu bekommen. Finanzielle Mittel und Völkermord waren zwei Möglichkeiten, und beide (jedoch insbesondere die erste) wurden hin und wieder in den chinesischen Beziehungen mit den Nachbarn eingesetzt. Die Mandschuren benutzten den lamaistischen Buddhismus um die Mongolen zu kontrollieren und deshalb mussten sie die tibetischen Zentren des Buddhismus unter ihre Herrschaft bringen. Der Kampf um Tibet zeigte die Wechselbeziehung zwischen Steppe und chinesischem Siegverständnis. Man musste entscheiden, was wichtiger war: das Halten eines Territoriums oder der Sieg über den Feind auf dem Schlachtfeld, die beiden Pole des China-Steppe-Kontinuums der Kriegführung.

In dem Kampf zwischen China und den Dsungaren hatte die Kavallerie eine entscheidende Bedeutung. Diese wichtige Rolle der Kavallerie kommt jedoch nicht zum Ausdruck, wenn man sich die Kriege in Westeuropa oder europäische Operationen in anderen Teilen der Welt an-

Malaiische Kris-Waffen. Nahkampfwaffen hatten im 18. Jahrhundert eine größere Bedeutung als oft angenommen wird. Diese Waffen wurden von dynamischen Mächten und Völkern benutzt wie z. B. von den nepalesischen Gurkha, die Schwerter (kukris) verwendeten. In Südostasien hatten Kriegselefanten, Piken, Schwerter und Speere immer noch Bedeutung und der Einfluss von Feuerwaffen auf die Taktik war eher gering.

sieht. Bei diesen Kriegen und insbesondere in Bezug auf Letztere dominierte die Infanterie und im Mittelpunkt des Krieges standen die Rekrutierung, der Einsatz und die taktischen Fähigkeiten der Infanterie. Der Wert der Kavallerie war besonders begrenzt bei Operationen zur See wie der spanischen Invasion auf Sardinien, da der Transport und die sichere Anlandung der Pferde schwierig war.

Aber nicht nur bei europäischen Operationen dominierte die Infanterie. Sie war auch entscheidend in Gebieten, die außerhalb der europäischen Militärtradition liegen, wie zum Beispiel in den Waldzonen an der westafrikanischen Küste, in Amazonien, auf Ceylon (Sri Lanka), im Himalaja und in Südostasien. Aber die Kavallerie bestimmte immer noch die Kriegführung in vielen Gegenden wie zum Beispiel in Zentral- und Südwestasien, in Indien (mit Ausnahme von Kerala im Süden und der wasserreichen Gangesebene) und im Savannengürtel Afrikas. Auch in Osteuropa war die Kavallerie von Bedeutung: Die polnischen und russischen Armeen hatten starke Kavallerieverbände für Kämpfe in offenen Ebenen, insbesondere gegen die Türken. Jedoch waren große Teile der Kavallerie irregulär wie zum Beispiel die Kosakeneinheiten, und die Kavallerie spielte in den regulären Armeen Europas eine geringere Rolle als beispielsweise in Indien zur Zeit des Mogulherrschaft.

Weltweit nahm die Bedeutung der Kavallerie durchaus nicht ab, wie dies in Westeuropa der Fall war, sondern sie nahm in bestimmten Regionen sogar noch zu. Dies trifft insbesondere auf die weiten Gebiete der Great Plains in Nordamerika zu, wo sich die Verwendung von Pferden von dem unter spanischer Herrschaft stehenden Mexiko nach Norden ausbreitete und bis 1755 die Cheyenne und Pawnee

GEGENÜBER: *Tibetische Kultur. Die Expansion bestimmter Großmächte fand teilweise auf Kosten lang bestehender Kulturen wie der tibetischen statt. Die Kontrolle über den tibetischen Buddhismus wurde als wichtig für die Konsolidierung der chinesischen Position in der Mongolei und für die Stärkung der Chinesen im Kampf gegen die Dsungaren angesehen.*

Kampfdarstellung in einer nepalesischen Legende. Die Gurkha waren eine der dynamischsten Kräfte in Südasien. Sie bewiesen ihre Fähigkeiten in Auseinandersetzungen im Himalaja und benutzten für ihre Taktik in großem Maße Hinterhalte.

Japanische Pfeilspitzen aus Stahl. Japan zeigte in dieser Zeit keine expansionistischen Bestrebungen und wurde nicht durch China bedroht. Deshalb bestand kein Grund, die im 17. Jahrhundert abgeschafften Schießpulverwaffen wieder einzuführen. Jedoch wurde dies durch das zunehmende Eindringen europäischer Seestreitkräfte in den Nordpazifik in Frage gestellt.

erreichte, sowie 1770 die Sioux an der heutigen Grenze zu Kanada. Sowohl dort als auch in Südasien zeigte sich, dass Pferde mit dem Einsatz von Wurf- und Schusswaffen durchaus vereinbar waren, womit nicht nur Pfeil und Bogen gemeint sind, sondern Pistolen und Musketen. Die Kavallerie war in keiner Weise anachronistisch, was sich darin zeigte, dass es Armeen waren, die sich auf die Kombination von Pferden und Schusswaffen stützten, die Persien von 1721 bis 1722 eroberten und erfolgreich zwischen 1738 bis 1739 und 1752 bis 1761 in Nordindien einfielen. Jedoch waren diese Feldzüge in Indien und insbesondere die Invasion zwischen 1738 und 1739 eigentlich massive Überfälle, auf die keine flächendeckende Besetzung folgte. Das lag teilweise daran, dass es der Infanterie bedurft hätte, um befestigte Stellungen einzunehmen und als Garnisonen auszubauen.

In großen Teilen Afrikas wurde der Einsatz von Kavallerie durch die Tsetsefliege eingeschränkt, in Südostasien durch topografische Bedingungen und den dichten Baumbestand. Demzufolge waren die Umweltbedingungen ein wichtiger Faktor für die begrenzte Effektivität bestimmter Waffensysteme, da sie die weltweite Verbreitung technischer Neuerungen einschränkten und die Entwicklung spezieller Arten der Kriegführung in verschiedenen Regionen beeinflussten. So war beispielsweise die Gangesebene unterhalb von Patna sehr reich, aber aufgrund der zahlreichen Wasserläufe und überfluteten Felder bildete sie ein schlechtes Gelände für Kavallerie, und so wurde dort der Einsatz von Kavallerieverbänden zumeist vermieden.

Jedoch ist eine Typologie der Kriegführung, die sich auf die Anpassung an Umweltbedingungen stützt, von nur begrenzter Aussagekraft. Nicht nur deshalb, weil keine eindimensionale Typologie adäquat sein kann, sondern auch, weil andere wichtige Faktoren in einer solchen Analyse unbeachtet bleiben könnten. Ein Faktor, der oft vergessen wird, ist beispielsweise der politische Kontext. Genauso wie die natürlichen Bedingungen beeinflusst er die Frage, was in der Kriegführung überhaupt möglich ist und bildet so die Grundlage für andere Faktoren allgemeinerer Natur, wie zum Beispiel Strategie, Taktik, Bewaffnung, Logistik, Führung und Moral.

Man kann bestimmte Gebiete der Welt mit begrenzter Staatsentwicklung wie zum Beispiel Patagonien, Amazonien, Nordamerika, Australasien, den Pazifik und Teile Südwestafrikas mit anderen vergleichen, in denen das Regierungssystem weiter entwickelt war und die Gesellschaft eine größere Diffenzierung aufwies wie beispielsweise Japan, China, Birma, Siam, Kandy (im Inneren von Sri Lanka), Indien, Persien, das osmanische Reich und große Teile Westafrikas. Innerhalb der ersten Gruppe gab es keine Spezialisierung des Militärs und von allen gesunden, erwachsenen Männern wurde erwartet, dass sie als Krieger dienen. Da auch die Wirt-

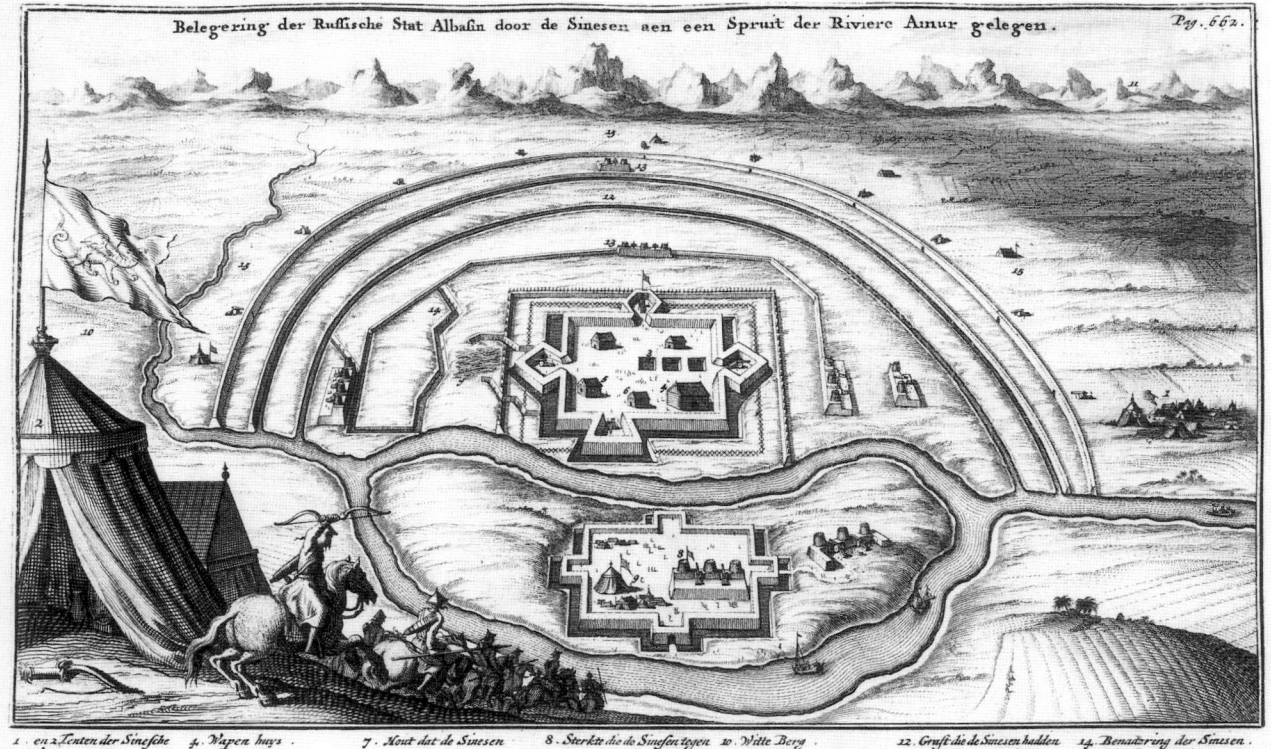

Belegering der Ruffifche Stat Albafin door de Sinefen aen een Spruit der Riviere Amur gelegen. *Pag. 662.*

1 . en 2 Tenten der Sinefche .   4 . Wapen huys .   7 . Hout dat de Sinefen   8 . Sterkte die de Sinefen tegen   10 . Witte Berg .   12 . Gruft die de Sinefen hadden .   14 . Bemanring der Sinefen
1 . Veltverften .   5 . Granaet kelder .   onder de Stat bragten om   de Stat op hebben geworpen .   11 . Steengebergte daer een   gegreven meerhaer vriefche ruiters. 15 . Hier lag het Sinefche leger
3 . Aerd huyses .   6 . Kruit kelder .   die aen te ftecken .   9 . Sinefche Generaels Tent .   weg errevgaet .   13 . Sinefche befchanzinge .   : geftrekt .

schaftssysteme dieser Gebiete nur begrenzt entwickelt waren und zumeist auf Weidewirtschaft und wechselndem Ackerbau basierten, konnten sich nur relativ kleine Bevölkerungszahlen davon ernähren, die Verwaltungssysteme waren primitiv und die Ressourcen reichten nicht aus, um eine große Armee oder das, was später unter dem Begriff des militärisch-industriellen Komplexes zusammengefasst wurde, damit zu erhalten. Die nordamerikanischen Stämme, die sich zwischen 1763 und 1764 unter Pontiac gegen die Briten erhoben, konnten diesen Krieg nicht durchhalten, da ihnen die Ressourcen für einen langen Feldzug fehlten und sie ihre Schießpulvervorräte nicht erneuern konnten.

In weiter entwickelten Gesellschaften war die Spezialisierung dagegen stärker ausgeprägt. Dort hatte man stehende Heere und konnte umfangreichere Streitkräfte zum Einsatz bringen und unterhalten. Diese Länder waren auch in der Lage Expansionskriege zu führen, obwohl nicht alle dies taten. Japan beispielsweise führte während dieser Zeit überhaupt keinen Krieg.

Der dynamischste Staat und die weltweit erfolgreichste Militärmacht zu Lande war China. Die bereits in der zweiten Hälfte des 17. Jahrhunderts begonnene Expansion wurde durch die Besetzung Formosas (Taiwan, 1683), die Vertreibung der Russen aus dem Amur-Becken (1682–1689) und den Sieg über die Dsungaren (1696–1697) fortgesetzt. Zwischen 1700 und 1760 errang China den endgültigen Sieg über die Dsungaren und dehnte seinen Machtbereich bis zum Balchaschsee aus. Es annektierte auch das östliche Turkestan von den Afaqi Machdumzada; Kaschgar fiel im Jahre 1759. Die Feldzüge gegen Birma zwischen 1766 und 1769 waren jedoch weniger erfolgreich, aber 1792 konnten die Chinesen bis Katmandu vorrücken, wo die nepalesischen Gurkha, deren Expansion die chinesische Position in Tibet zu bedrohen begann, gezwungen wurden die chinesische Macht anzuerkennen. Während dieser Zeit schlugen die Chinesen auch eine Reihe größerer Auf-

China und Russland trafen in den 80-er Jahren des 17. Jahrhunderts im Amur-Becken aufeinander. Die russische Festung Albasin wurde 1685, 1686 und 1689 erfolgreich belagert und die Chinesen konnten bis Nertschinsk vorrücken. Im Vertrag von Nertschinsk erkannten die Russen die chinesische Kontrolle über das Gebiet an. Die europäische Idee der „Artilleriefestung" war nicht in der Lage, die Aufrechterhaltung der europäischen Präsenz zu sichern.

29

 stände nieder. Am Ende des Jahrhunderts hatte China mit allen Nachbarn Frieden geschlossen und zwar zu seinen Bedingungen. Russland respektierte die vertraglich vereinbarten Grenzen Chinas, jedoch nicht jene der Türkei und Persiens; die östlichen Mongolen waren Teil des chinesischen Systems; die Dsungaren waren zerstört worden und andere Nachbarn waren tributpflichtige Staaten. Das nächste machtvolle zentralasiatische Volk im Westen, die Kasachen, akzeptierten ihren Tributstatus und blieben unter chinesischem Einfluss, bis dieser in der Mitte des 19. Jahrhunderts durch Russland abgelöst wurde. Das Vordringen Chinas war die erstaunlichste Machterweiterung zu Lande im 18. Jahrhundert. Viele chinesische Karten aus dieser Zeit zeigen, dass die Ausmaße des Reiches beispiellos waren.

In dem chinesischen Roman *Nü-hsien wai-shih* von Lü Hsiung, der 1711 veröffentlicht wurde, verurteilte die Mondkönigin die Verwendung von Geschützen:

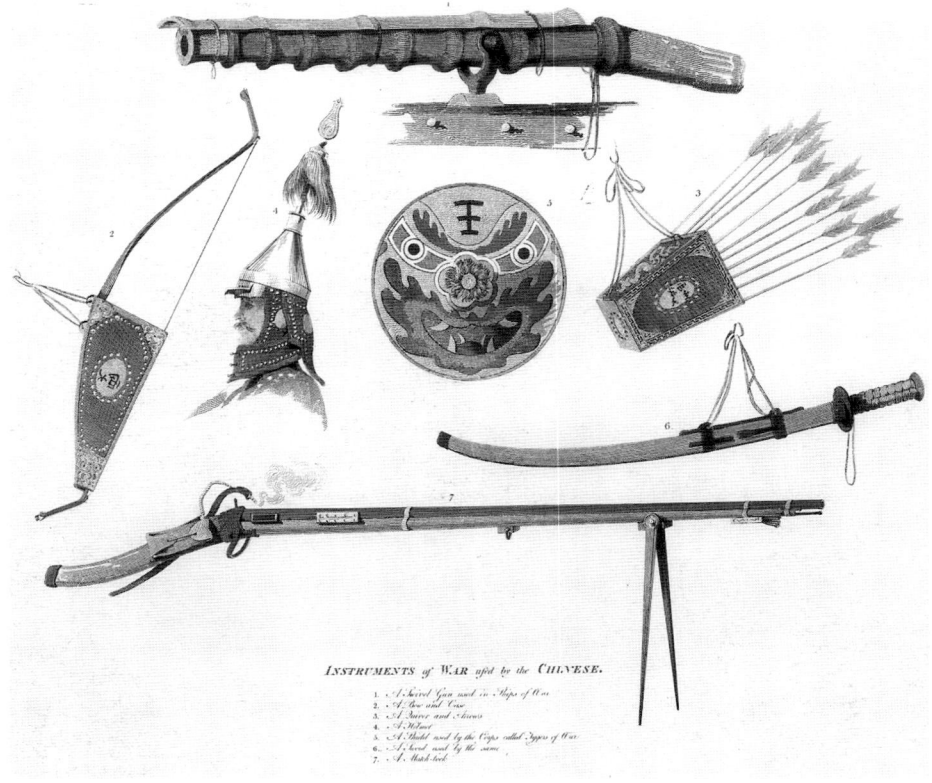

INSTRUMENTS of WAR used by the CHINESE.

1. A Swivel Gun used in Ships of War
2. A Bow and Case
3. A Quiver and Arrows
4. A Helmet
5. A Shield used by the Corps called Tygers of War
6. A Sword used by the same
7. A Match-lock

Chinesische Waffen, 1794. Die Ausrüstung der chinesischen Streitkräfte war weniger standardisiert als in Europa, aber dies ist nicht überraschend, wenn man die Größe und Vielfalt der chinesischen Streitkräfte sowie die unterschiedlichen Bedingungen, unter denen sie kämpfen mussten, berücksichtigt. Allerdings fehlten ihnen vergleichbare Seestreitkräfte.

Um Mitternacht machte sich die Mondkönigin zusammen mit der Ausbilderin Pao und der Ausbilderin Man auf den Weg, um sich die Lage von Pei-P'ing anzusehen und eventuell eine Strategie zu empfehlen. Sie sah, dass zahllose Geschütze auf den Stadtmauern in Stellung gebracht worden waren: Kanonen der Roten Barbaren, Schrapnellkanonen, Kanonen, die am Himmel explodierten, und Kanonen der Göttlichen Kraft. Da sagte die Mondkönigin: „Solche Dinge sind nicht für die Verwendung gegen Menschen bestimmt! Sie machen alle, die es wagen, Soldat zu sein, zu Fleischbrei. Die sechs Taktiken und drei Strategien können dagegen nichts mehr ausrichten."

Dann nahm die Mondkönigin ein Amulett und machte die Kanonen unwirksam. Obwohl die Chinesen traditioneller als die Europäer operierten, gaben sie das Geschütz nicht auf, wie dies die Japaner im 17. Jahrhundert taten. Feuerwaffen hatten

Chinesischer Militärposten, 1796. Bei den chinesischen Befestigungen legte man weniger Wert auf die Abwehr von Geschützfeuer als bei ähnlichen Bauten in Europa. Zu jener Zeit wurde China durch keine Macht mit bedeutendem Angriffspotenzial an den Land- oder Seegrenzen bedroht. Und die chinesischen Erdforts sollten sich sehr gut gegen britische Kriegsschiffe bewähren.

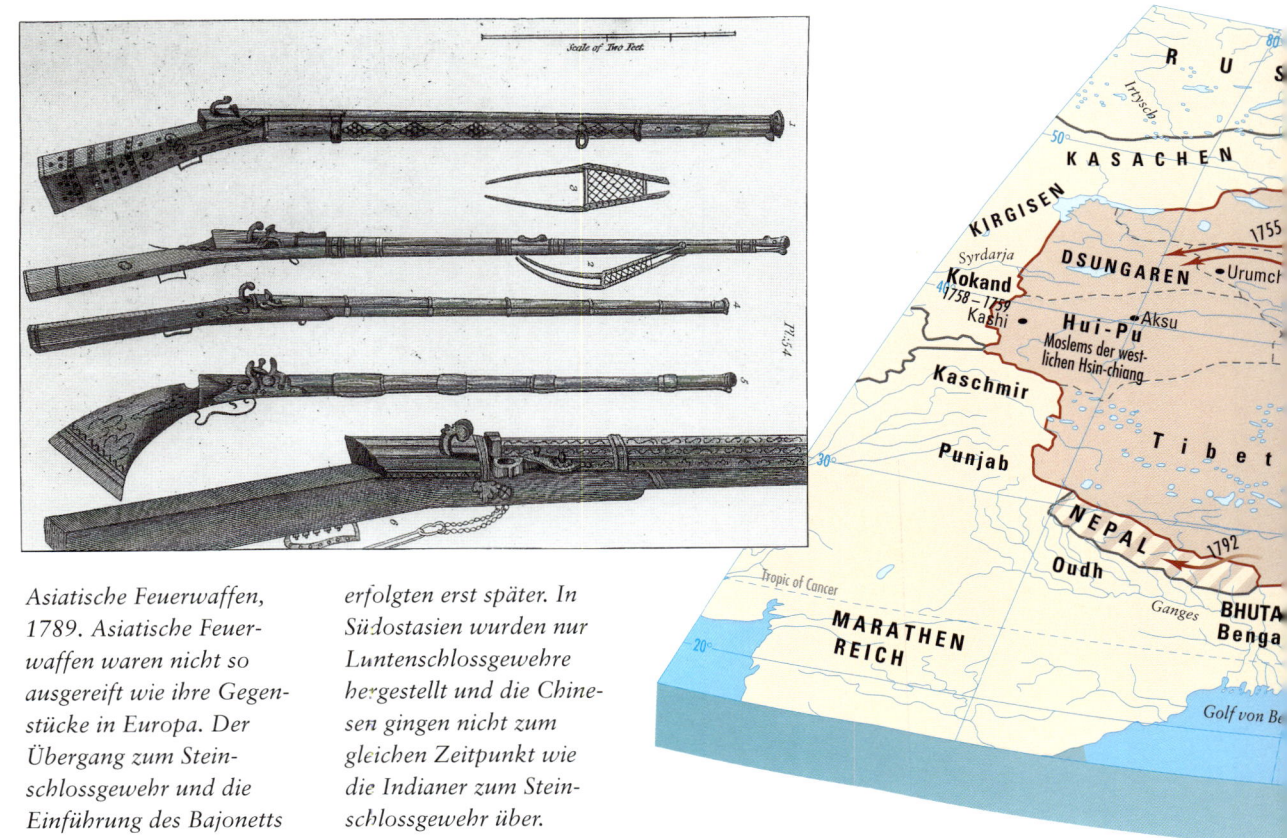

Asiatische Feuerwaffen, 1789. Asiatische Feuerwaffen waren nicht so ausgereift wie ihre Gegenstücke in Europa. Der Übergang zum Steinschlossgewehr und die Einführung des Bajonetts erfolgten erst später. In Südostasien wurden nur Luntenschlossgewehre hergestellt und die Chinesen gingen nicht zum gleichen Zeitpunkt wie die Indianer zum Steinschlossgewehr über.

in der Kriegführung unter der Ming-Dynastie eine wichtige Rolle gespielt. Darüber hinaus hatte die Eroberung des unter der Herrschaft der Ming-Dynastie stehenden China durch die Mandschurei in der Mitte des 17. Jahrhunderts dem chinesischen Militär eine neue Dynamik verliehen und es in die Lage versetzt, erfolgreicher in der Steppe zu operieren, obgleich dies andererseits nicht zu einem Militärsystem führte, das dem europäischen ähnlich war. In diesem System, das eigentlich eine Mischung aus mandschurischen und chinesischen Elementen darstellte, spielte die Kavallerie eine größere Rolle. Die früheren Ming-Herrscher hatten keine adäquate Kavallerie, weil es nicht genug geeignete Kavalleriepferde in China gab und sie nicht in der Lage waren genügend Pferde aus den Steppengebieten zu rekrutieren.

Das Hauptmerkmal des chinesischen Militärs bestand in einer gewissen schonungslosen Ausdauer. China hatte die größte Armee der Welt, jedoch keine weit reichende Seestreitmacht. Diese Armee hatte einen beeindruckend großen Operationsraum und agierte in sehr unterschiedlichen Gebieten wie zum Beispiel in der Wüste Gobi und auf der tibetischen Hochebene. Solche Operationen stellten hohe Anforderungen sowohl an die Kampffähigkeit als auch an die Logistik. Weit reichende Operationen waren die wichtigste militärische Herausforderung für China im 18. Jahrhundert. Es gab keine vergleichbare Macht an Chinas Grenzen, die ähnliche Streitkräfte entfalten konnte, und die Chinesen unternahmen keinen Versuch zur Eroberung Japans.

Nach den Auseinandersetzungen in den 80-er Jahren des 17. Jahrhunderts vermieden China und Russland erneute Feindseligkeiten und keiner der beiden Staaten versuchte das Grenzabkommen von Nertschinsk aus dem Jahre 1689 zu revidieren.

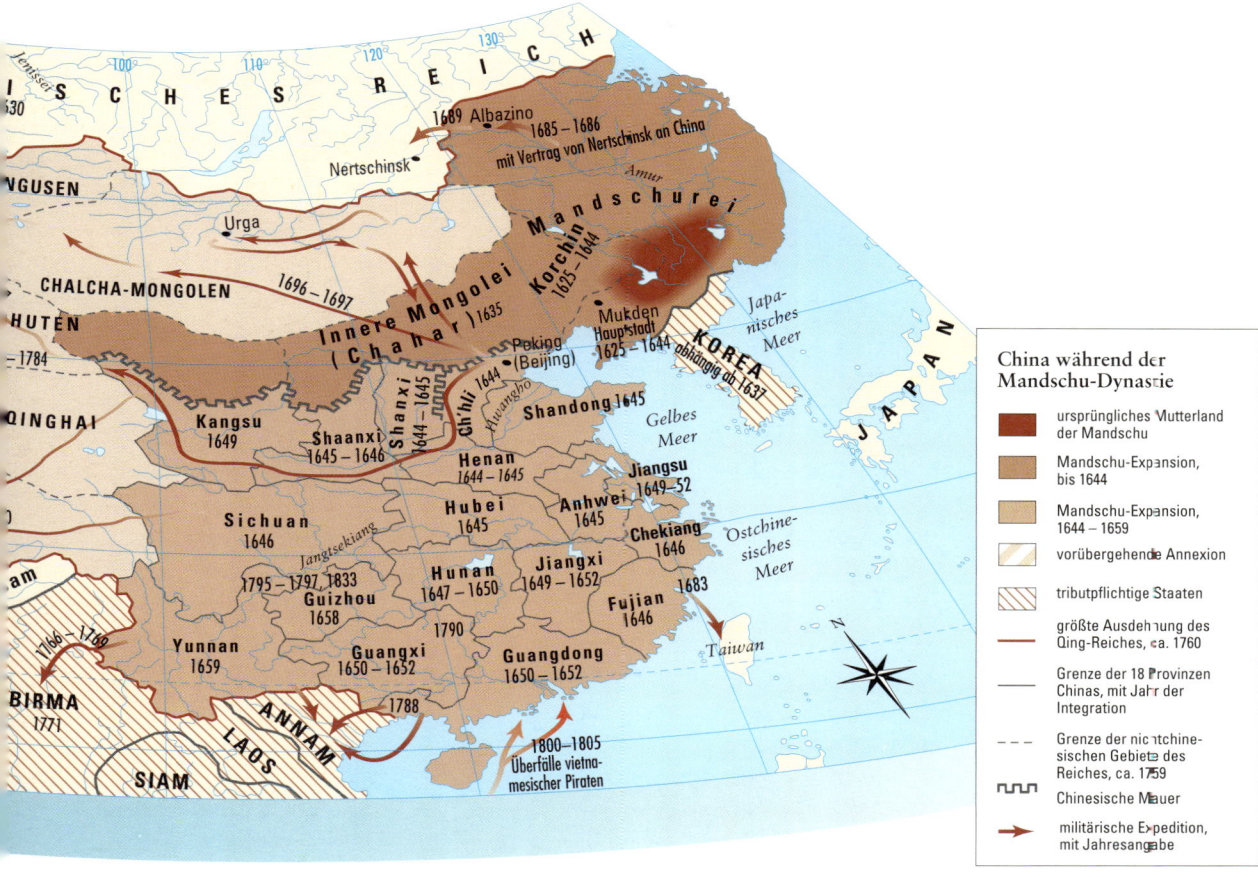

China während der
Mandschu-Dynastie

- ursprüngliches Mutterland
  der Mandschu
- Mandschu-Expansion,
  bis 1644
- Mandschu-Expansion,
  1644 – 1659
- vorübergehende Annexion
- tributpflichtige Staaten
- größte Ausdehnung des
  Qing-Reiches, ca. 1760
- Grenze der 18 Provinzen
  Chinas, mit Jahr der
  Integration
- Grenze der nichtchine-
  sischen Gebiete des
  Reiches, ca. 1759
- Chinesische Mauer
- militärische Expedition,
  mit Jahresangabe

Diese Vereinbarung wurde durch den Vertrag von Kjachta im Jahre 1728 sogar noch untermauert. Diese Abkommen führten zu einer Stabilisierung der chinesischen Grenze und beraubten die Dsungaren der Möglichkeit russischer Unterstützung. Trotz der großen Entfernung von den russischen Machtzentren wäre dies eventuell für die Dsungaren wichtig gewesen, zumindest hinsichtlich der Bereitstellung moderner Artilleriewaffen. Johan Renat, ein schwedischer Artillerieoffizier, der von 1716 bis 1733 bei den Dsungaren in Diensten stand, wurde für die Herstellung von Geschützen und Mörsern sowie für die Unterweisung im Schmelzen von Eisen und in der Herstellung von Kugeln eingesetzt. Bei einem Treffen mit dem russischen Gesandten im Jahre 1733 bekundete der Dsungarenführer Galdan Tsering großes Interesse an russischer Waffentechnik, jedoch kam es zu keiner Lieferung.

Die Dsungaren bekamen auch keine Unterstützung von den Kasachen, weil sie diese früher angegriffen hatten. 1723 war die dsungarische Kavallerie bis nach Zentralkasachstan vorgedrungen. Als Ergebnis geschickter chinesischer Diplomatie, die den mandschurischen Methoden viel verdankte, lehnten es darüber hinaus auch die meisten mongolischen Fürsten ab den Dsungaren zu helfen. So war der Kampf zwischen China und den Dsungaren als wahrscheinlich wichtigster Landkrieg des Jahrhunderts bei weitem keine einfache Auseinandersetzung zwischen sesshaften und nomadisierenden Völkern, sondern das Ergebnis einer weitaus komplexeren Situation.

Die entscheidenden Faktoren für die Leistungsfähigkeit des chinesischen Militärs waren nicht die Bewaffnung, sondern eher der politische Kontext und die Fähigkeit, Macht über große Entfernungen hinweg ausüben zu können: in Birma, Nepal, Tibet und Xinjiang. Dies entsprach der Situation im europäischen Teil der Erde:

CHINA ZUR ZEIT DER MANDSCHU-DYNASTIE

Die dynamische Entwicklung während der Mandschu-Dynastie stellt alle Analysen dieser Zeit infrage, die die Macht und Expansion Europas zum zentralen Thema machen. China war zur Zeit der Mandschu-Dynastie der bevölkerungsreichste Staat der Erde und die stärkste Landmacht.

Organisatorische Verbesserungen, Aktionsradius und Leistungsfähigkeit waren wichtiger als Militärtechnik im Interesse absoluter und relativer Macht. So besetzte 1720 eine chinesische Armee von Sichuan aus Lhasa, nachdem sie in den beiden vorangehenden Jahren jeweils nach Tibet vorgedrungen war. Eine andere chinesische Armee rückte vom Nordosten her vor, schlug drei nächtliche Angriffe der Dsungaren zurück und erreichte Lhasa einen Monat später, womit der Feldzug zu einem erfolgreichen Ende geführt wurde. Ihre Strategie basierte auf einem koordinierten Vorrücken. Die gleiche Strategie war in den 90-er Jahren des 17. Jahrhunderts gegen die Dsungaren in der Mongolei angewandt worden und sollte wieder in Xinjiang in den 50-er Jahren des 18. Jahrhunderts eingesetzt werden. Der Vormarsch im Jahre 1720 verdeutlichte die charakteristischen Merkmale der chinesischen Operationen: überwältigende Kraft, gründliche Planung und die Fähigkeit, über einen langen Zeitraum und über große Entfernungen hinweg zu agieren.

Diese Eigenschaften und die Zersplitterung sowie der Ausbruch der Pockenkrankheit unter den Dsungaren führten zum Sieg der Chinesen in den 50-er Jahren des 18. Jahrhunderts. Der Dsungarenherrscher Dawaci wurde 1755 am Fluss Ili geschlagen und gefangen genommen. Sein Rivale Amursana, der den Chinesen geholfen hatte, zettelte jedoch eine Rebellion an, die durch einen weiteren chinesischen Feldzug von 1755 bis 1757 erfolgreich niedergeschlagen wurde. Unter der Mandschu-Dynastie löste China erfolgreich die logistischen Probleme, die keine der vorhergehenden Dynastien überwinden konnte, und meisterte die Kriegführung in der Steppe, die als größte strategische Herausforderung von allen chinesischen Dynastien betrachtet wurde. In den 50-er Jahren des 18. Jahrhunderts legten die Chinesen zwei Ketten von Magazinen entlang den Hauptstraßen an, über die sie gegen die Dsungarei vorgerückt waren. Der Nachschub wurde über Tausende von Meilen transportiert und aus den mongolischen Pferdezuchtgebieten, die durch die ostmongolischen Verbündeten der Mandschus kontrolliert wurden, kamen die Pferde und das Futter. Durch diese logistischen Verbesserungen, die teilweise darauf zurückzuführen waren, dass man vermeiden wollte, dass sich die Truppen vom gemeinen Volk entfremden, kam es dazu, dass die chinesischen Armeen nicht auseinander fielen, wie dies bei Napoleons Heer 1812 in Russland der Fall war. In ähnlicher Weise wie in Europa, wo die Erweiterung des Ackerbaus in der Ukraine und in Ungarn als Grundlage für die erfolgreichen russischen und österreichischen Operationen gegen die Türken diente, profitierten die Chinesen von der landwirtschaftlichen Entwicklung in Kansu. Darüber hinaus wurden umfangreiche Ressourcen für die Kriegführung von Ost- nach Westchina verlegt, was die Nutzung der großen demografischen und landwirtschaftlichen Expansion Chinas im 18. Jahrhundert für militärische Zwecke bedeutete.

Gegen Birma waren die Chinesen weniger erfolgreich. Dieser Krieg begann 1765 um ein Gebiet, das bis zu diesem Zeitpunkt die Pufferzone der Shan-Staaten gewesen war. 1766 wurde der Umfang der Operationen ausgeweitet und es kam zur chinesischen Invasion von Birma selbst. Dieser und die beiden nachfolgenden Feldzüge wurden jedoch durch zwei geschickte birmanische Generäle, Maha Si-thu und Maha Thi-ha Thu-ra, ausmanövriert und 1769 wurde die chinesische Invasionsarmee durch Letzteren bei Kaung-ton umzingelt und zum Friedenschluss gezwungen. (Auch die Briten sollten die Grenzen ihrer Macht in ähnlicher Weise zu spüren bekommen, als ihre vorrückenden Armeen 1777 bei Saratoga im Hudson-Tal in Nordamerika und zwei Jahre später bei Wadgaon in Westindien umzingelt und zur Kapitulation gezwungen wurden. Auch gegen Haidar Ali von Mysore mussten sie 1769 kapitulieren.)

Dieses Scheitern der Chinesen, das sich von 1788 bis 1789 gegen Tongking in Nordvietnam wiederholte, macht die Gefahren deutlich, die sich ergeben, wenn man für den Umfang eines militärischen Erfolges feste Kriterien zugrunde legt oder die Militärgeschichte nach eurozentrischen Maßstäben interpretiert. Die Chinesen waren weniger erfolgreich an ihren südlichen Grenzen als in Zentralasien, weil dieses Gebiet nicht von zentralem strategischem Interesse für China war (oft schickte man weniger kompetente Generale dorthin) und weil die stark bewaldete Landschaft für groß angelegte Militäroperationen sehr ungeeignet war. Hinzu kam, dass die Organisation und der Stand des birmanischen Militärs in der Mitte des Jahrhunderts durch Alaung-hpaya verbessert wurde. Dies gehörte zur Regenerierung des geteilten Landes und zeigt, dass die Ursachen für militärische Erneuerung und neue Erfolge außerhalb Europas nicht, wie dies oft angenommen wird, in der Übernahme oder Anpassung westlicher Technik oder Organisation liegen, sondern dass dafür eher einheimische Gründe vorhanden waren. Die erfolgreiche Führung war entscheidend, wie dies auch in China durch Kaiser Kangxi (1662–1723), in Persien in den 30-er und 40-er Jahren des 18. Jahrhunderts durch Schah Nadir und, in geringerem Umfang, durch solche südasiatischen Herrscher wie Rudra Singh, den Herrscher von Ahom im indischen Brahmaputratal von 1696 bis 1714, und Gharib Newaz, der den Manipurstaat (im heutigen Nordostindien) in den 20-er und 30-er Jahren des 18. Jahrhunderts wieder belebte, demonstriert wurde.

Die persönliche Entschlossenheit der Kaiser Kangxi (1662–1723) und Qianlong (1736–1798) war entscheidend für die Niederlage der Dsungaren. Beide machten daraus einen persönlichen Kreuzzug und drängten die Generale, die im Hinblick auf einen Feldzug in den Steppen zögerlich waren. Kangxi wollte den Sieg und er verstand den vorübergehenden Charakter eines territorialen Besitzes. Kaiser Qianlong wollte das durch seinen Großvater Erreichte durch die endgültige Lösung des Grenzproblems noch erweitern. Die Bedeutung der Persönlichkeit wird durch die Rolle des Kaisers Yongzheng (1723–1736) illustriert, der nur einen Feldzug gegen die Dsungaren führte und nach dessen Scheitern aufgab. Wenn er so lange wie sein Vorgänger oder Nachfolger regiert hätte, wären die Dsungaren vielleicht wieder expandiert und zu einem mächtigen zentralasiatischen Reich geworden. Die Regierungszeit von Yongzheng war auch durch keine anderen größeren Initiativen gekennzeichnet.

Die Persönlichkeit der Generale war ebenfalls entscheidend, da das politische Ziel eines Feldzuges nicht nur die dafür erforderlichen Mittel bestimmte, sondern auch die Frage beantwortete, wer mit der Führung betraut wurde und wie viel Macht diese Personen erhielten. Die Fähigkeit der Herrscher, die nicht selbst das Kommando übernahmen, zur Auswahl der richtigen Generale war deshalb wichtig für den Erfolg. Im Falle von China und vielen anderen Staaten war auch die ethnische oder rassische Politik von Bedeutung, und zwar für die Frage, welche Truppen eingesetzt werden sollten und in welcher Kombination. Die Chinesen versuchten, eine wirkungsvolle Kombination aus Mandschukavallerie und „Grünstandard-Truppen" (chinesische Infanterie) zu schaffen.

Alaung hpayas birmanische Armee folgte einem Organisationsmodell, das in den meisten Staaten vorhanden war: Ein stehendes Heer aus Berufssoldaten unter Verwaltung der Zentralregierung wurde in Kriegszeiten durch Aushebungen aufgestockt. Dennoch unterschied sich die birmanische Kriegführung von jener in Europa. Wie bei den türkischen Janitscharen war die Mitgliedschaft im stehenden Heer erstens erblich. Auch die Führungsposten waren in Birma erblich und wurden dort durch die Vergabe von Landbesitz ergänzt. Die Soldaten waren verpflichtet, ihre Nahrungsmittel selbst anzubauen, was ihre Einsatzfähigkeit erheblich einschränkte. Zweitens waren auch Bewaffnung und Taktik ganz anders als in Europa. Wie in Nepal, Sri Lanka und Kerala spielte bei der Taktik die Nutzung von Hinterhalten, Listen und provisorischen Befestigungen, insbesondere Palisadenbauten, eine bedeutende Rolle. Zumeist wurde mit Schwert und Speer gekämpft, obwohl auch Feuerwaffen eine wichtige Rolle spielten.

Die birmanischen Erfolge unterstrichen, dass der Einsatz westlicher Waffen nicht erforderlich war, um sich im Krieg durchzusetzen. Zwischen 1757 und 1758 fiel Alaung-hpaya mit Erfolg in Mampur und 1759, südlich davon, in Tenasserim ein. Obgleich die birmanische Belagerung der siamesischen Hauptstadt Ayutthaya im Jahre 1760 durch Krankheiten und die Stärke ihrer Befestigungen vereitelt wurde, kam es vier Jahre später zu einem erneuten Feldzug gegen die Stadt in einer Zangenbewegung. Dies führte zunächst zur Besetzung der Gebiete nördlich und südlich davon, insbesondere Chiang Mai und Laos, obwohl die birmanischen Streitkräfte im südlichen Siam durch P'Ya Tashin in der Schlacht von P'etchaburi 1764 geschlagen wurden. Trotzdem ging der Krieg weiter und im Jahre 1767 führte der birmanische Vormarsch zur Erstürmung von Ayutthaya und der Gefangen-

SÜDOSTASIEN

Der europäische Einfluss war in Südostasien weitaus begrenzter als in Indien. Stattdessen wurden Militärgeschichte und Politik der Region durch Entwicklungen innerhalb der wichtigsten Staaten bestimmt, insbesondere durch den Wiederaufschwung zunächst der birmanischen und dann der siamesischen Macht.

nahme des siamesischen Königs. Der Feldzug wurde zwei Regenzeiten lang durchgehalten und die Soldaten hatten selbst Reis angebaut, damit die Armee nicht auseinander fiel. 1784 eroberte man den unabhängigen Staat Arakan und sein König sowie 20 000 Einwohner wurden nach Birma gebracht.

Diese Feldzüge zeigen die Dynamik der südasiatischen Staaten. Birmas Herrscher hatten genug Ressourcen zur Versorgung umfangreicher Truppen: Die 55 000-Mann-Armee, die 1765 in Manipur einfiel, hatte eine größere Feldstärke als die englischen Ostindienarmeen zu dieser Zeit. Für die Feldzüge gegen Siam in den Jahren 1785 und 1786 wurden ungefähr 200 000 Mann einberufen.

Der birmanische Erfolg sollte aber durch das Wiedererstarken Siams in Frage gestellt werden, zunächst durch Tashin und dann durch Chakri, einen General, der als Rama I. im Jahre 1782 den Thron bestieg. Tashin stellte eine neue Armee im nördlichen Siam auf und eroberte die zentrale Gegend um Ayutthaya zurück. Allerdings scheiterte er beim Angriff auf Chiang Mai. Tashin besiegte außerdem zwei weitere Prätendenten auf dem siamesischen Thron und stellte die Regierungskontrolle über das Land wieder her. Zwischen 1770 und 1773 wandte er sich nach Osten und konnte nach einigen Schwierigkeiten einen Schützling als Herrscher in Kambodscha einsetzen. 1775 vertrieb Tashin schließlich die Birmanen aus Chiang Mai.

Durch die Vertreibung der Birmanen aus Siam und den laotischen Fürstentümern beendete Tashin die birmanische Umklammerung von 1764 bis 1767 und erschloss frische menschliche und materielle Ressourcen für die siamesische Armee. Ein birmanischer Versuch, die Umklammerungsstrategie 1773 zu wiederholen, brach durch Aufstände zusammen, aber erneute birmanische Invasionen wurden von 1775 bis 1776, 1785 und 1786 gestartet. Auch diese wurden jedoch vereitelt, die erste durch einen Herrschaftswechsel in Birma, die zweite durch siamesische Angriffe auf birmanische Verkehrswege und die dritte in einer Schlacht. Beim Angriff im Jahre 1785 rückte man von Norden her gegen Siam vor und führte eine Umklammerungsoffensive in Südsiam durch. Eine Streitmacht bewegte sich zu Lande von Tenasserim aus über die Landenge von Kra auf Junk Ceylon/Phuket Island zu, während eine zweite Einheit über das Meer von Tavoy in Tenasserim aus auf die Insel gelangte. Die birmanische Besetzung von Junk Ceylon war jedoch sehr kurz.

Der Kampf zwischen den beiden Mächten gehörte zu den erbittertsten Auseinandersetzungen des Jahrhunderts und hatte großen Einfluss auf die benachbarten laotischen Fürstentümer. 1776 verließen die Birmanen diese Fürstentümer und im Jahre 1778 marschierte Tashin ein, eroberte Vientiane und zwang die Region zur Anerkennung der siamesischen Souveränität. Die Birmanen fielen 1785 erneut in Laos ein. Inzwischen hatte Tashin eine unpopuläre Invasion Vietnams begonnen. Seine wachsende Geisteskrankheit veranlasste Chakri dazu, ihn im Jahre 1782 zu stürzen, und Tashin wurde in einem nachfolgenden Straßenkampf getötet. Er war einer der beeindruckendsten Kriegsführer des Jahrhunderts. Die Siamesen expandierten auch auf der malaiischen Halbinsel und setzten damit ihre Souveränität über die nördlichen malaiischen Sultanate durch.

Das birmanische Scheitern gegen Siam unterstrich die Bedeutung der Führungsfaktoren auf beiden Seiten sowie die Entwicklung wirksamer Verteidigungsstrategien durch die Siamesen und die Rolle der geopolitischen und internen politischen Faktoren. Das gewachsene Engagement an Birmas Westgrenze, wie zum Beispiel in Arakan, war wichtig und zeigt, dass man zur Bewertung der militärischen Effektivität und der strategischen Entscheidungen eines Staates die Gesamtheit seiner Verpflichtungen berücksichtigen sollte.

Beispiele dafür lassen sich auch in Südwestasien finden. Die osmanischen Türken

Der Sohn von Schah Hüseyin, Schah Tahmasp II., widersetzte sich der Vereinnahmung Persiens durch die afghanischen Ghilzai und wandte sich um Hilfe an die Türken. Persiens Weiterbestehen während der Krisen in den 20-er und 30-er Jahren des 18. Jahrhunderts zeigt die Unverwüstlichkeit der Regierungseinrichtungen. Persien wurde nicht von aggressiven Nachbarn geschluckt, wie dies mit Polen zwischen 1772 und 1795 geschah.

werden normalerweise nur als Gegner christlicher Mächte betrachtet, aber man sollte dabei auch an den türkischen Konflikt mit Persien denken, der, beginnend mit den 20-er Jahren des 18. Jahrhunderts, nach über achtzig Jahren Frieden an Bedeutung gewann. Persien ist in der Tat ein gutes Beispiel für die entscheidende Rolle der Führung im Hinblick auf militärische Handlungen und die Möglichkeit einer militärischen Erneuerung in dieser Zeit. Das Safavid-Reich war von Osten aus durch die afghanischen Ghilzai zwischen 1721 und 1722 gestürzt worden. Dies war ein Triumph, sowohl in strategischer als auch in taktischer Hinsicht, über die schwache Führung durch Schah Hüseyin (1694–1724). Die Afghanen setzten Feuerwaffen ein, und 1722 verwendeten sie sechzig *Zanbürak* – auf Kamelen befestigte Drehgeschütze – in der Schlacht von Gulnabad, in der die Perser geschlagen worden.

Jedoch konnte der Ghilzai-Führer Mahmud keine politische Stabilität herstellen. Hüseyins Sohn, Tahmasp, erklärte sich in Täbris zum Schah Tahmasp II. und wandte sich um Hilfe an die benachbarten Türken, den traditionellen Feind. Sie nahmen das westliche Persien ein. Inzwischen wurde Mahmud im Jahre 1725 ermordet und seine Nachfolge wurde von seinem Sohn und einem Neffen beansprucht, die beide durch Nadir Kuh vom Stamm der Turkmenen zwischen 1729 und 1730 aus Persien vertrieben wurden. Schah Nadir setzte Tahmasp auf den persischen Thron und schlug die Türken bei Nahavand, in der Nähe von Hamadan, im Jahre 1730. Dies war eine der entscheidenden Schlachten des Jahrhunderts, denn sie gewährleistete, dass Westpersien außerhalb des türkischen Einflussbereiches blieb.

VORHERGEHENDE SEITE:
Leibwächter von Ranjit Singh, dem Begründer des Sikh-Staates, auf Pferden mit Luntenschlossgewehren. Singh vereinigte die Sikh-Klane und errichtete 1799 die Vorherrschaft der Sikhs im Punjab. Sein Erfolg war eine Folge der Schwäche der Moguln.

Aus dem nachfolgenden Chaos tauchte Nadir auf, zunächst als starker Mann und dann als Herrscher. Er führte Krieg in alle Richtungen und kämpfte nicht nur lange Zeit gegen die Türken, wobei er 1733 Topal Osman Pasa bei Kirkuk und 1735 Abdullah Köprülü bei Baghavand schlug, sondern er drang auch nach Daghestan im Kaukasus, nach Afghanistan, Oman und Indien vor. Nur durch seine anderen Engagements konnte Schah Nadir die 1730 und 1733 über die Türken errungenen Siege nicht voll ausnutzen und auch in das anatolische Kernland einfallen, obwohl man dies in Konstantinopel befürchtete. In beiden Fällen musste er sich mit Widerstand im Osten auseinandersetzen, 1730 mit Afghanistan und 1733 mit einem Aufstand in Belutschistan.

Nach dem Tod von Tahmasps Sohn wurde Nadir 1736 Schah. Seine anschlie-

Persien im 18. Jahrhundert 1715–1745

Persische Vorstöße	Gebiet, um das 1512–1639 mit den Osmanen gekämpft wurde
Angriffe durch Mahmud und die Ghazi	vom Mogulenreich eroberte Gebiete
Türkische Angriffe	Osmanisches Reich 1550
Russische Angriffe	Russland 1730
Schlacht, Jahr	von Russland okkupiert 1722–1732
Persien	andere Staaten und Gebiete

ßende Invasion Indiens war die spektakulärste Episode seiner Karriere. Nach der Eroberung von Südafghanistan im Jahre 1736 sowie von Kabul und Kandahar im Jahre 1738 fiel Schah Nadir im folgenden Jahr in Nordindien ein, eroberte Peshawar und Lahore und schlug den Mogul-Kaiser Muhammad II. bei Karnal nördlich von Delhi. Dann ließ er die Stadt, die ohne Widerstand gefallen war, plündern. Im Ergebnis traten die Moguln Sind und alle Territorien westlich des Indus an Schah Nadir ab. Dies war ein Sieg der entschlossenen Führung mobiler Kräfte. Schah Nadir setzte berittene Musketiere ein, aber es war deren Mobilität und nicht so sehr ihre Feuerkraft, die hierbei entscheidend war, obwohl natürlich die auf Kamelen befestigten Drehgeschütze ihre Wirkung auf die indische Kavallerie nicht verfehlten.

Nach seiner Rückkehr aus Indien eroberte Schah Nadir die Khanate Buchara und Khiva in Zentralasien (1740), führte danach einen erfolglosen Feldzug in Daghestan (1741 bis 1743) und begann anschließend erneut Krieg mit den Türken (1742–1746). Er wurde aus Mosul und Baghdad (den wichtigsten türkischen Stützpunkten im heutigen Irak) vertrieben, konnte aber Kirkuk erobern (1743), die Türken bei Kars schlagen (1745) und Armenien besetzen. Für die Türken war es schwierig, so weit vom Zentrum ihrer militärischen Macht, Konstantinopel (das heutige Istanbul), entfernt zu operieren. Die Militärmacht von Schah Nadir war auch typisch für die Staaten Süd- und Ostasiens, weil der Schwerpunkt auf den Land- und nicht auf den Seestreitkräften lag. Er stellte in den 30-er Jahren des 18. Jahrhunderts eine Flotte auf, um in Oman zu intervenieren, führte dieses Vorhaben jedoch nach 1744 nicht weiter. Diese Vernachlässigung der Flotte verstärkte sich unter seinen Nachfolgern noch.

Schah Nadir war der Napoleon von Südasien, ein Usurpator, der aus einfachen Verhältnissen aufgestiegen war, um den persischen Thron zu besetzen und den Pfauenthron der Moguln als Kriegsbeute zu übernehmen. Auf einer kleinformatigen Weltkarte erscheinen seine Leistungen vielleicht nicht so gewaltig, aber er führte seine Kriege über ein weites Gebiet, von Delhi bis Baghdad, Khiva bis Muscat, Daghestan bis Kaschmir. Er vergrößerte den persischen Staat mehr als irgendein anderer Herrscher der Safavid-Ära, die das Land vom Beginn des 16. Jahrhunderts an regiert hatten. Schah Nadir war nicht immer erfolgreich, aber er gewann eine Reihe großer Schlachten. Wie Napoleon war er ein kühner Praktiker der Kriegführung. Er legte den Schwerpunkt auf Mobilität und sorgte dafür, dass seine Truppen in den Gebieten, wo er Krieg führte, Unterstützung bekamen. Als kühner Herrscher, der wie Peter der Große von Russland und Rama I. von Siam seine Hauptstadt verlegte, in sei-

PERSIEN IM 18. JAHRHUNDERT

Zur Zeit der Safavid-Dynastie im späten 17. Jahrhundert war Persien keine dynamische Macht. Nachdem jedoch Schah Nadir die Regierung übernommen hatte, nutzte Persien sein geopolitisches Potenzial als ein Staat, der in Südasien, im Kaukasus, im Mittleren Osten und am Persischen Golf agieren konnte.

Dritte Schlacht von Pani-
pat, 14. Januar 1761. Das
Ausmaß dieser Schlacht
und die Zahl der Kämpfer
und Verluste hätten eigent-
lich dazu führen müssen,
dass sie genauso gut be-
kannt wird wie die wich-
tigsten Schlachten des
Siebenjährigen Krieges.
In Panipat kam die fort-
gesetzte Bedeutung der
Kavallerie, des Nachschubs
und einer flexiblen Genera-
lität zum Ausdruck. Der
afghanische Führer Ahmad
Khan zeigte, dass er in
taktischer Hinsicht einem
Marlborough durchaus
ebenbürtig war.

nem Fall ostwärts von Isfahan nach Meshed (in den anderen Fällen, von Moskau nach Sankt Petersburg bzw. von Ayutthaya nach Bangkok), versuchte Nadir das Problem des Schiismus innerhalb des Islam zu lösen und in die sunnitische Lehre zu integrieren. Wie in Napoleons Reich bildeten die ständigen Kriege und hohen Steuern eine erhebliche Last für seine Untertanen, was zu Aufständen führte. Und ebenso wie bei Napoleon zeigte sich der vorübergehende Charakter seines Reiches, das nach seiner Ermordung im Jahre 1747 aufgeteilt wurde.

Obwohl Schlachten die Hauptrolle bei der Kriegführung in Südwestasien spielten, gab es auch wichtige Belagerungen. So kam es zum Zusammenbruch der Safavid-Monarchie, als sich Isfahan im Oktober 1722 wegen Lebensmittelknappheit einer siebenmonatigen Belagerung ergeben musste. Die Afghanen hatten die persische Festung Kirman im vorhergehenden Jahr erfolgreich belagert und sie fiel auch auf Grund der Blockade: Wo direkte Angriffe gescheitert waren, kam man durch Aushungern zum Ziel. Kandahar mit seinen Schlammwällen wurde durch Schah Nadir im Jahre 1738 nach einer neunmonatigen Belagerung eingenommen. Wie auch andere Herrscher in der Region zog er die Schlacht einer Belagerung vor, da Belagerungen mit logistischen Problemen verbunden waren und es sich als schwierig erweisen konnte, Zusammenhalt und Moral einer Belagerungsarmee aufrechtzuerhalten, die zu großen Teilen aus stammesgebundenen Aushebungen bestand. Teilweise aus diesem Grund spielte eine Reihe befestigter Städte – Kars, Mosul, Kirkuk, Baghdad, Täbris, Hamadan und Kirmanshah – eine wichtige Rolle im Verlauf der persisch-türkischen Auseinandersetzungen. In ähnlicher Weise hatten Festungen eine bestimmte Bedeutung in den Kämpfen zwischen islamischen Mächten weiter westlich: 1787 und 1793 konnte sich Kara Mahmoud, der rebellische Gouverneur von Skutari (im heutigen Albanien), in eine Zitadelle zurückziehen und diese jeweils drei Monate lang gegen die Streitkräfte des türkischen Sultans halten, bevor die Belagerer in einem konzertierten Angriff mit Verbündeten von außerhalb der Festung geschlagen wurden.

Die Invasion Indiens im Jahre 1739 war nicht die letzte, die von Afghanistan aus gestartet werden sollte. Nach der Ermordung des Schahs Nadir fiel der östliche Teil seines Reiches an Ahmad Khan (1747–1773), den Begründer des Durrani-Reiches. Dieser griff in den 50-er Jahren des 18. Jahrhunderts wiederholt Nordwestindien an und annektierte dabei 1752 Lahore, Kaschmir und Multan sowie im Jahre 1757 Sirhind. Diese Angriffe kulminierten in seinem Sieg über die Marathen-Konföderation, zu damaliger Zeit der führenden Macht in Indien, in der dritten Schlacht von Panipat, nördlich von Delhi, am 14. Januar 1761, der wahrscheinlich größten Landschlacht des Jahrhunderts. Diese Schlacht widerspiegelte die anhaltende Bedeutung der Kavallerie und erklärt, warum die größte militärische Gefahr, der viele indische Herrscher zu begegnen versuchten, nicht die britische Infanterie war. Die afghanischen Streitkräfte unter Ahmad Khan bestanden weitestgehend aus schwerer Kavallerie mit Körperrüstungen und Musketen. Die gegnerischen Marathen waren zahlenmäßig annähernd gleich und zogen mit der traditionellen leichten Kavallerie mit Schwertern, Schilden, Streitäxten, Dolchen und Lanzen sowie der ausgebildeten Infanterie eines Kommandanten namens Ibrahim Gardi in den Kampf. Die Marathen hatten geringe Erfahrungen mit der Kombination der unterschiedlichen militärischen Fähigkeiten ihrer verschiedenen Einheiten, insbesondere, was die Notwendigkeit der Verbindung der offensiven Eigenschaften ihrer leichten Kavallerie mit der mehr stationären Taktik für Artillerie und Infanterie betraf, die die Kavallerie zur Verteidigung ihrer Flanken gegen die gegnerische Kavallerie brauchte.

Die Marathen, die in einer befestigten Stellung in Panipat durch die Afghanen blockiert waren, hatten ihre Mobilität verloren. Als sie aus ihren Stellungen krochen, waren ihre Gesichter mit Safran eingesalbt, was bedeutete, dass sie herauskamen, um zu siegen oder zu sterben. Die Schlacht begann im Morgengrauen nach einem heftigen Beschuss durch Artillerie und Raketen, wobei die Artilleristen der Marathen zu hoch feuerten, da sie wahrscheinlich durch das Licht getäuscht waren. Nichtsdestotrotz drängten die Marathen die Afghanen zurück, die sich zu Beginn nur auf ihrer linken Flanke halten konnten. Während jedoch die Infanterie der Marathen in disziplinierter Ordnung vorrückte und die gegnerischen mit Luntenschloßgewehren bewaffneten Ruhela ihren zurückdrängte, gab es keine Koordinierung mit ihrer undisziplinierten Kavallerie. Der Vormarsch der Marathen-Kavallerie geriet ins Stocken und die langsamen Geschütze konnten nicht mithalten. Kurz und gut, das Fehlen einer ordentlichen Kommandostruktur vertiefte die Führungsprobleme, die durch die gemischte Struktur der Marathen-Armee verursacht wurden.

Während die Ruhela rechts von den Marathen hart bedrängt wurden, konnte der Vormarsch der Marathen im Zentrum die Gegner zurückdrängen. Am späten Nachmittag schickte Ahmad jedoch seine 5000 Mann starke Kavalleriereserve in den Kampf und gleichzeitig wurden afghanische Angriffe auf der ganzen Front gestartet. Die Marathen hatten keine Reserven mehr und waren erschöpft. Ihre Männer und Pferde hatten wochenlang nur wenig zu essen bekommen und seit dem Morgengrauen gar nichts. Dennoch kämpften sie tapfer weiter, bis der Widerstand dann um ca. vier Uhr nachmittags zusammenbrach. Fast die gesamte Streitmacht von Ibrahim starb kämpfend. Unter den Angriffen der afghanischen Kavallerie zerfiel das Zentrum der Marathen und es gab eine allgemeine Flucht, wobei viele der Kommandanten der Marathen fielen. Die Afghanen verfolgten die fliehenden Marathen die ganze Nacht und töteten viele von ihnen. Am nächsten Morgen wurde das Lager gestürmt und noch einmal wurden viele Marathen getötet. Die Gefangenen wurden alle geköpft.

Panipat war die spektakulärste Schlacht in Indien und Ahmad Khan war nur einer der neuen Dynasten, die aus den Ruinen des Mogul-Reiches aufstiegen. Der Zerfall der herrschenden indischen Dynastie während der letzten Jahre von Aurangzebs Herrschaft und noch mehr nach seinem Tode im Jahre 1707 schaffte für Potentaten aus den Provinzen die Möglichkeit und auch die Notwendigkeit zur Machtergreifung. So besiegte Asaf Jah, der Nizam von Hyderabad, im Jahre 1724 den Gouverneur von Khandesh bei Shakarkhera und wurde unabhängig. Damit wurde eine der Haupterrungenschaften der Moguln zunichte gemacht, und zwar die Kontrolle von Hindustan (Nordindien) über das Hochland von Dekkan (Zentralsüdindien). Der Nawab von Bengalen in Ostindien wurde 1733 ebenfalls unabhängig.

Diese Ereignisse standen in Wechselbeziehung mit der fortgesetzten Bedrohung durch die Marathen aus Westindien und deren Überfälle mit leichter Kavallerie. Sie bedrängten den Nizam schwer und besiegten ihn in Schlachten wie bei Bhopal (1738), Bhaike (1752) und Udgir (1760). Im Jahre 1740 fielen ca. 50 000 Marathen in Karnataka in Südostindien ein. Sie schlugen und töteten den Nawab von Karnataka in der Schlacht von Damalcherry und drangen dann weiter vor, um Arcot (1740) und Trichinopoly (1741) zu erobern. Die Jats wurden 1770 bei Bharatpur geschlagen. Die Marathen waren jedoch nicht die einzige aggressive Kraft in Indien. Ein gegnerischer General, Haidar Ali, übernahm 1761 die Macht in Mysore und begann dann einen Expansionsprozess in Südindien, obwohl er 1771 durch die Marathen bei Chinkurali geschlagen wurde. Weiter nördlich konnten die Gurkha durch verschiedene Eroberungen ihre Macht am Himalaja entlang ausdehnen.

Während sich die Gurkha in ihrem bergigen Gelände auf die Infanterie stützten, stand sowohl bei den Marathen als auch bei Haidar Ali die leichte Kavallerie im

Vordergrund. Die Marathen waren mobiler als die langsamen Armeen der Moguln und sie konzentrierten sich darauf, sie von Nachschub und Verstärkungen abzuschneiden. Die Moguln wurden 1738 bei Talkatora in die Flucht geschlagen. Ähnliche Taktiken brachten auch den Marathen Erfolge, sowohl im Kampf gegen den Nizam als auch bei Angriffen auf Bengalen. Jedoch spürten die Marathen von der Mitte des Jahrhunderts an zunehmend die Notwendigkeit, ihre Kavallerie durch Infanterie und Artillerie zu ergänzen, um besser gegen Festungen vorgehen zu können und von den Entwicklungen in der Musketentechnik zu profitieren. Die dadurch entstehenden zusätzlichen Kosten zerrütteten die politische Ökonomie der Kriegführung der Marathen und führten zur Erhöhung der Ausgaben für die Streitkräfte. Mysore ergänzte ebenfalls seine Kavallerie durch Artillerie. Als die Briten 1791 Bangalore von den Mysore-Streitkräften eroberten, fanden sie dort über 100 Geschütze vor. Weiter westlich blieb jedoch die Kavallerie weiterhin die wichtigste Streitkraft der Perser. Im Jahre 1795 wurde das von seinen russischen Verbündeten aufgegebene Georgien von der persischen Kavallerie des Agha Muhammad besetzt. Die Hauptstadt Tbilissi wurde geplündert und es gab schwere Verluste.

Die feudale Kavallerie der Türken, die *Sipahis*, hatte für die Schlacht geringere Bedeutung als die Infanterie der Janitscharen, zu jener Zeit eine Kaste mit erblicher Zugehörigkeit. Die *Sipahis* waren einmal eine dynamische Streitmacht gewesen, bildeten nun jedoch zunehmend einen Hort konservativer Kriegsmethoden. Die Tatsache, dass man die Armee nicht regelmäßig bezahlen konnte, verminderte die Kontrolle der Regierung und führte zu Rebellionen wie zum Beispiel in den Jahren 1687, 1717, 1718, 1719 und 1730.

Es gab Impulse für militärische Reformen im osmanischen (türkischen) Reich, die im Allgemeinen mit dem Wunsch verbunden waren, dem Westen nachzueifern und oft durch Renegaten aus dem Westen organisiert wurden. Ibrahim Müteferrika, ein ungarischer Renegat, der eine gedruckte Presse in der Türkei gründete, trat in seinen Publikationen der 30-er Jahre des 18. Jahrhunderts und in seinem *Usul ul-Hikam fi Nizam al-Umam* von 1731 für grundlegende Änderungen der militärischen Organisation, eine bessere Ausbildung und Disziplin, geometrische Truppenformierungen, Salvenfeuer und eine bessere Abstimmung zwischen Infanterie und Kavallerie ein, ganz nach dem Vorbild der militärischen Reformen Peters des Großen in Russland. In den 30-er Jahren des 18. Jahrhunderts versuchte ein französischer Adliger, Graf Claude-Alexandre de Bonneval, einen modernen Artilleriedienst und ein modernes Artillerieoffizierscorps zu entwickeln, aber seine Bemühungen wurden durch die Opposition der Janitscharen und anderer politischer Kräfte zunichte gemacht. Ein in Frankreich ausgebildeter ungarischer Adliger, Baron François de Tott, konzentrierte sich in den 70-er Jahren des 18. Jahrhunderts abermals auf die Artillerie. In den 90-er Jahren des 18. Jahrhunderts versuchte der neue Sultan Selim III. nach schweren Niederlagen durch die Österreicher und Russen in den Jahren 1787 bis 1792 die *Sipahis* und Janitscharen zu reformieren und entwickelte die Nizam-i Cedid, eine neue Armee, die von westlichen Offizieren ausgebildet und befehligt wurde. Die feindliche Haltung der Janitscharen trug jedoch auch hier dazu bei, dass Selims Pläne scheiterten.

Neben der Kriegführung gegen Armeen gegnerischer Staaten (Österreich, Persien und Russland) mussten die türkischen Streitkräfte auch Aufstände unterdrücken, was insbesondere in Ägypten in den 20-er und 80-er Jahren des 18. Jahrhunderts der Fall war, und sie wurden auch zur Aufrechterhaltung der Macht über die nomadischen Stämme in den arabischen Grenzgebieten eingesetzt. Die Araber hatten kaum eine Verteidigungsmöglichkeit gegen die türkischen Geschütze und versuchten solche Auseinandersetzungen zu vermeiden.

Die Rolle kriegerischer Völker, Stämme und Gruppen in Indien, die bei den Marathen am deutlichsten sichtbar wurde, fand sich auch woanders wieder wie zum Beispiel im Kaukasus, in Persien und im osmanischen Reich. In zunehmenden Maße benutzten diese Völker Feuerwaffen. So verwendeten beispielsweise die Belutschen (im heutigen Pakistan) im 17. Jahrhundert noch Pfeil und Bogen, beschafften sich aber dann Anfang des 18. Jahrhunderts Feuerwaffen. Eine ähnliche Veränderung fand bei den Lesgiern im Kaukasus bis in die 20-er Jahre des 18. Jahrhunderts statt. In der ersten Hälfte des Jahrhunderts galten die Bugis von Südsulawesi innerhalb der ostindischen Inseln und der malaiischen Gebiete als besonders kriegerischer Stamm. Ihre Dynamik und ihr Ruf als Kämpfer mit einschüchternden Gesängen und Kriegstänzen sowie Kettenhemdrüstungen gewährleisteten, dass sie als Söldner sehr nützlich waren und als Gegner gefürchtet wurden. Sie operierten zu Lande und zu Wasser.

Die beträchtlichen Streitkräfte, schweren Verluste und lang andauernden Kämpfe, die kennzeichnend für Panipat waren, unterschieden sich erheblich von der Kriegführung in Amerika und Australasien zwischen den dortigen einheimischen Völkern, die zahlenmäßig weitaus geringer waren. Demzufolge galt

Chasse générale du Chevreuil.

Halbmondtaktik. Diese Jagdtaktik der amerikanischen Eingeborenen wurde auch in der Kriegführung angewendet und sowohl beim Vormarsch als auch beim Rückzug mit Erfolg eingesetzt. Die ausgereifte Taktik der Eingeborenen wurde bisher unterschätzt. Ihre Kämpfer wurden taktisch diszipliniert angeführt.

dort die individuelle Tapferkeit der Krieger mehr. Darüber hinaus waren militärische Konflikte in bestimmter Hinsicht der Jagd nicht unähnlich, sowohl, weil die Gegner als eine Art Tier betrachtet werden konnten – wie zum Beispiel in Nordamerika – und auch weil es dabei auf den Einzelkämpfer ankam, der seine Kräfte mit anderen Individuen und mit der Umgebung messen musste. Außerdem waren die Männer ohnehin für Jagd und Kampf zuständig, während sich die Frauen zumeist um die Landwirtschaft kümmerten.

Obwohl es in Australasien und in der Neuen Welt keine großen Armeen nach dem südasiatischen Vorbild gab, sollte man nicht denken, dass dort keine organisierten militärischen Auseinandersetzungen stattfanden. Ganz im Gegenteil: Die amerikanischen Ureinwohner hatten effektive taktische Formationen entwickelt, insbesondere den Halbmond, und sie praktizierten eine Art der Kriegführung, die dem Waldcharakter großer Teile der östlichen Hälfte des Kontinents angepasst war, mit Hinterhalten, Listen und Täuschungsmanövern, sowie einer Kombination aus zielgenauem Feuer und kluger Deckung. Letztere war wichtiger als die verwendeten Waffen, egal, ob es sich um Pfeil und Bogen oder Musketen handelte, obwohl ein Schuss aus einer Muskete nicht so leicht durch die Vegetation abgelenkt werden konnte. Die erforderliche Organisation und Planung kann man mit jener der Bisonjagden in den Great Plains von Nordamerika vergleichen. Aber der Krieg erforderte mehr Planung als das Jagen und einige einheimische Gruppen wie die Fox bauten Befestigungen, Holzpalisaden und Gräben.

Die Kriegführung in Nordamerika wurde durch die Verbreitung von Musketen und Pferden beeinflusst. Die Partei, die zuerst damit ausgerüstet war, dominierte, und wenn beide Konfliktparteien darüber verfügten, führte dies zu einer Änderung der Kriegführung. Die Nutzung von Pferden schaffte eine weitaus größere Mobilität und gestattete den amerikanischen Ureinwohnern Bison- und Hirschherden über Hunderte von Meilen zu folgen. Die dadurch entstehende Verbesserung der Nahrungsgrundlage führte zu einer größeren und gesunderen Bevölkerung. Die Kriegführung der Stämme wurde durch den Handel und Tierbewegungen sowie durch den Streit um Jagdgründe beeinflusst. So kämpften zu Beginn des Jahrhunderts die Cree gegen die Chipewyan, während die Assiniboine durch die Blackfoot

Büffeljagd in den Great Plains. Die Verbreitung des Pferdes brachte Mobilität und gestattete den amerikanischen Eingeborenen Bison- oder Hirschherden über Hunderte von Meilen zu verfolgen. Treibjagden auf Büffel erforderten eine gute Organisation und Planung und dienten als Vorbereitung auf Kämpfe mit menschlichen Gegnern.

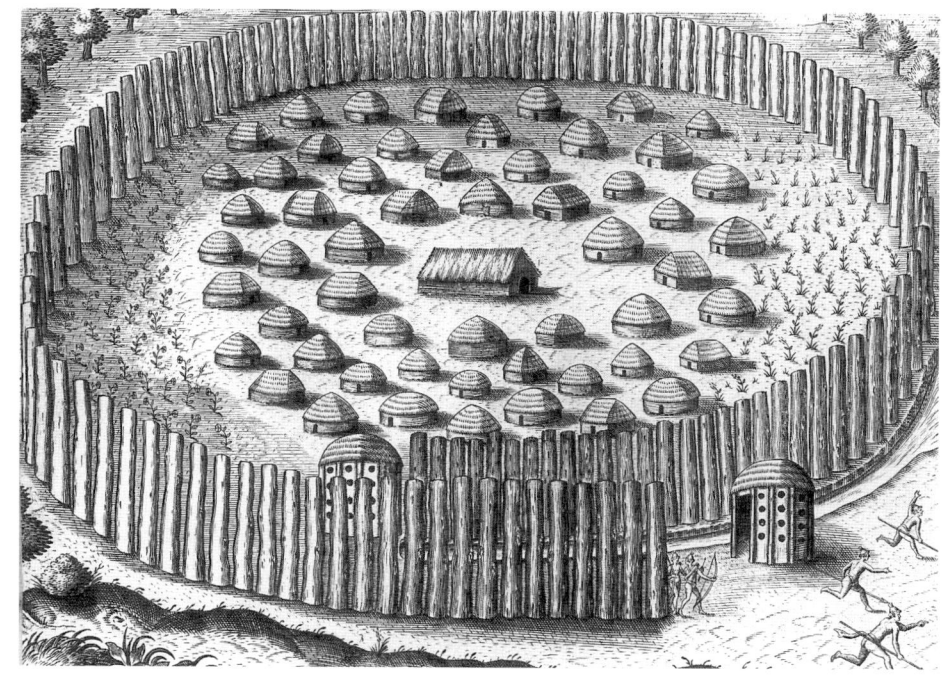

Befestigte Siedlung in Florida. Diese Zeichnung aus dem 17. Jahrhundert zeigt die von den Indianern verwendete Umzäunung aus Holzpalisaden, die den Verteidigern guten Schutz bot. Jedoch waren diese Siedlungen auch immer wieder das Ziel europäischer Angriffe, wie dies die französischen Auseinandersetzungen mit den Fox in Mississippi-Illinois und den Natchez in Louisiana zeigen.

geschlagen wurden. Die Cree kämpften gegen die Dakota Sioux westlich des Großen Sees und diese Auseinandersetzung dauerte am Ende des Jahrhunderts immer noch an, als ein neuer Kampf zwischen den Assiniboine und den Mandan ausbrach. Überfälle und Hinterhalte spielten eine große Rolle in diesen Auseinandersetzungen. Genannt seien hier die Kämpfe zwischen den Fox und den Illinois in den 20-er Jahren des 18. Jahrhunderts oder, weiter südwestlich, zwischen Komantschen und Penxaye Apachen im 18. Jahrhundert. Weitere Beispiele sind die Kriege zwischen den Navajo und den südlichen Ute, die nach 1710 begannen und bis in die 50-er Jahre des 18. Jahrhunderts dauerten, und jene zwischen den Ute und den Komantschen in der zweiten Hälfte des Jahrhunderts. Feuerwaffen begannen eine wichtige Rolle zu spielen und die Ergebnisse der Kriege waren von Dauer; so wurden die Apachen beispielsweise von den Komantschen bis in den Südwesten der gegenwärtigen USA getrieben.

In großen Teilen Nordamerikas bestand die Bevölkerung aus kleinen, umherziehenden Gruppen von Jägern und das gleiche gilt in noch größerem Maße für Australien, wobei dort das Fehlen von Pferden und Feuerwaffen die Möglichkeiten zum Töten anderer Menschen oder von Tieren einschränkte. Ohne Pferd waren Entfer-

Krieger von Neusüdwales, 1813. Das Skelettmuster aus weißer Pigmentfarbe, mit dem Gegner eingeschüchtert werden sollten, zeigte wenig Wirkung auf britische Truppen, die mit Musketen bewaffnet waren.

nungen ein weitaus größeres Hindernis für jede menschliche Tätigkeit, insbesondere, wenn es sich um organisierte Aktivitäten handelte. Auf der anderen Seite des Pazifiks war die Lage anders. Auf einigen Inselgruppen wie Hawaii und Neuseeland gab es durch die höhere Bevölkerungsdichte und weiter entwickelte soziale und politische Strukturen bessere Möglichkeiten für militärische Aktionen. So erkämpfte sich der Napoleon von Hawaii, Kamehameha I., seine Vorherrschaft über den Archipel in den 90-er Jahren des 18. Jahrhunderts unter Einsatz von Musketen und Geschützen durch mehrere Siege wie zum Beispiel bei Nuuanu (1795). Die so genannte Vereinigung der hawaiischen Inseln war jedoch bei weitem nicht vorbestimmt. Kamehameha gewann die Herrschaft über seine Heimatinsel Hawaii im Jahre 1791 und über die Inseln Maui und Oahu im Jahre 1795. 1810 erklärte sich Kaumualii, der Herrscher der Inseln Kauai und Niihau, bereit, Kamehameha als Stellvertreterkönig zu dienen.

Dies war ganz anders im Hinblick auf das Niveau der militärischen Errungenschaften in großen Gebieten auf der anderen Seite des Pazifiks oder auf den Andamanen-Inseln im Indischen Ozean bzw. in Amazonien in Südamerika. Eine ähnliche Vielfalt charakterisierte Afrika: Gebiete mit geringer Bevölkerungsdichte und be-

Kamehameha I. von Hawaii erkämpfte sich in den 90-er Jahren des 18. Jahrhunderts die Vorherrschaft im hawaiischen Archipel teilweise durch den Einsatz europäischer Waffen, die er anstelle von Speeren, Keulen, Dolchen und Steinschleudern verwendete. Sein Machtzentrum befand sich an der Westküste der Insel Hawaii, wo oft europäische Schiffe anlegten, und er setzte Europäer als Artilleristen ein.

Ein Eingang zum Palast des Oba von Benin. Anfang des 18. Jahrhunderts wurden Wurfspeer und Bogen in Benin von der Muskete als Wurf- und Schusswaffe abgelöst und die Kriegführung mit Wurf- und Schusswaffen ersetzte den Nahkampf. Diese Veränderung führte dazu, dass Salvenfeuer eine vorrangige Bedeutung bekam.

grenzter Verwaltungsentwicklung wie die Kalahari-Wüste im südwestlichen Afrika hatten ein anderes Niveau militärischer Bereitschaft und Kriegführung als Staatsordnungen, die in der Lage waren, Armeen beträchtlicher Größe aufzustellen. Am Horn von Afrika stellte Mikail Sehul, der kaiserliche Ras von Äthiopien, in den 60-er Jahren des 18. Jahrhunderts eine Armee auf und rüstete 8000 ihrer Soldaten mit Musketen aus. Er schlug seinen Meister, den Kaiser Iyoas, im Jahre 1769, wurde dann aber 1771 selbst Opfer der Schocktaktik eines anderen Potentaten aus der Provinz, Bäwändwässan von Bägemeder. 1790 konnten die Merina von Madagaskar eine Armee von 20 000 Mann aufstellen.

Im Rahmen der militärischen Veränderungsprozesse gab es auch Wechselbeziehungen zwischen Umwelt und Politik. In den Waldgebieten Westafrikas ersetzten Musketen den Bogen und den Speer in den Armeen bestimmter Staaten wie Dahomey an der Sklavenküste und Asante an der Goldküste, die in der Lage waren, sich Waffen zu beschaffen. Dies führte zu aufgelockerteren Kampfformationen und -methoden. Das Königreich Dahomey verdankte seinen Aufstieg unter Agaja (ca. 1716–1740) dem erfolgreichen Einsatz europäischer Feuerwaffen in Verbindung mit einem Niveau der Ausbildung und Disziplin, das europäische Beobachter beeindruckte; die Bewaffnung allein reichte nicht aus. Weiter nördlich im Savannengebiet hatte die Einführung von Musketen jedoch relativ geringen Einfluss auf die Veränderung der Taktik. Kämpfe zwischen Armeen, in denen entweder die Kavallerie oder die Infanterie dominierte, fanden entlang der ökologischen Grenze statt. Dahomey erlebte Invasionen durch die Kavallerie von Oyo in einer Reihe von Konflikten zwischen 1726 und 1748. Obwohl die Kavallerie durch Musketenschützen aufgehalten werden konnte, die sich hinter Feldbefestigungen verschanzt hatten, war sie durch ihre Mobilität in der Lage, Dahomey zu plündern und es zur Kapitulation und Tributzahlung zu zwingen. Asante, das versuchte, weiter nach Westen zu expandieren, konnte die Kavallerie der Savannengebiete nicht schlagen und begann Verbündete zu gewinnen, die selbst eine Kavallerie besaßen. Außerhalb des Waldgürtels eroberte die Kavallerie der Tuareg 1787 Timbuktu am Fluß Niger und drei Jahre später fiel Kordofan, im heutigen Teil des Sudan westlich vom Weißen Nil, an Darfur.

Die vorrangige Rolle der Kavallerie in der Savanne war nicht das einzige Hemmnis für die Entwicklung des kombinierten Einsatzes von Infanterie und Feuerwaffen. Während im Königreich Kongo, in Westangola und an der Sklavenküste Bogenschützen in großem Maße im Laufe des Jahrhunderts durch Musketiere ersetzt wurden, wie dies bereits an der Goldküste im vorhergehenden Jahrhundert geschehen war, stützte man sich in den Gebieten, die von der Atlantikküste und den dortigen europäischen Einflüssen weiter entfernt waren, mehr auf die traditionellen Methoden der Waldgebiete Afrikas: Infanterie mit Schilden und schwerer Bewaffnung, die den Nahkampf praktizierte, insbesondere mit Schwertern. Falls zusätzlich Wurf- und Schusswaffen benutzt wurden, so waren dies zumeist Bogen und Wurfspeere, keine Musketen. Dies galt für solche Armeen wie die von Matamba, Kasanje, Muzumbo a Kalunga und Lunda (im heutigen Ostangola). Der Expansionismus von Lunda zeigt, dass es töricht wäre anzunehmen, dass Bewaffnung und militärische Organisation nach europäischem Vorbild eine Bedingung für Kriegserfolge gewesen wären.

In Afrika und in den meisten außereuropäischen Gebieten war militärisches Potenzial weitestgehend eine Frage der Landmacht. Jedoch gab es auch eine Reihe von Küstenstaaten, die Flotten besaßen, welche in Gewässern nahe der Küste, in Flussmündungen, Flussdeltas und auf Flüssen operierten. Diese Boote hatten einen geringen Tiefgang und konnten in Gebieten navigieren, die für europäische Kriegsschiffe unzugänglich waren. Ihre Besatzungen kämpften zumeist mit Schusswaffen, was im 18. Jahrhundert zunehmend Musketen bedeutete, und einige Kanus hatten auch Geschütze an Bord. In Westafrika konnten sich Küstensiedlungen, die auf Insellagunen errichtet worden waren, erfolgreich gegen Dahomey verteidigen.

Ähnliche Streitkräfte gab es auch in anderen afrikanischen Gewässern. Die Betsimisaraka und Sakalava von Madagaskar entwickelten Flotten, die aus Auslegerkanus bestanden, und bis zum Ende des Jahrhunderts konnten sie mit diesen bis zum Festland von Nordmosambik fahren, um dort ihre Überfälle durchzuführen. Ähnliche Einrichtungen wurden auch im Pazifik, in Neuseeland und an der Pazi-

GEGENÜBER:
Leibwächter des Scheichs von Bornu aus dem Buch von Dixon Denham „Narrative of Travels and Discoveries in Northern and Central Africa", (1826). Als Kriegsveteran von der Halbinsel durchquerte der Autor von 1822 bis 1823 die Sahara und begleitete 1823 die Truppen von Bornu auf Feldzügen.

fikküste Nordamerikas eingesetzt. Auf dieser Stufe der Waffentechnik und der militärischen Organisation war der Unterschied zwischen der Jagd auf Tiere und dem Kampf mit Menschen nicht allzu groß.

Schon 1789 benutzte Kamehameha I. von Hawaii ein Drehgeschütz, das auf einer Plattform auf dem Rumpf eines großen Doppelkanus befestigt wurde. Wenig später ließ er ein großes Doppelkanu mit zwei Geschützen bestücken und mit Auslegern wie bei einem europäischen Schoner versehen. Solche Boote halfen ihm bei der Erweiterung seiner Macht über den Archipel. Jedoch wurden seine Pläne zur Invasion auf Kauai in den Jahren 1796 und 1809 durch die schwierigen Gewässer zwischen Oahu und Kauai und den Ausbruch von Krankheiten durchkreuzt.

Größere Seestreitkräfte wurden nur von einer Hand voll außereuropäischer Mächte eingesetzt, hauptsächlich vom osmanischen Reich, Persien, den barbarischen Staaten Nordafrikas (Marokko, Algier, Tunis und Tripolis), den in Maskat in Arabien ansässigen Omanarabern und der Marathen-Angria-Familie an der Konkan-Küste Indiens. Die Schiffe dieser Mächte hatten einen größeren Aktions-

Kanembo-Speerträger und Munga-Bogenschütze im Dienst von Bornu. Als bedeutender islamischer Staat in der Nähe des Tschadsees hatte Bornu seine größte Ausdehnung um 1600 erreicht, war danach aber nicht mehr expansionistisch. Im 17. Jahrhundert verzichtete Bornu weitestgehend auf Feuerwaffen.

bereich als Kriegskanus und kamen den europäischen Kriegsschiffen näher, während sie jedoch nicht die gleiche Zerstörungskraft wie Letztere hatten. Dies lag daran, dass die Schiffe der Barbaren, Omaner und Angrier für Überfälle auf Handelschiffe gebaut worden waren, wobei Schnelligkeit und Manövrierfähigkeit im Vordergrund standen. Demgegenüber wurden die schweren, langsamen Schiffe der europäischen Flotten für die Schlacht konzipiert, wobei vor allem auf Kampfkraft Wert gelegt wurde. In gleicher Weise, wie es unzulässig ist, die außereuropäischen Armeen in einer Übersicht der Kriegführung zu Lande im 18. Jahrhundert zu vernachlässigen, sollte man nicht davon ausgehen, dass nur die Europäer Kriegsschiffe einsetzten oder dass ihre Kriegsschiffe unbedingt besser waren. Dies galt insbesondere für Flotten, die auf Binnengewässern und Flüssen operierten, wo Boote mit einem geringen Tiefgang im Vorteil waren. Es ist bei weitem nicht nachgewiesen, dass Europa eine absolut höhere militärische Effektivität besaß. Die wichtigsten Auseinandersetzungen zwischen europäischen und außereuropäischen Kräften fanden jedoch zu Lande statt, und diesen wollen wir uns jetzt zuwenden.

Außerhalb Europas wurde eine große Vielfalt von Waffen verwendet, insbesondere Waffen ohne Schießpulver. Ihr fortgesetzter Erfolg darf nicht unterbewertet werden.

LINKS: *Schwert und Scheide aus Shamshir, Taipan;*

RECHTS: *Indischer Köcher mit Pfeilen aus Mahratta, Gwalior.*

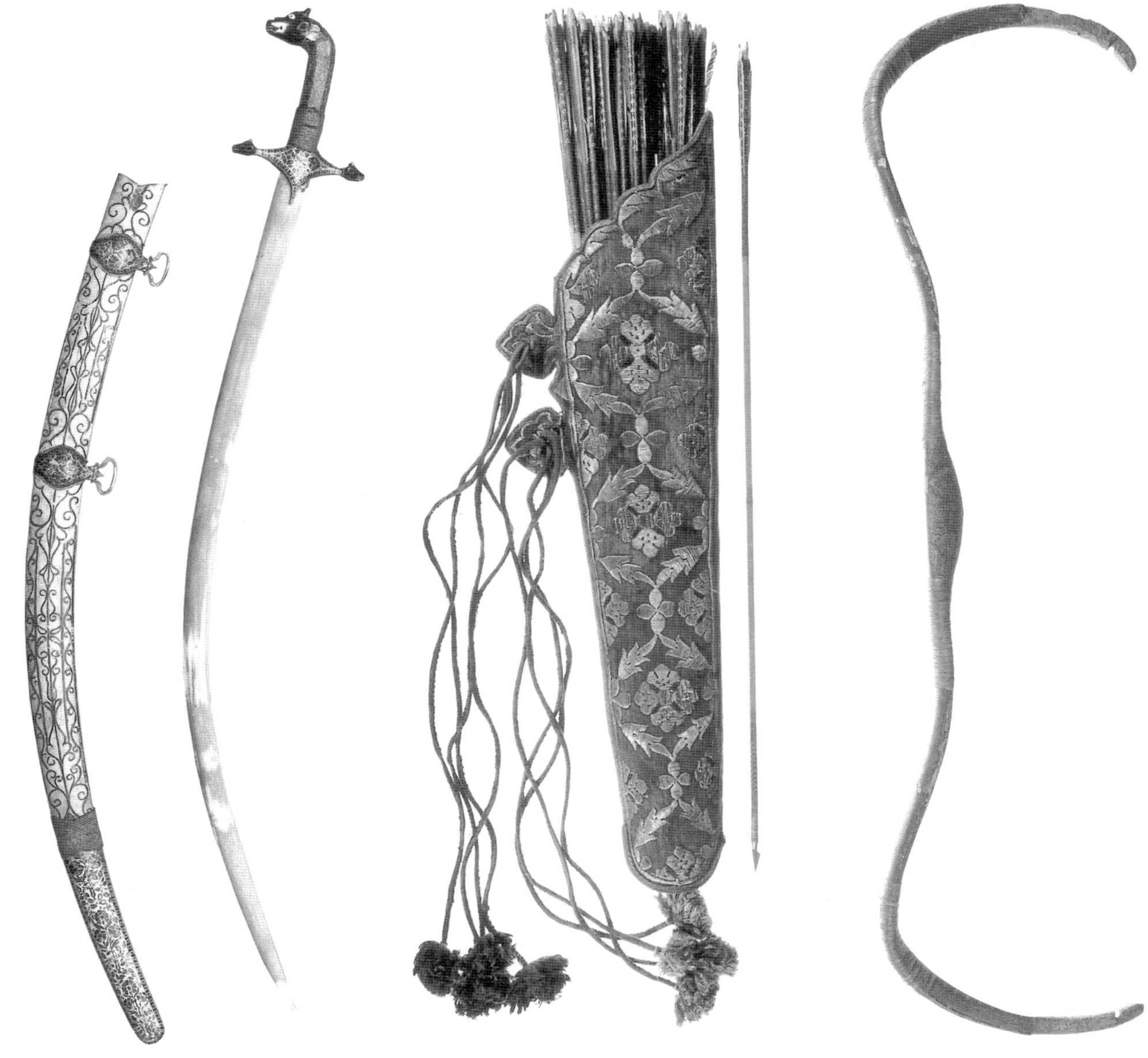

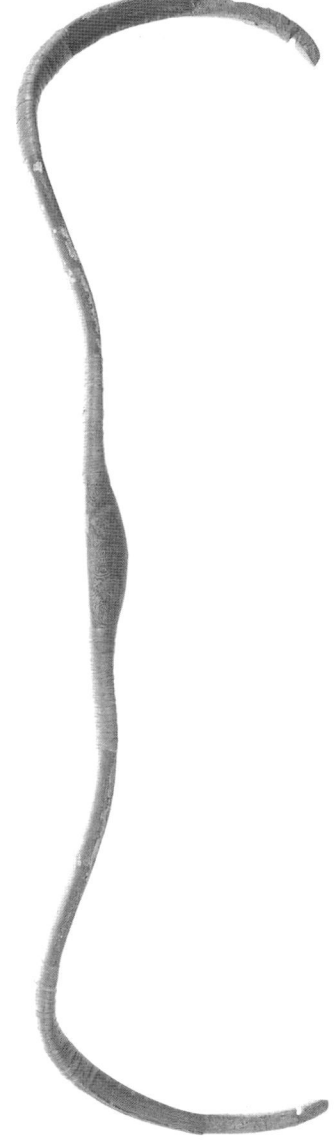

KAPITEL ZWEI

EUROPÄER GEGEN NICHTEUROPÄER

EIN KRIEGER der Irokesen. Gute Krieger, von denen viele in den englisch-französischen Kriegen neutral blieben. Sie litten unter ihrer Abhängigkeit von europäischen Feuerwaffen und insbesondere vom Schießpulver, sowie unter ihrer Uneinigkeit. Die Irokesen blieben bis in die zweite Hälfte des Jahrhunderts großartige Krieger. John Sullivans Feldzug gegen die Irokesen im Jahre 1778 war erfolglos.

EUROÄER GEGEN NICHTEUROPÄER

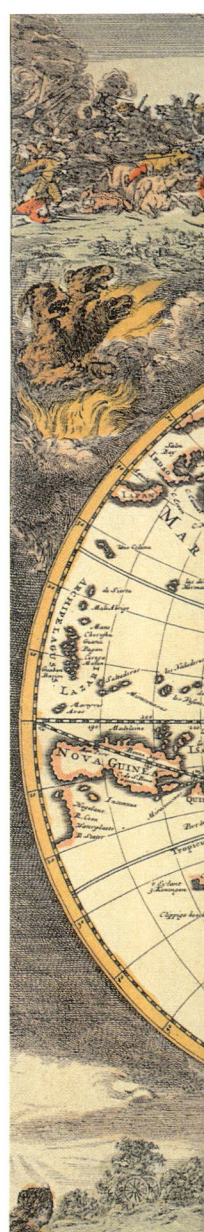

Peter der Große (1672–1725) hatte einen dynamischen Einfluss innerhalb Russlands. Mit seiner entschlossenen Politik der Neuerungen und des Bruchs mit der Vergangenheit kennzeichnete er einen potenziell radikalen Neuanfang in

Bezug auf die Nutzung der Staatsmacht innerhalb Europas. In der Praxis wurden Neuerungen und radikale Maßnahmen jedoch durch die Unzulänglichkeiten der Verwaltung abgeschwächt.

Das Wissen um die Kraft und die Energie außereuropäischer Mächte, die im ersten Kapitel beschrieben wurde, ist die Voraussetzung für die Analyse ihrer Auseinandersetzungen mit europäischen Armeen. Diese Kriege hatten große Bedeutung für die Verlagerung der Kontrolle über große Teile der Welt wie z. B. in umfangreichen Gebieten des östlichen Nordamerika und der südlichen Ukraine sowie in Bengalen in Indien. Diese Konflikte können in drei Kategorien unterteilt werden. Erstens: Kriege an der langen Grenze zwischen europäischen und asiatischen Staaten, vom Balkan bis nach Sibirien; zweitens: Konflikte zwischen lang bestehenden Kolonien europäischer Siedler und deren Nachbarn wie in Nord- und Südamerika sowie um die holländische Kolonie Kapstadt herum, wo die Xhosa bis zum Ende des Jahrhunderts gegen die holländischen Buren kämpften; und drittens: Konflikte in Gebieten, in denen es keine Grenzen europäischer Siedlungen gab wie z. B. in Indien und Ceylon (Sri Lanka).

Die Kriege zwischen europäischen und asiatischen Staaten illustrieren die Vielfalt der Militärsysteme der damaligen Zeit. Die Europäer waren konfrontiert mit den großen Streitkräften des Osmanischen (türkischen) Reiches und mit kleinen Verbänden der Ureinwohner Nordostsibiriens, den Tschuktschen, Itelmen und Koriaken, die mit Pfeilen mit Knochen- oder Steinspitzen bewaffnet waren und deren einzige Feuerwaffen jene waren, die sie von den Russen erbeutet hatten. Dazwischen, sowohl in geografischer Hinsicht als auch was den Stand der Bewaffnung und der militärischen Organisation betrifft, lagen die Reiter aus den Gebieten zwischen dem Kaspischen Meer und China. Einige davon, wie die Kasachen, Kalmücken und die Baschkiren, waren Halbnomaden, andere waren sesshafter wie die Khanate in Zentralasien.

Der militärische Erfolg entsprach jedoch nicht dieser Hierarchie. Für die Russen war die Eroberung der sibirischen Festungen in Eis und Schnee eine widrige Aufgabe: die große Entfernung, das Klima, das Gelände und die Entschlossenheit ihrer Gegner konnten die überlegene russische Feuerkraft mehr als wettmachen. Die Russen konnten ihre Präsenz durch Festungen verankern, aber mehr ließ sich nicht erreichen. Obwohl es für die einheimischen Völker schwierig war diese Festungen zu stürmen, konnte man von ihnen aus das Umland nicht wirklich beherrschen und außerdem mussten sie durch leicht angreifbare Konvois versorgt werden. So war dies ein Krieg der Überfälle und Zerstörungen, der Hinterhalte und nicht der Schlachten. Obwohl die Itelmen und Koriaken auf Kamtschatka nach mörderischen Kämpfen in den Jahren 1706, 1731, 1741 und 1745–1756 besiegt wurden, konnten die Tschuktschen in Nordostsibirien den Angriffen von 1729–1731 und 1744–1747 erfolgreich Widerstand leisten und die Russen waren gezwungen das territoriale Recht der Tschuktschen anzuerkennen.

Karte von Jakob Folkema (1692–1767). Entdeckungsreisen waren von Bedeutung für die Erweiterung von Wissen, Handel und Macht Europas. Das europäische Wissen über den Pazifik wurde wesentlich vergrößert und auch in Bezug auf Informationen über das Innere Nordamerikas gab es wichtige Fortschritte.

Im Gegensatz dazu kam es auf dem Balkan und nördlich des Schwarzen Meeres zu direkteren Kämpfen zwischen Armeen, aber in keinem Fall war der Erfolg vorausbestimmt. Die Türken gewannen einige wichtige Feldzüge: 1711 besiegte die schnelle türkische Kavallerie die russische Armee unter Führung Peters des Großen, der in Moldawien (im heutigen Rumänien) eingedrungen war, jedoch dort weitaus weniger Unterstützung fand, als er angenommen hatte. Auf ihrem langsamen Vormarsch verloren die Russen die Initiative. Indem sie als einzelne Streitmacht vorrückten, verstärkten sie ihre ohnehin schon vorhandenen schweren logistischen Probleme und so war es für die Türken relativ leicht sie einzukesseln. Eingeschlossen an den Ufern des Flusses Pruth, ohne Nahrungsmittel- und Wasserreserven und unter Beschuss durch die türkische Artillerie, war Peter der Große gezwungen, erniedrigende Bedingungen anzunehmen.

Im Jahre 1715 wurden die Venezianer durch die Türken in einem der entscheidendsten Feldzüge des Jahrhunderts aus Morea (Peloponnes im südlichen Griechenland) vertrieben. 1739 wurden die Österreicher durch die Türken wieder nach Belgrad zurückgedrängt und ihre verängstigten Generale kapitulierten. Die Größe des türkischen Reiches schuf schwere Probleme für Operationen, aber sie ermöglichte auch die Verlagerung von Ressourcen um die Kräfte gegen einen bestimmten Gegner zu konzentrieren und so die militärische Wirksamkeit zu erhöhen. Dennoch lagen die Vorteile bei den Gegnern der Türkei. Weitere türkische Vorstöße stießen auf erfolgreichen Widerstand wie zum Beispiel durch Venezianer auf Korfu im Jahre 1717 und durch Montenegro 1796. Wiederholt wurden die Türken geschlagen, und zwar durch Österreich in den Jahren 1716–1718 und 1788–1790 sowie

durch Russland von 1736–1739, 1768–1774 und 1787–1792. Diese türkischen Niederlagen fanden nicht nur zu Lande statt, denn in den letzten beiden Fällen wurde die türkische Flotte durch die Russen besiegt, am spektakulärsten in der Schlacht von Çesmé im Jahre 1770, wo die russischen Kanonenschiffe ein verheerendes Chaos anrichteten. Auch zu Lande verloren die Türken verschiedene Schlachten und ihre Festungen fielen wiederholt durch Belagerung.

Diesen Niederlagen standen frühere türkische Erfolge im 17. Jahrhundert gegenüber, woraus hervorgeht, dass eine grundlegende Verschiebung der militärischen Vorteile, eine wahrhafte militärische Revolution, stattgefunden hatte. Dies begann damit, dass die Türken nicht in der Lage waren einen entscheidenden Sieg in dem langen Krieg mit Österreich von 1593–1606 zu erringen. Sie wurden 1664 am Sankt

UMSEITIG: *Krieg im Mittelmeer zwischen Venezianern und Türken, 1685. Dank der türkischen Konzentration auf den Krieg mit Österreich konnte Francesco Morosino erfolgreiche Seeoperationen in Griechenland durchführen, obwohl er nach der Einnahme von Athen im Jahre 1687, wobei der Parthenon beschädigt wurde, 1688 wieder abziehen musste.*

KASPISCHES MEER BIS ZUR CHINESISCHEN GRENZE

In diesem großen Gebiet fand die Expansion Chinas und Russlands statt, aber auch persische und afghanische Vormärsche konnte man hier beobachten.

Vom Kaspischen Meer bis zur chinesischen Grenze

- Russische Grenzbefestigungen
- Russisches Reich um 1700
- Russische Expansion, 1725–1730
- Russische Expansion bis 1783
- Chinesisches Reich um 1760

FRAN: MORO͘S : CAP: GNᾱLE INSEGVISC
NVMEROSA ASSAI DELLA VENETA. ARRI
PRENDE.

RMATA TVRCA, CHE FVGGE SEBENE PIV
DELLE PIV GROSSE GALERE, E LE
E 1659.

DER BALKAN

Obwohl der Zusammenbruch des türkischen Reiches oft vorausgesagt wurde, zeigten die Türken große Entschlossenheit und Widerstandskraft und sie konnten insbesondere den österreichischen Vormarsch aufhalten.

Schlacht von Belgrad, 1717. Belgrad war ein wichtiger Gegenstand des Kampfes zwischen Österreich und den Türken. Wie in Wien 1683 fand die entscheidende Schlacht zwischen einer Belagerungsarmee und einer Befreiungsarmee statt, aber in diesem Fall ergriff die Belagerungsarmee die Initiative und gewann.

Gotthard und noch schwerer 1683 vor Wien geschlagen. Die Geschwindigkeit der türkischen Niederlagen nahm dann in den Kriegen bis 1699, die das Schicksal Ungarns besiegelten, sogar noch zu. Am 5. August 1716 schlugen die Österreicher unter Prinz Eugen die Türken vernichtend bei Peterwardein: Die österreichische Kavallerie vertrieb den Gegner vom Schlachtfeld und die schutzlosen Janitscharen wurden dezimiert. 30 000 Türken und auch der Großwesir Silahdar Ali Pasha, der Schwiegersohn des Sultans, wurden getötet. Dann marschierte Eugen weiter auf Temesvar, das den Österreichern im vorangegangenen Krieg getrotzt hatte und von wo aus große Gebiete des östlichen Ungarn kontrolliert bzw. bedroht wurden. Trotz der guten Befestigungen und des Schutzes durch Fluss und Marschland musste Temesvar nach schwerem Beschuss am 23. Oktober kapitulieren. Am 16. August des folgenden Jahres konnte Eugen die Türken vor Belgrad durch einen Überraschungsangriff im Nebel schlagen, was sechs Tage später zur Kapitulation von Belgrad führte. Die Schlacht war eine wilde Auseinandersetzung und kein Kampf zwischen geordneten Formationen, die aufeinander feuerten. Obwohl der österreichische Sieg sich nicht einfach auf die europäische Feuerkraft zurückführen lässt, zeigte das Gefecht die Qualitäten bestimmter europäischer Militäreinheiten auf dem Schlachtfeld im Kampf gegen einen zahlenmäßig überlegenen Gegner. 1718 schlossen die Türken Frieden und traten den Rest von Ungarn, Nordserbien und Westrumänien ab.

Im Russisch-Türkischen Krieg von 1736 – 1739 stürmten die Russen 1736 die Schanzen, die die Landenge von Perekop am Eingang zur Krim versperrten. Nach der Bombardierung befahl General Münnich, der aus Deutschland stammende Leiter des russischen Kriegsamtes, einen nächtlichen Angriff in Kolonnen auf den westlichen Teil der Befestigungslinie. Die Truppen erklommen den Wall und übernahmen die Kontrolle mit nur geringen Verlusten. Die Russen drangen dann auf der

Der Balkan, 1700 – 1792

Osmanisches Reich 1700

Osmanisches Reich
nach 1792

Verluste des Osmanischen Reiches:

an Venedig 1699 – 1715

an Österreich 1718

an Österreich 1718 – 1739

an Österreich 1775

an Russland 1774

an Russland 1792

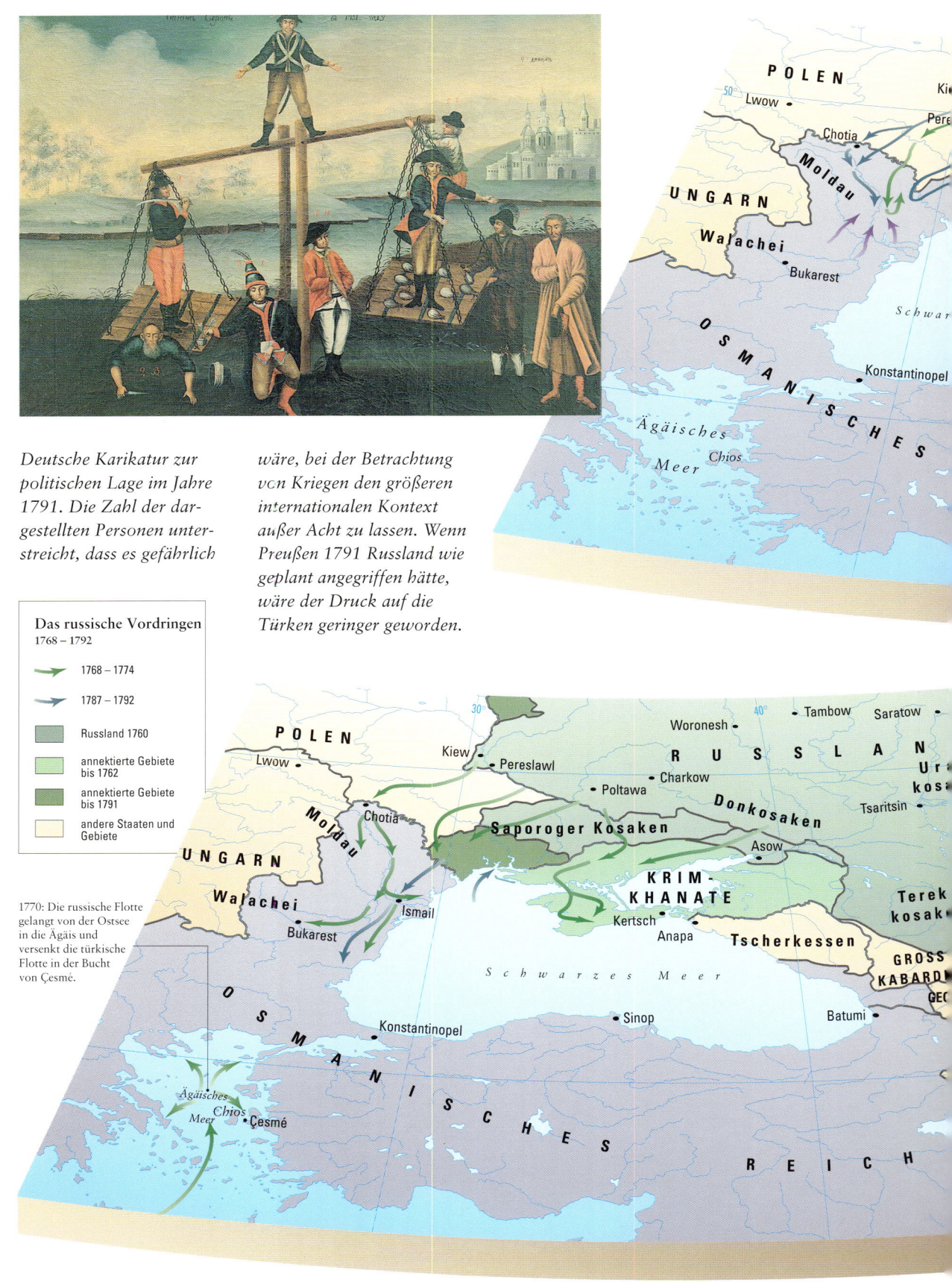

Deutsche Karikatur zur politischen Lage im Jahre 1791. Die Zahl der dargestellten Personen unterstreicht, dass es gefährlich wäre, bei der Betrachtung von Kriegen den größeren internationalen Kontext außer Acht zu lassen. Wenn Preußen 1791 Russland wie geplant angegriffen hätte, wäre der Druck auf die Türken geringer geworden.

Das russische Vordringen
1768 – 1792

→ 1768 – 1774

→ 1787 – 1792

Russland 1760

annektierte Gebiete bis 1762

annektierte Gebiete bis 1791

andere Staaten und Gebiete

1770: Die russische Flotte gelangt von der Ostsee in die Ägäis und versenkt die türkische Flotte in der Bucht von Çesmé.

Krim ein, aber die dort ansässigen Tataren vermieden eine Schlacht und schließlich zogen sich die durch Krankheit und Hitze entkräfteten Russen wieder zurück.
Weitere russische Invasionen auf der Krim in den Jahren 1737 und 1738 blieben
ebenfalls erfolglos.

Krankheit, logistische Probleme und die von den Tataren betriebene Politik der verbrannten Erde begrenzten die russischen Erfolge in den Jahren
1737 und 1738 weitestgehend auf den Norden des Schwarzen Meeres.
1739 fielen sie jedoch erfolgreich in Bessarabien und Moldawien ein,
schlugen die Türken bei Stawuchanach und eroberten Chotin und
Jassy.

Im Russisch-Türkischen Krieg zwischen 1768 und 1774 hatte
Graf Pjotr Rumjanzew als Befehlshaber der russischen Armeen
in den Jahren 1770 und 1774 ähnlichen Erfolg, obwohl seine
Offensive im Jahre 1773 weniger erfolgreich war. Er gab die
traditionelle Lineartaktik auf und organisierte stattdessen
die Infanterie in Kolonnen, die schnell und unabhängig
voneinander vorrücken konnten und sich dann zu offenen
Karrees formierten, wobei sie sich in abgestimmten Angriffen gegenseitig unterstützen konnten. Diese Kolon-
nenverbände nutzten ihre Feuerkraft um die osmanischen Angriffe abzuwehren, und sie verfügten
auch über leichte, mobile Artillerie. Eine wichtige
Rolle spielten dabei auch Sturmangriffe mit aufgepflanztem Bajonett: Die Feuerkraft wurde so

DER RUSSISCHE
VORMARSCH

*Für die Russen war das
türkische Reich ein bedroh-
licherer Feind als Schweden
oder Polen. Dennoch hat-
ten sie bis 1739 eine erfolg-
reiches Offensivsystem
geschaffen und konnten
in den Kriegen 1768–1774
und 1787–1792 wieder-
holte Siege erringen.*

durch nachfolgenden Nahkampf ergänzt. Auf diese Art und Weise konnte man der Mobilität der türkischen Kavallerie wirksam begegnen, die für linear vorrückende Truppen durch das Umgehen der Flanken sehr gefährlich war. Diese Taktik war der Vorläufer der später von den Truppen des revolutionären Frankreichs eingesetzten Methoden.

Rumjanzews Taktik verhalf zum Erfolg in Schlachten wie bei Ryabaya Mogila, Larga und Kagul im Jahre 1770 und Kosloduj im Jahre 1774. Die osmanischen Verluste waren weitaus höher als jene auf russischer Seite: Bei Larga fielen 3000 Osmanen gegenüber weniger als 100 Russen, bei Kagul 20 000 gegenüber 1470. Bei Kosloduj (9. Juni 1774) rückten die Russen in Karreeformation vor und schlugen einen Angriff der Janitscharen zurück, der durch die Batterien des Barons Tott unterstützt wurde. Durch den Regen waren die Patronen in den Stofftaschen der Janitscharen unbrauchbar geworden. Die mit Ledertaschen ausgerüsteten Russen hatten da mehr Glück. Das russische Geschützfeuer wurde durch eine Kavallerieattacke unterstützt, die den türkischen Kampfeswillen brach. Fünfundzwanzig von Totts Geschützen wurden erbeutet. Die Besetzung der Krim erfolgte 1771 und das osmanische Festungssystem an der Donau wurde 1770 und 1774 gestürmt.

Erfolg war aber mehr als nur eine Frage der Fähigkeiten und der Entschlossenheit

Fürst Gregorij Potemkin (1739–1791). Als Geliebter von Katharina der Großen wurde er Feldmarschall und betrieb die russische Entwicklung der Ukraine und die Expansion zum Schwarzen Meer. Potemkin hatte das Kommando bei der Erstürmung von Otschakow 1788 und beim Vormarsch bis zum Dnjestr im Jahre 1789.

auf dem Schlachtfeld. Die russische Armee bewies auch wachsende Kompetenz im Einsatz ihrer Kräfte. Die Einführung flexiblerer Nachschubmöglichkeiten trug dazu bei die schwerfälligen Trosse zu reduzieren, obwohl die Logistik bis zur Entwicklung der Eisenbahnlinien im 19. Jahrhundert weiterhin ein schweres Problem blieb, auch wegen des aus heutiger Sicht primitiven Verwaltungssystems innerhalb des Reiches. Bestimmte Veränderungen erlaubten jedoch eine bessere strategische Planung und eine effektivere Nutzung der Fluss- und Küstenwege. Da er sich der logistischen Probleme einer großen Armee bewusst war, übernahm Rumjanzew die Initiative. Mit dem Vertrag von Kütschük Kainardschi von 1774 erhielten die Russen Gebiete nördlich des Schwarzen Meeres und einen Küstenstreifen bis zum Dnjestr.

Auch im nächsten Konflikt zwischen 1787 und 1792 mit den Türken waren die Russen erfolgreich, obwohl dieser Krieg hart umkämpft war. In der ersten Schlacht schlugen die Russen eine türkische Streitmacht, die bei Kinburn gelandet war (2. Oktober 1787). Es dauerte neun Stunden, bis sich die Russen unter Führung von Graf Alexander Suworow nach erbitterten Nahkämpfen gegen Truppen, die von türkischen Kriegsschiffen unterstützt wurden, durchsetzen konnten.

1788 gingen die Russen zum Angriff über, wobei sie sich auf die mächtige Festung von Otschakow konzentrierten, die am Zugang zum Bug und zum Dnjepr

Russischer Sieg über die Türken bei Çesme, 1770. Dieser Sieg, der vor allem auf den erfolgreichen Einsatz von Kanonenschiffen gegen die eng beieinander vertäuten Schiffe der türkischen Flotte zurückzuführen war, gehörte zu einer Reihe russischer Erfolge zur See gegen die Türken.

stand. Katharinas Günstling und früherer Liebhaber, Fürst Grigorij Potemkin, führte die Belagerungsarmee, und vor der Küste fanden erbitterte Seegefechte statt, als die Russen versuchten eine wirksame Blockade zu errichten. Nach längerem Beschuss wurde Otschakow am 17. Dezember gestürmt. 1789 rückte die russische Hauptarmee unter Potemkin bis zum Dnjestr vor. 1790 wurden die Forts im Donaudelta, wie z. B. Ismail, eingenommen, und 1791 rückten die Russen bis südlich der Donau vor. Durch die Siege in den Kriegen von 1768–1774 und 1787–1792 konnte Russland sich am Schwarzen Meer etablieren, die Krim einnehmen (1783) und die türkischen Grenzen bis auf den Balkan zurückdrängen, um die dortige türkische Position zu bedrohen.

Feuerkraft und Entschlossenheit waren auch entscheidend im Kubangebiet östlich des Schwarzen Meeres. Als sich die Nogaier 1783 weigerten in den expandierenden russischen Staat integriert zu werden, wurden 3000 von ihnen in der Schlacht von Urai-Ilgasi im August durch eine kleine, disziplinierte Streitmacht unter Suworow getötet, und am 2. Oktober fügte ihnen Suworow in einer weiteren Schlacht am Zusammenfluss von Kuban und Laba erneut schwere Verluste zu. Die Fähigkeit, nomadische oder halbnomadische Völker zu Schlachten zu zwingen, war entscheidend für deren Niederlage.

Weiter östlich waren die Russen weniger erfolgreich, weil ihre Ziele weiter entfernt lagen, sie dafür weitaus weniger militärische Ressourcen zur Verfügung stellten und es auf den Flüssen keine Verkehrswege gab, wie dies in der Ukraine der Fall gewesen war. Die größte Initiative startete Peter der Große, der stets die Grenzen des Möglichen ausprobieren wollte. In einem Feldzug, in dem es sowohl auf Logistik als auch auf das Führen von Schlachten ankam, stieß Peter von 1722–1723 am Kaspischen Meer entlang vor. Er hoffte aus der Zerrüttung Persiens durch die Afghanen Nutzen ziehen zu können, um die Seidenstraßen unter seine Kontrolle zu bringen, weitere Territorien zu annektieren und die osmanische Expansion zu stoppen. Derbent fiel 1722 und Baku und Rasht folgten 1723. Dies war kein Feldzug einer Kavalleriearmee wie bei den Afghanen, sondern eher ein systematisches Unternehmen mit vorrangigem Einsatz der Infanterie. Es war durch den Versuch gekennzeichnet, bleibende militärische Spuren zu hinterlassen wie beispielsweise durch den Neu- und Ausbau von Forts und Straßen, um so die russische Präsenz fest zu verankern und zu erhalten. Jedoch zeigte sich, dass dieser Feldzug zu weit angelegt war. Die Russen stellten fest, dass ihre Eroberungen westlich und südlich des Kaspischen Meeres von geringem Nutzen waren. Viele Garnisonstruppen, möglicherweise bis zu 130 000 Männer, starben an Krankheiten, und als Persien dann unter Schah Nadir wieder erstarkte, trat Russland 1732 die Gebiete südlich des Kaspischen Meeres ab. Obwohl die Russen später im 19. und 20. Jahrhundert vorübergehend Gebiete in Nordpersien besetzten, hatten sie damals die beste Möglichkeit zur Schaffung einer dortigen territorialen Präsenz verpasst. Russland konnte auch nicht vom Zusammenbruch des Safavid-Reiches profitieren, wie dies für Großbritannien nach dem Zusammenbruch der Mogul-Macht möglich war, und wurde danach mit stabileren persischen Regierungen konfrontiert.

Die Russen hatten mehr Erfolg östlich des Kaspischen Meeres, einem wichtigen, oft übersehenen Gebiet der europäischen Expansion in dieser Zeit. Auch hier ging es wieder vor allem um Logistik und Konsolidierung und weniger um das Führen von Schlachten. Die Baschkiren wurden in den 20-er und 30-er Jahren des 18. Jahrhunderts im Nordosten des Kaspischen Meeres unterworfen. Lokale Verbündete waren dabei das beste Mittel zur Unterdrückung von Widerstand. Die russische Kontrolle manifestierte sich in einer neuen Serie von Forts von der Wolga bis nach

Orenburg. Weitere Fortsysteme wurden zur Konsolidierung der sich erweiternden Grenzen errichtet, was eine Gefahr für die Dsungaren und Kalmücken darstellte. Der Ausbau dieser Befestigungen nach Süden verlief parallel zur offensiven Taktik der russischen Infanterie und Artillerie. Sie dienten auch zur Abriegelung bestimmter Gebiete, um zu verhindern, dass sich die feindlichen Kräfte dort verstärkten. Der Weg für nomadische Invasionen war verschlossen und die Voraussetzungen für das anschließende Vordringen Russlands nach Kasachstan und Zentralasien waren geschaffen.

Jedoch waren die Russen nicht immer erfolgreich. Eine Streitmacht, mit deren Hilfe der Khan von Khiva in Zentralasien zur Anerkennung der russischen Souveränität gedrängt werden sollte und die die Aufgabe hatte, den Weg nach Indien auszukundschaften, wurde 1717 vernichtet. Die verschanzten Russen schlugen zwei Tage lang alle Angriffe zurück, wurden aber dann zum Verlassen ihrer Stellungen verleitet und abgeschlachtet. Eine andere Expedition, die zur Entdeckung von Goldsand in der Dsungarei ausgesandt worden war, erlitt 1719 eine Niederlage. Jedoch waren dies eher Ausnahmeaktionen. Von größerer Wichtigkeit war die Stärke der russischen Südgrenzen und der ständige Druck, den Russland auf ein Gebiet ausübte, das traditionell durch das Vordringen der Steppenvölker gekennzeichnet war.

In Südasien waren die demografischen Bedingungen der Kriegführung ganz anders. Hier befanden sich die europäischen Streitkräfte in starker Unterzahl und es gab auch keine Siedlerkolonien wie in Nord- und Südamerika und entlang den Fronten des österreichischen und russischen Vormarsches, aus denen lokale Milizen und Arbeitskräfte rekrutiert werden konnten. Die Europäer konnten nur mit Erfolg operieren, wenn sie sich auf lokale Hilfstruppen stützten, ein Verfahren, das im frühen 16. Jahrhundert durch die Portugiesen initiiert worden war. Darüber hinaus war auch der politische Kontext der europäischen Expansion in Südasien anders als die Situation in der Neuen Welt und in den Gebieten des österreichischen und russischen Vormarsches. Grundsätzlich und insbesondere in der ersten Hälfte des Jahrhunderts waren die Europäer nicht auf territoriale Expansion aus, sondern wollten nur gewährleisten, dass die Einträglichkeit ihres Handels durch die lokalen politischen Strukturen begünstigt wurde. Jedoch förderte der Wettbewerb unter den europäischen Mächten und das Streben nach territorialer Erweiterung in einigen Gebieten den Expansionismus, was insbesondere von 1757 an für Großbritannien in Indien gilt.

Die militärischen Aktivitäten Europas in Indien im 18. Jahrhundert werden zumeist im Zusammenhang mit den beeindruckenden Leistungen Robert Clives, später Lord Clive (1725–1774), erwähnt, der zunächst in Karnataka (Südostindien) und dann in Bengalen tätig war, wo er den Nawab Siraj-ud-daula am 23. Juni 1757 bei Plassey besiegte. Jedoch sei darauf hingewiesen, dass solche Erfolge nicht typisch waren. Im 18. Jahrhundert übte Europa keinen militärischen Druck auf China, Japan oder Siam aus, was nach den kühnen Eroberungsplänen des 16. Jahrhunderts einem völligen Scheitern gleichkam. Im Allgemeinen waren nur begrenzte Aktionen mit begrenzten Ergebnissen zu verzeichnen: Die Spanier hatten geringen Erfolg bei der Unterwerfung und Christianisierung der südlichen Philippinen; britische und französische Versuche, in Südbirma ihre Präsenz zu etablieren, scheiterten; der Persische Golf blieb den europäischen Mächten verschlossen. Von den späten 80-er Jahren des 18. Jahrhunderts an spielten französische Waffen und Berater in Vietnam eine gewisse Rolle, jedoch eher zum Vorteil der expansionistischen Pläne des Nguyen Anh, der bis 1802 ganz Vietnam erobert hatte und sich selbst zum Kaiser Gia Long erklärte, und weniger im Interesse einer Erweiterung der französischen Kontrolle.

INDIEN IM
18. JAHRHUNDERT

*Die indische Militärge-
schichte dieser Zeit muss
nicht nur im Hinblick auf
die britische Expansion betrachtet werden, sondern
auch in Bezug auf die
Kämpfe zwischen indischen
Mächten und deren Ausein-
andersetzung mit expansionistischen, außereuropä-
ischen Herrschern.*

Die zunehmende Vorherrschaft der Briten in dieser Region in Südasien war in gewisser Hinsicht ein Ausdruck für das Scheitern der europäischen Mächte. Was Frankreich betrifft, so war dieses Scheitern weitestgehend auf die in Indien erlittenen Niederlagen gegen die Briten, insbesondere von 1760–1761, zurückzuführen. Im Falle von Holland und Portugal jedoch hing dies nicht nur mit dem grundsätzlichen Problem zusammen, dass beide keine Großmächte mehr waren, sondern hatte seine Ursachen auch in einigen Niederlagen gegen asiatische Staaten. So gerieten die Portugiesen zwischen 1737 und 1740 in Indien in starke Bedrängnis, als sie dort einen Krieg mit verheerenden Folgen gegen die Marathen führten; Salsette, Bassein und Chaul wurden erobert und fast ging auch der Hauptstützpunkt der Portugiesen in Goa verloren. Als Folge davon wurden die Briten, die ihren Stützpunkt in Bombay hatten, zur dominierenden europäischen Macht in Westindien.

Die Holländer waren die dynamischste europäische Macht im Indischen Ozean im 17. Jahrhundert, aber im 18. Jahrhundert war die Situation ganz anders. Auf Java wurde die Wirkung der Operationen der Holländisch-Ostindischen Kompanie im Rahmen der ständigen Bürgerkriege im Königreich von Mataram dadurch geschwächt, dass die holländische Armee nicht in der Lage war, erfolgreiche Aktionen außerhalb der Küstengebiete durchzuführen, was nicht zuletzt auf die fehlende Unterstützung durch Seestreitkräfte zurückzuführen war. Grundsätzlich hing der Erfolg der Holländer auf Java von lokalen Verbündeten ab. Als sich die Holländer

*Robert Clive erhält Geld
vom Nawab von Bengalen.
Die Fähigkeit der europä-
ischen Generale, Konflikte
auszunutzen, kam am
besten in der überseeischen
Expansion zum Ausdruck,
nicht zuletzt in Indien, wo
die Kontrolle der britischen
Regierung über die Ost-
indische Kompanie begrenzt
war. Clive errichtete die
britische Herrschaft in Bengalen und Bihar, die eine
stabile Quelle für Einnahmen und Arbeitskräfte darstellte und die Grundlage
für die britische Imperial-
macht in Asien bildete.*

Indien: Invasionen und regionale Mächte 1739–1760

- ● Englische Stützpunkte 1700
- ● Französische Stützpunkte 1700
- ● Portugiesische Stützpunkte 1700
- ● Holländische Stützpunkte 1700
- ▭ Britisches Gebiet ca. 1785
- ▭ Gebiet der Marathen ca. 1785
- ▭ Gebiet von Mysore ca. 1785
- ● Zentrum des Herrschaftsgebiets der Gurkha ca. 1785
- → Vorstöße des Nadir Shah von Persien
- → Vorstöße des Ahmed Khan Abdali von Afghanistan
- → Vorstöße des Haidar Ali von Mysore
- → Vorstöße der Gurkhas
- → Vorstöße der Chinesen
- → Vorstöße der Marathen
- ⚔ Schlacht, Jahr

Britische Kommandanten in Indien wie Coote und Cornwallis betonten den Wert von Ochsen für den Transport der Artillerie. Cornwallis und später Wellesley erhielten Unterstützung durch die Brinjaries, indische Unternehmer, die Ochsen vermieteten und Reis verkauften. Der Vormarsch von Cornwallis auf Seringapatam im Jahre 1791 wurde durch eine Epidemie unter den Ochsen getroffen und er musste deswegen viele Geschütze stehen lassen.

1741 unter harter Bedrängung befanden und ihr Küstenstützpunkt in Semarang durch ca. 23 500 Javaner und dort ansässige Chinesen mit Unterstützung durch 30 Geschütze belagert wurde, konnten sie ihre Position durch eine Vereinbarung mit Cakraningrat IV. von Madura retten, dessen Streitkräfte auch für die holländischen Operationen im Landesinneren von entscheidender Bedeutung waren. Als jedoch Pakubuwana II. von Mataram sich 1743 mit den Holländern arrangierte, begann der erboste Cakraningrat einen Krieg mit ihnen. Das Gleichgewicht des militärischen und politischen Vorteils änderte sich ständig und jeder unerwartete Druck konnte zu einer Krise führen. Als Folge davon erlitten die Holländer im Rahmen des Dritten Javanischen Erbfolgekrieges (1746–1757) in den Jahren 1750 und 1755 Niederlagen, und im Königreich Bantam in Westjava führte eine Rebellion im Jahre 1750 zum Sieg über die holländischen Streitkräfte. Die Holländisch-Ostindische Kompanie war wesentlich schwächer als ihr britisches Gegenstück. Ihre Gewinne gingen in den 30-er, 40-er und 50-er Jahren des 18. Jahrhunderts zurück, was die früheren Pläne einer langfristigen Expansion vereitelte. Alle Versuche, ihre Macht in den 40-er und 50-er Jahren des 18. Jahrhunderts wieder zu stabilisieren, blieben grundsätzlich erfolglos. Auch der von 1739 bis 1740 auf Sulawesi unternommene Versuch, den dynamischen Herrscher von Wajo, Arung Singkang, zu vernichten, hatte nur begrenzten Erfolg, da Krankheiten und schlechtes Wetter die Holländer in starkem Maße behinderten.

Im malaiischen Gebiet waren die Holländer eher zögerlich, was nicht zuletzt darauf zurückzuführen ist, dass sie sich angesichts der militärischen Stärke der expandierenden Bugi wegen ihrer schwachen Verteidigungsanlagen in Malacca Sorgen machten, obwohl die Belagerung Malaccas durch die Bugi im Jahre 1784 zurückgeschlagen werden konnte. Man kann also ganz und gar nicht von einer Welle europäischen Vordringens sprechen, und nach einer Strafexpedition gegen Siak im Jahre 1761 gab es keine weiteren größeren Operationen der Holländer in den malaiischen Gebieten bis 1784.

SCHLACHT VON PLASSEY, 23. JUNI 1757

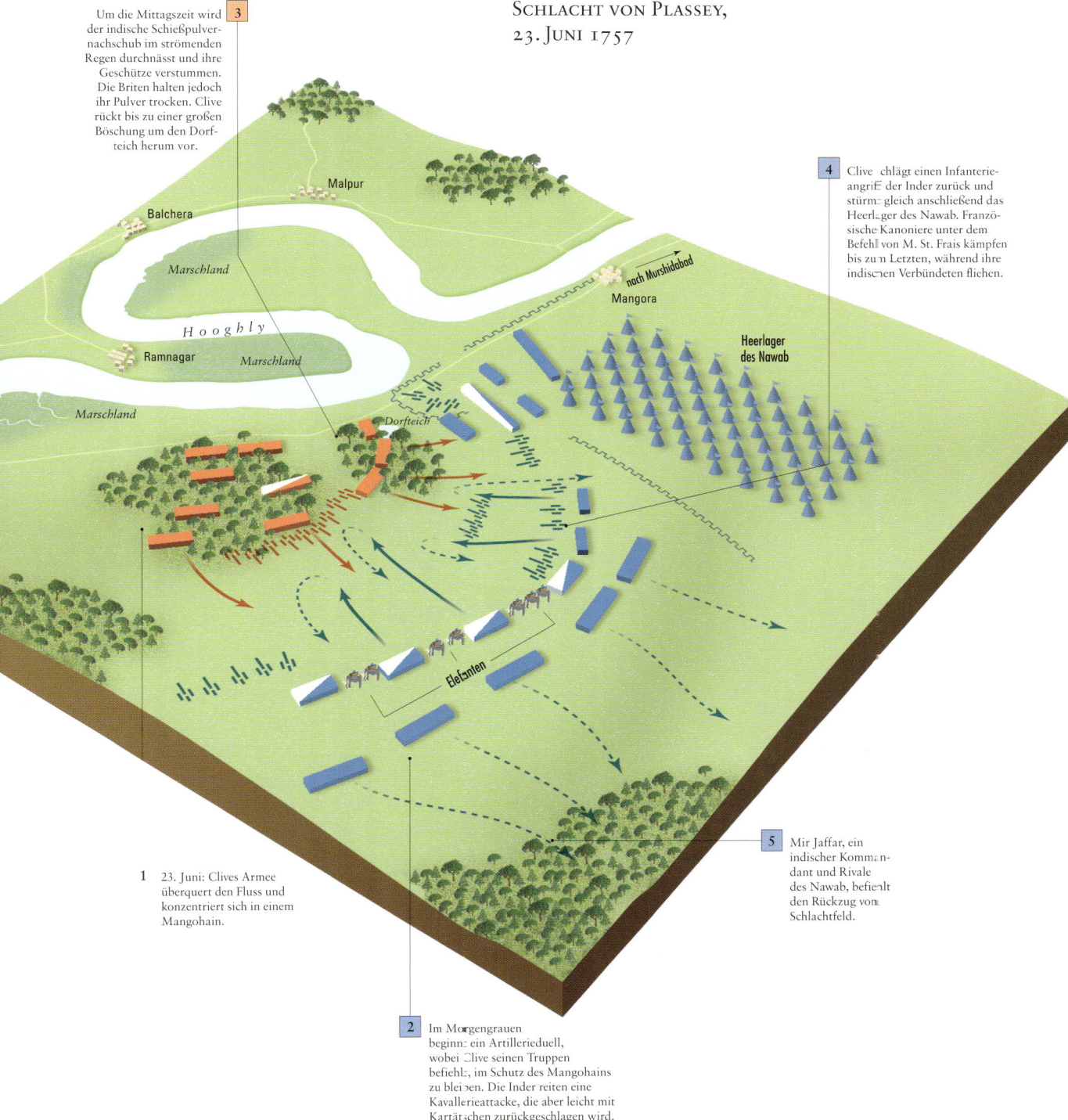

3 Um die Mittagszeit wird der indische Schießpulvernachschub im strömenden Regen durchnässt und ihre Geschütze verstummen. Die Briten halten jedoch ihr Pulver trocken. Clive rückt bis zu einer großen Böschung um den Dorfteich herum vor.

4 Clive schlägt einen Infanterieangriff der Inder zurück und stürmt gleich anschließend das Heerlager des Nawab. Französische Kanoniere unter dem Befehl von M. St. Frais kämpfen bis zum Letzten, während ihre indischen Verbündeten fliehen.

Malpur

Balchera

Marschland

H o o g h l y

Ramnagar   Marschland

Marschland

Dorfteich

nach Murshidabad

Mangora

Heerlager des Nawab

Elefanten

5 Mir Jaffar, ein indischer Kommandant und Rivale des Nawab, befiehlt den Rückzug vom Schlachtfeld.

1 23. Juni: Clives Armee überquert den Fluss und konzentriert sich in einem Mangohain.

2 Im Morgengrauen beginnt ein Artillerieduell, wobei Clive seinen Truppen befiehlt, im Schutz des Mangohains zu bleiben. Die Inder reiten eine Kavallerieattacke, die aber leicht mit Kartätschen zurückgeschlagen wird.

Mit Steinschlossgewehr bewaffneter Soldat des Sultans Tipu von Mysore. Mysore war gegenüber der Einführung von Taktiken auf der Grundlage von Feuerkraft nach europäischem Vorbild

besonders aufgeschlossen und stellte eine ernsthafte Bedrohung für die britische Herrschaft in Karnataka dar.

In Indien wurden die Holländer 1741 durch Travancore geschlagen. Zwischen 1761 und 1766 führten sie einen komplizierten Krieg in Sri Lanka, in dessen Verlauf das europäische Militär seine Grenzen kennen lernen musste. Dieser Krieg, der nicht mit einer europäischen Aggression begann, wurde nicht von den Holländern angefangen, sondern von Kirti Sri, dem Herrscher des Königreiches Kandy im Landesinneren. Unter Ausnutzung der Unzufriedenheit in den militärisch schwachen Küstenbesitzungen der Holländer griff er an und besetzte große Teile der Küste. Wie auch in anderen Gebieten, wo die europäischen Mächte angegriffen wurden, wie zum Beispiel in Nordamerika während des Indianeraufstandes unter Pontiac zwischen 1763 und 1764, erwies es sich jedoch für die einheimischen Streitkräfte als unerwartet schwierig, befestigte Stellungen einzunehmen, und so konnte das unter holländischer Verwaltung stehende Negombo im Jahre 1761 erfolgreich Widerstand gegen einen Angriff leisten. Darüber hinaus profitierten die Europäer von der Möglichkeit, Truppen aus anderen europäischen Herrschaftsgebieten heranzuführen. So erhielten die Holländer Verstärkung vor allem von den ostindischen Inseln und bis zum Ende des Jahres 1763 hatten sie die Küstengebiete zurückerobert.

1764 machten sich die Holländer dann daran, das Landesinnere zu erobern. Sechs Kolonnen wurden gegen die Hauptstadt geschickt, aber sie waren genauso erfolglos wie die viel früher in den Jahren 1594, 1630 und 1638 durchgeführten portugiesischen Expeditionen in das Innere der Insel. Die militärischen Offensivfähigkeiten der Europäer waren nicht besser geworden. Die üblichen Probleme bei Operationen in den Tropen, insbesondere Krankheiten, schwieriges Gelände und das Fehlen von Karten, wurden durch den Widerstand der Truppen von Kandy noch verstärkt. Unter Ausnutzung des Dschungelgeländes fügten die Scharfschützen von Kandy den Holländern schwere Verluste zu.

Das Lernen aus Fehlern war ein wichtiges Kennzeichen erfolgreicher europäischer Operationen. Im Januar 1765 starteten die Holländer einen neuen Feldzug, wobei sie Schwerter und Bajonette durch weniger unhandliche Macheten ersetzten, ihren Truppen praktischere Uniformen gaben und schnellere Manöver durchführten. Am Anfang triumphierten die Holländer und eroberten die verlassene Hauptstadt, aber die Truppen von Kandy ließen sich nicht auf eine Schlacht ein, was ohnehin eine vernünftige Reaktion auf die europäische Feuerkraft war. Dies führte dazu, dass die Holländer ihre Kräfte bei dem Versuch verschwendeten, ein Land zu kontrollieren, das aufgrund von Krankheiten und feindlichen Überfällen nicht zu beherrschen war. Im Jahre 1766 schlossen sie schließlich Frieden. Kandy wurde dann erst durch die Besetzung der Briten im Jahre 1815 erobert.

Es ist hilfreich, wenn man die britischen Erfolge in Indien im Lichte des Scheiterns der Holländer in Kandy betrachtet. Erstens unterstreicht der Angriff von Kirti Sri im Jahre 1761, dass es dabei nicht um eine reine europäische Expansion ging. Auf Clives Einmarsch in Bengalen im Jahre 1757 folgte nämlich ein Angriff des Nawab auf Kalkutta; in Westindien stellten die Marathen eine dynamische Macht dar und in Südindien bedrängte Haidar Ali von Mysore die britische Einflusssphäre in Karnataka.

Zweitens war der Erfolg keine geradlinige Straße. Neben den Siegen, mit deren

Hilfe die Briten die Herrschaft über Bengalen eroberten – Plassey (23. Juni 1757), Patna (3. Mai 1764) und Buxar (23. Oktober 1764) – und den erfolgreichen Angriffen auf die Hauptstadt von Mysore, Seringapatam, die Haidars Sohn, Tipu Sultan, zunächst dazu veranlassten den britischen Bedingungen nachzugeben (1792) und die später zu seiner Niederlage und seinem Tod (1799) führten, gab es auch schwere Misserfolge. Gegen Ende 1778 marschierte eine 3200 Mann starke Infanteriearmee mit 12 000 Ochsen, die Waffen und Vorräte zogen, von Bombay aus in die schwierige Gegend der Ghats. Die Armee war ihren Aufgaben nicht gewachsen, und da sie die entscheidenden Probleme der Mobilität, der Logistik und des Geländes nicht meistern konnte, kam sie noch nicht einmal eine Meile pro Tag voran. Die Marathen leisteten am 9. Januar 1779 Widerstand, aber zogen sich dann wieder zurück, als sich die Briten formierten und vorrückten. Wegen der schlechten Verkehrswege und mangelnder Unterstützung für ihren Marathenprotegé befahl der Zivilausschuss der britischen Armee den Rückzug, obwohl der Kommandant, Lieutenant Colonel William Cockburn, der Meinung war, dass es zu gefährlich wäre, in offenem Gelände angesichts der gegnerischen Streitkräfte der Marathen einen Rückzug zu wagen, insbesondere, weil sich die feindliche Kavallerie sehr schnell bewegen konnte. Cockburns Streitkräfte wurden dann auch sofort durch eine weitaus größere Streitmacht umzingelt. Am 12. Januar schrieb er Folgendes: „Wir standen weiter unter schwerem Beschuss, und die ganze Blüte der Reiterei der Marathen steht zum Angriff bereit, wann immer sich eine Gelegenheit dafür bietet, aber unsere verdienstvolle Artillerie und die Unerschütterlichkeit der Infanterie haben sie bisher daran gehindert". In der nächsten Nacht ließ die Moral der Armee jedoch stark nach; Desertionen untergruben ihre Kraft und der Munitionsnachschub wurde auch geringer. Schließlich unterschrieben die Briten in Wadgaon einen Vertrag, in dem sie in den Rückzug nach Bombay einwilligten. Mehr ließ sich selbst

Batavia, der bedeutendste holländische Stützpunkt auf den ostindischen Inseln, ca. 1780, als dort ein holländisches Geschwader stationiert war. Jayakerta war 1619 von den Holländern erobert und in Jakarta umbenannt worden.

Bronzemörser für den Sultan Tipu von Mysore, ca. 1790. Die asiatische Artillerie war vielfältiger als ihre Gegenstücke in Europa. Tiermotive unterstrichen die symbolische Kraft der Artillerie.

durch eine gut ausgebildete Streitmacht nicht erreichen, insbesondere, weil man auf schwierigem Gelände gegen eine zahlenmäßig stark überlegenen Gegner kämpfen musste und eine unzureichende Aufklärung betrieben wurde.

Die Armeen von Mysore schlugen die britischen Streitkräfte 1780 und 1782. Auch Mysore verfügte über eine schlagkräftige leichte Kavallerie. Der britische Vormarsch auf Seringapatam im Jahre 1791 scheiterte: Die Briten hatten die Stadt erreicht und außerhalb eine Streitmacht von Mysore geschlagen. Aber dann gingen ihnen die Vorräte aus und sie lagen vor einer stark befestigten Stellung, während der Monsunregen jeden Moment einsetzen konnte. Schließlich zogen sie sich ungeordnet zurück und gaben dabei viele ihrer Geschütze auf.

Einzelne Erfolge und Misserfolge hatten unterschiedliche Ursachen, aber die allgemeine Schlussfolgerung besteht darin, dass die indischen Militärsysteme nicht von vornherein zum Scheitern verurteilt waren. Für die Briten war es leichter gegen Feinde zu kämpfen, die sich in erster Linie auf die Infanterie stützten, wohingegen die Streitkräfte der Marathen und jene von Mysore vor allem leichte Kavallerie einsetzten. Im Jahre 1768, als sich die Ostindische Kompanie im Krieg mit Mysore befand, schrieb ein britischer Offizier von „einer großen Gruppe feindlicher Reiterei, die uns ständig umkreist und oft viele unserer Ochsen, Bagage usw. wegschleppt". Da sie nicht genügend Kavallerie hatte, konnte die Kompanie nicht wirksam reagieren. Lord Cornwallis, der britische Oberkommandant in Indien, schrieb 1787: „Niemand in Indien ist überzeugter als ich davon, dass unsere Armeen Kavallerie brauchen."

Die leichte Kavallerie der britischen Gegner konnte nur dann am besten ausgeschaltet werden, wenn die Briten lokale Verbündete in den Kampf einbezogen. Deshalb stützten sie sich auch auf die Sepoys – indische Infanteriesoldaten, die für den Kampf mit den Waffen und Taktiken des europäischen Militärs ausgebildet waren – und auf indische Kavallerie, die mit eigenen Verbänden in den Kampf zog. Die Nutzung verbündeter indischer Militärkräfte durch die Briten geht auf Stringer Lawrence, der in den 40-er Jahren des 18. Jahrhunderts in Karnataka tätig war, zurück und ist ein Ausdruck für die politischen Fähigkeiten der britischen Führer, für die Finanzkraft der britischen Besitztümer in Indien und auch für andere Faktoren, die indische Herrscher dazu bewegten den Briten zu helfen. Dementsprechend waren dann auch die Feldzüge gegen Seringapatam in den Jahren 1792 und 1799 erfolgreicher als der Angriff im Jahre 1791, was vor allem daran lag, dass man sich die Unterstützung durch lokale Verbündete gesichert hatte. Entscheidend war auch die Tatsache, dass der Zusammenschluss von Hyderabad, Mysore und den Marathen gegen die Briten scheiterte. In ähnlicher Weise wurde der britische Sieg bei Plassey im Jahre 1757 durch die Zwietracht innerhalb der Armee des Nawab von Bengalen begünstigt; außerdem musste der Nawab seine Streitkräfte aufteilen, um einem eventuellen afghanischen Angriff zu begegnen.

Diese politische Dimension der Kriegführung hatte auch schon bei früheren Ereignissen im Rahmen der europäischen Expansion eine Rolle gespielt wie zum Beispiel im Kampf von Cortez gegen die Azteken im Mexiko des 16. Jahrhunderts, und war auch bei Kriegen innerhalb Europas von Bedeutung. Auch dort bildeten wechselnde Bündnisse ein wichtiges Kriterium und Attribut des Krieges. Die Politik spielte auch eine Rolle beim Zusammenhalt gegnerischer Staaten. Wie China waren auch die europäischen Mächte aufgrund der Kontinuität ihrer Verwaltungsstrukturen und Regierungsorgane sehr stark. Gegner, die weitestgehend auf die Führung durch eine Einzelperson angewiesen waren, waren schwächer. 1783 bemerkte John Kennaway, ein britischer Soldat in Indien, dass der Tod von Haidar Ali im Jahre 1782:

„eine sehr tief greifende Veränderung für unsere Angelegenheiten mit sich gebracht hat: Denn dieser außergewöhnliche Mann hat im zivilen und militärischen Bereich eine solch ausgezeichnete Ordnung eingerichtet, dass – ganz im Widerspruch zu dem, was wir zumeist beim Tod eines asiatischen Fürsten seit dem Untergang des Mogulreiches erlebt und gelesen haben – sein Sohn die Nachfolge wie in einem alten und erblichen Königreich antreten konnte, obwohl er sich auf einem weit entfernten Feldzug befand. Der Charme ist aber verloren gegangen. Haidars Name hatte bei den verschiedenen Mächten [Indiens] einen magischen Klang und obwohl Tipu vielleicht in seinen Fähigkeiten dem Vater ebenbürtig ist, muss er sich zunächst einen guten Namen machen, bevor man ihn gleichermaßen respektiert."

Aber die Briten mussten nicht nur in Indien Bündnisse mit einheimischen Kräften schließen. Solche Allianzen waren auch in Nordamerika von Bedeutung, wo es keinen Vermittler wie die Ostindische Kompanie zur britischen Regierungsmacht gab. Auch dort muss der allgemeine Eindruck der militärischen Überlegenheit und territorialen Expansion Europas durch die Berücksichtigung der erlittenen Rückschläge und der oft komplexen Gründe für den europäischen Erfolg ergänzt werden. In Nordamerika stießen alle europäischen Mächte bei ihrer Expansion auf Probleme – Großbritannien an der Ostküste, Frankreich in Neufrankreich (Quebec) und Louisiana, Spanien an der Siedlungsgrenze nördlich von Mexiko und in Florida sowie Russland auf den Aleuten und in Alaska. Dennoch waren dies keine Probleme, die die Ausweitung der politischen Macht und der territorialen Kontrolle verhindern konnten. Diese Politik wurde in den Vereinigten Staaten unmittelbar nach deren Unabhängigkeit fortgesetzt, wobei die Expansion dann schneller und systematischer als unter europäischer Herrschaft vorangetrieben wurde, was auch einen weitaus engeren Bezug zur wachsenden Bevölkerung und bedeutenden Erweiterung der landwirtschaftlich genutzten Gebiete hatte.

Zu Beginn war Frankreich die europäische Macht, die am stärksten im 18. Jahrhundert in Nordamerika expandierte. Während sich die britischen Kolonien mehr auf die Atlantikküste und die Siedlungsgrenzen beschränkten, wollten die Franzosen ihre Macht entlang der großen Flüsse im Inneren des Kontinents ausdehnen, insbesondere am Mississippi, wo sie den Handelsrouten folgten und versuchten in einer kühnen Großmachtoperation Quebec mit New Orleans zu verbinden. Diese Expansion verlief in vielen Fällen ohne den Einsatz von Gewalt. Da die Franzosen auf Handel und nicht auf Landbesitz aus waren, konnte man sich oft arrangieren, aber wenn es Widerstand gab, schlugen sie hart zu. So wurden die Natchez in Louisiana in den Jahren zwischen 1729 und 1731 in einem systematischen Ausrottungsfeldzug vernichtet, der durch die mangelnde Unterstützung durch andere Stämme erleichtert wurde. Der Stamm der Fox aus Mississippi-Illinois wurde 1730 im späteren Illinois geschlagen. Die Franzosen erlitten eine Niederlage durch die Chickasaw in den späten 30-er Jahren des 18. Jahrhunderts und wurden durch Überfälle der Chickasaw zwischen 1747 und 1748 sowie im Jahre 1752 getroffen, aber durch die Zerstörung der Heimatdörfer und der Ernten zwangen sie die Chickasaw 1752 schließlich zur Kapitulation. Im gleichen Jahr wurden die Miami, die 1747 Fort Miami und 1751 Fort Vincennes geplündert hatten, wieder zurück in die Allianz gezwungen: Der Häuptling der Miami, Memeskia, wurde bei einem Überfall auf das Dorf Pickawillany getötet und gegessen. Diese Darstellung der Konflikte ist etwas irreführend, da darin die grundsätzliche Fähigkeit der Franzosen zur Aufrechterhaltung ihrer Macht ohne Krieg unerwähnt bleibt, und diese Fähigkeit wäre sogar noch stärker zum Tragen gekommen, wenn die Briten nicht den Widerstand wie im Fall der Miami geschürt hätten. In Südamerika gründeten die Franzosen in den 60-er Jahren des 18. Jahrhunderts einen Stützpunkt in Cayenne.

Die Spanier trafen auf größeren Widerstand in Nordamerika als die Franzosen, was wahrscheinlich daran lag, dass ihr Vordringen mehr mit Siedlungspolitik verbunden war. Sie waren durch die Rebellion der Puebloindianer zwischen 1680 und 1692 zum Verlassen der Gegend von Santa Fe in New Mexiko gezwungen worden und wurden dort in den 70-er Jahren des 18. Jahrhunderts erneut hart bedrängt. 1751 erhoben sich die Pima in Arizona und im Jahre 1781 vereitelte die erfolgreiche Yuma-Rebellion die spanischen Pläne zur Expansion durch das Colorado-Tal bis nach Zentralarizona. Die Spanier sahen sich mit Aufständen konfrontiert, die natürlich nur sie selbst und nicht ihre Gegner als Rebellion ansahen, und außerdem wurden sie durch die nach Süden ziehenden Stämme der Great Plains bedrängt, insbesondere durch die Komantschen und die Ute. Hoch zu Pferde und mit französischen Feuerwaffen ausgestattet waren Stämme wie die Apachen durchaus in der Lage, die ihnen entgegengeschickten spanischen Expeditionscorps zu vernichten, wie dies auch beispielsweise 1732, 1759 und 1775 geschah. 1776 betrug die Stärke der spanischen Truppen zur Verteidigung der 1800 Meilen langen Grenze von Spanisch-Nordamerika lediglich 1900 Mann. Nach einem erfolgreichen An-

Fox-Krieger. Die Franzosen brauchten die Hilfe der Eingeborenen in Nordamerika. Sie trieben umfangreichen Handel, während sich ihre Siedlungen auf lokale Verbündete wie die Choctaw stützten. Durch Vereinbarungen und Allianzen wurden die Franzosen in lokale Rivalitäten hineingezogen. So unterstützten sie zum Beispiel die Potawatomi gegen die Fox, welche durch Angriffe der Franzosen und anderer Eingeborener in den Jahren 1712–1734 fast ausgerottet wurden.

griff auf die Komantschen im Jahre 1779 schlossen die Spanier mit ihnen in den Jahren 1785 und 1786 verschiedene Verträge; Frieden war jetzt das Ziel der Spanier und sie benutzten Waren und Handel um die Indianer zu ködern. Nach dem Bündnis mit den Komantschen verstärkten die Spanier ihren Druck auf die Apachen. In den 90-er Jahren des 18. Jahrhunderts überzeugten sie viele Apachen, sich in so genannten „Friedenseinrichtungen", den Vorläufern der späteren Reservate, niederzulassen.

Die Aleuten von den Aleuteninseln bereiteten den Russen auf ihrem Beutezug nach Pelzen zunächst wenig Probleme, bis 1761 dann richtiger Widerstand auf den Fox-Inseln einsetzte. Dieser wurde jedoch 1766 durch Seestreitkräfte mit Geschützen gebrochen. Wie schon früher in Sibirien wurden die russischen „Erfolge" durch Massaker und Krankheiten gesichert. Die Tlingit von Alaska waren hartnäckigere Feinde, teils, weil sie sich von britischen und amerikanischen Händlern Feuerwaffen beschafft hatten, teils, weil die Russen unter den dortigen Bedingungen kaum Vorteile aus ihrer Seestreitmacht ziehen konnten, die sie gegen ihre Gegner auf den Inseln eingesetzt hatten. 1802 zerstörten die Tlingit den russischen Stützpunkt Nowoarchangelsk auf Sitka.

Die britischen Kolonien überwanden mit Erfolg den Widerstand der Einheimischen in bestimmten Gegenden, während sie in anderen einen langen Kampf

New Orleans, Hauptstadt der französischen Kolonie in Louisiana, 1719. Hoffnungen, dass Louisiana zu einem Brotkorb für das französische Reich werden würde oder als Basis für den Handel mit dem Pazifik oder Neumexiko dienen könnte, erfüllten sich nicht. Versuche, die Zuwanderung zu fördern, hatten nur geringen Erfolg, und durch das Erstarken der Natchez im Jahre 1729 sank der Wert der Kolonie. Im Rahmen der brutalen Gegenmaßnahmen wurden sogar Gefangene bei lebendigem Leib verbrannt.

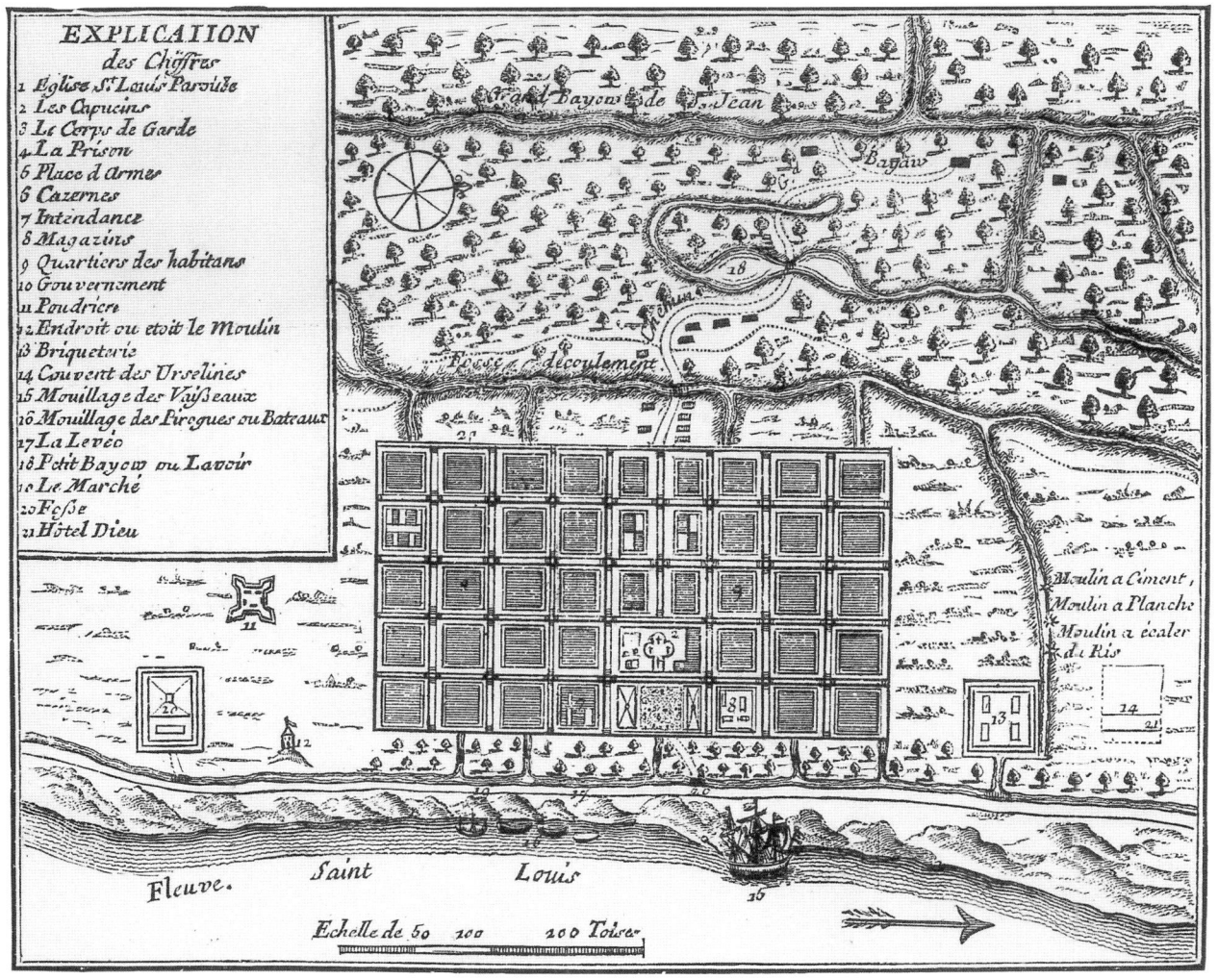

führen mussten. So konnten sie zwischen 1710 und 1719 die Yamasee und die Tuscarora in North und South Carolina schlagen, während die Abenaki von den 20-er Jahren des 18. Jahrhunderts an keine Siedler in das spätere Vermont hineinließen und die Cherokee sich in den Jahren 1760–1761 als Ehrfurcht gebietender Feind in North Carolina erwiesen. Der heftigste Gegenschlag war die Erhebung unter Häuptling Pontiac in den Jahren 1763 und 1764: Kleinere britische Stützpunkte südlich der Großen Seen wurden dabei erobert und britische Einheiten wurden aus dem Hinterhalt überfallen, aber die großen, befestigten Stellungen – Detroit, Niagara und Fort Pitt (Pittsburgh) – konnten gehalten werden, und 1764 zwang die britische Gegenoffensive die Indianer zur Kapitulation.

Wie in Indien gibt es auch hier keine einfache Erklärung für den Erfolg in bestimmten Kriegen und das Scheitern in anderen, aber zu den wichtigsten Faktoren gehört zweifellos die Frage der Bündnisse und die Rolle anderweitiger militärischer Verpflichtungen. So unterstützten beispielsweise die Yamasee in der zweiten Dekade des 18. Jahrhunderts die Carolinian gegen die Tuscarora im Jahre 1711, und 1715 halfen ihnen die Cherokee gegen die Yamasee, ohne dass es dabei zu einem echten Bündnis zwischen den Indianerstämmen kam. Aus diesem Grund war die weite Ausdehnung der Erhebung unter Pontiac eine Gefahr, aber es erwies sich als schwierig die Zusammenarbeit aufrechtzuerhalten, was angesichts des riesigen Gebietes, um das es dabei ging, nicht erstaunlich ist. Darüber hinaus nahmen viele große Stämme nicht an dem Aufstand teil. Die Stämme in Westflorida, wo die britische Macht schwach und gerade errichtet worden war, beteiligten sich nicht an dem Aufstand oder führten selbst einen durch. Der dortige Gouverneur, George Johnstone, achtete darauf, sich die Unterstützung der Indianer zu sichern.

Die Unfähigkeit der Indianer zur Zusammenarbeit untereinander war besonders nachteilig an den Orten und zu den Zeiten, wo die Europäer in der Unterzahl waren wie in Westflorida. Dies war grundsätzlich der Fall in Grenzgebieten und neuen Siedlungsbereichen. Ende 1720 zählte die Bevölkerung der französischen Kolonie Louisiana nur ca. 4000 Personen, worunter sich fast 1000 Soldaten befanden. Solche Zahlen verdeutlichen, warum es so wichtig war, die Indianer als Verbündete zu gewinnen. Der neu gegründete spanische Stützpunkt auf Vancouver Island wurde in den Jahren 1790 und 1791 nicht angegriffen, weil es Rivalitäten zwischen lokalen Gruppen gab, die alle mit den Spaniern Handel treiben wollten. Es gab jedoch kleine Zusammenstöße. Zweimal wurden spanische Barkassen zurückgetrieben, aber beim zweiten Mal antworteten die Spanier mit Musketen und Drehgeschützen auf den Pfeilbeschuss und die leichte Artillerie der Barkassen erzielte verheerende Wirkung.

Auch die Feindschaft anderer europäischer Mächte konnte ernste Ausmaße annehmen. So belieferten beispielsweise die Franzosen die Abenaki mit Waffen und Munition für deren Einsatz gegen die Briten. Nachdem die Franzosen jedoch aus Kanada vertrieben worden waren, hörten auch die Waffenlieferungen auf, was sich für die Indianer in dem Aufstand unter Pontiac nachteilig auswirkte. So wurde die Überlegenheit der Indianer im Kampf unter den verschiedenen natürlichen Bedingungen Nordamerikas, insbesondere in den Wäldern, nicht durch gleichwertige politische und logistische Möglichkeiten ergänzt.

In den letzten Jahrzehnten dieses Zeitabschnitts verschlechterte sich die Lage der Indianer sowohl an der Pazifikküste als auch im „Alten Nordwesten", dem Gebiet südlich der Großen Seen. An der Pazifikküste waren es die Spanier, die ab 1769 an der kalifornischen Küste vorrückten, die Russen bedrängten Alaska und die Briten waren im späteren British Columbia präsent. Alle diese Operationen waren entweder von der Beherrschung des Meeres abhängig oder erfolgten mit Unterstützung dadurch. Wie so oft überall in der Welt in dieser Zeit konnten die Nichteuropäer dem keinen wirksamen Widerstand entgegensetzen; die europäischen Mächte waren in der Lage, direkten militärischen Druck vom Meer her auszuüben und, was noch wichtiger ist, sie konnten ihre Streitkräfte unterhalten und neue Errungenschaften in das weltweite Handelsnetz einbringen, wodurch ihr Vormarsch sowohl möglich als auch profitabel wurde. Dies war auch entscheidend für den russischen Beutezug nach Pelzen, zunächst auf den Aleuten, dann in Alaska und schließlich die Küste hinunter nach Kalifornien.

Weiter östlich hatten viele Indianer die Briten im Amerikanischen Unabhängigkeitskrieg unterstützt und sie waren nicht geschlagen oder bezwungen worden. Die Grenze der europäischen Siedlungen wurde hart bedrängt, insbesondere 1778 in New York und Pennsylvania. Am Ende des Krieges behielten die Indianer die Initiative und schlugen die Patrioten in Kentucky und am Ufer des Eriesees im Jahre 1782. Operationen der Patrioten, wie John Sullivans Feldzug gegen die Irokesen im Jahre 1779, waren oft erfolglos, was im Falle von Sullivan größtenteils mit den logistischen Problemen, insbesondere den fehlenden Transportmöglichkeiten, zusammenhing, die bei Operationen tief in das Landesinnere auftraten. Dennoch geriet Sullivans Armee dank der sorgfältigen Aufklärung in keinen Hinterhalt.

Die Streitkräfte der Indianer hatten ein gutes militärisches Niveau. Die Soldaten waren diszipliniert und wurden von fähigen Offizieren angeführt. Bei ihren Manövern auf dem Schlachtfeld nutzten sie geschickt Flankenbewegungen aus einer halbmondförmigen Ausgangsstellung heraus. Diese Bewegungen konnten beim Vormarsch oder beim Rückzug eingesetzt werden. Trotz dieser guten Kampffähigkeit wurde das Gemeinwesen und das Wirtschaftssystem der Indianer durch die kumulative Wirkung langer Kriege zerrüttet. 1779 zerstörte Sullivan viele Dörfer und vernichtete 160 000 Bushel Mais, was großes Leid hervorrief.

Außerdem wurde die Lage der Indianer ohne britische Unterstützung, die nach der amerikanischen Unabhängigkeit nachließ, unter dem Druck der beschleunigten Siedlungspolitik immer prekärer. Die Bedeutung ausländischer Hilfe zeigte sich 1786, als die Creek aus Alabama und Mississippi von spanischen Gouverneuren gelieferte Waffen benutzten, um die nach Westen vordringenden Siedler aus Georgia zurückzuschlagen. Im Jahre 1795 akzeptierte Spanien jedoch den 31. Breitengrad als nördliche Grenze von Westflorida und öffnete damit den Zugang für die Amerikaner in das Gebiet der südöstlichen Indianerstämme.

Trotz einiger Erfolge wie dem Sieg der Miami unter Little Turtle am Maumee-Fluss in Westohio (18.–22. Oktober 1790) oder die Niederlage der Armee von Arthur St. Clair am Wabash-Fluss in Ohio (4. November 1791) konnten die Indianer Verluste und Folgen von Niederlagen nur schwer verkraften. Ihre Macht im „Alten Nordwesten" wurde durch den Sieg von Anthony Wayne in der Schlacht von Fallen Timbers am 20. August 1794 gebrochen, wodurch die Expansion in diesem Gebiet möglich wurde. Ein Angriff mit aufgepflanztem Bajonett spielte für diesen Sieg eine entscheidende Rolle. Die Indianer waren ausgezehrt und wurden teilweise überrascht, und auch die fehlende britische Unterstützung wirkte sich zu ihrem Nachteil aus.

Der Vormarsch der Amerikaner wurde durch ihre Siege in der zweiten Dekade des 19. Jahrhunderts über bestimmte Stämme konsolidiert, die lose Verbindungen zu den Briten in Kanada hatten. Die Shawnee wurden 1811 in Tippecanoe und 1813 in der Thames-Schlacht (bei London, Ontario) besiegt. Weiter südlich erfolgte 1813 ein Angriff auf die Creek, die bei Tallasahatchee (3. November) und Talladega

GEGENÜBER: *Karibe aus Surinam. Großbritannien, Frankreich, Portugal und Spanien beanspruchten Gebiete zwischen dem Orinoko und dem Amazonas, aber ihre Präsenz wurde durch Krankheiten und den Widerstand der Eingeborenen begrenzt. Spanien förderte die Nutzung von Sklavenarbeit.*

Brasilianische Stammesangehörige. Die portugiesische Expansion in das Innere Brasiliens führte zu Konflikten, in deren Verlauf die Portugiesen die Uneinigkeit unter den Eingeborenen ausnutzten. In den 60-er und 70-er Jahren des 18. Jahrhunderts verwendeten die Mura in Zentralamazonien Pfeil und Bogen mit Erfolg bei Angriffen auf Kanus und abgelegene Siedlungen.

(9. November) geschlagen wurden. Im folgenden Jahr griff Andrew Jackson die Machtzentren der Creek an und stürmte ihr befestigtes Camp in Horseshoe Bend (27. März).

Die Militärgeschichte Südamerikas zwischen dem Sturz der Inkas durch Pizarro in den 30-er Jahren des 16. Jahrhunderts und den Befreiungskriegen im frühen 19. Jahrhundert wird im Allgemeinen ignoriert. Dies ist irreführend. Die Konquistadoren hatten nur einen Teil Südamerikas erobert und in den folgenden Jahrhunderten gingen die Auseinandersetzungen zwischen den spanischen und portugiesischen Kolonien und den Eingeborenen weiter. Außerdem gab es in diesen Kolonien Aufstände und die Eingeborenengruppen führten auch Krieg untereinander. In geringem Maße fanden auch Auseinandersetzungen zwischen den Spaniern und Portugiesen statt. In einigen Gebieten konnten die Kolonialmächte beträchtliche Landgewinne verbuchen.

Dies gilt besonders für die portugiesische Kolonie Brasilien, wo die Entdeckung von Goldfeldern im Landesinneren zu einer Intensivierung des europäischen Interesses und natürlich auch zu einer entsprechenden Reaktion der eingeborenen Bevölkerung führte. Die Goldfelder in Cuiabá wurden 1719 entdeckt und die Folgen ihrer Ausbeutung bereiteten den Indianern bald Sorgen. Ein Goldsucherkonvoi mit Kanus wurde durch die Paiagua auf dem Paraguay-Fluss 1725 zerstört und ein weiterer im nächsten Jahr übel zugerichtet. Die Paiagua schossen mit ihren Bögen schneller als die Portugiesen mit ihren Musketen, und sie setzten auch ihre Kanus meisterhaft ein, unter anderem, indem sie ins Wasser sprangen und sich unter den umgedrehten Kanus gegen das Musketenfeuer schützten. 1730 wurde die Flotte mit der Jahresausbeute an Gold auf ihrem Rückweg aus Cuiabá aus einem Hinterhalt heraus angegriffen und größtenteils zerstört. Die in den Jahren 1730 und 1731

Irokesendorf zu Beginn des 17. Jahrhunderts. Die Dörfer der Eingeborenen konnten erfolgreich Widerstand leisten. Die Nutzung einfacher Palisadenanlagen entsprach der Gestaltung europäischer Forts in Inneren von Nordamerika. Demgegenüber waren europäische Küstenstützpunkte wie Charleston, Louisbourg und St. Augustine, die Belagerungen europäischer Art überstehen sollten, weitaus beeindruckender.

durchgeführten Strafexpeditionen konnten wenig erreichen. Jedoch wurden die Paiagua 1734 durch eine Kombination von Überraschungsangriff und Feuerkraft verheerend geschlagen. Trotz ihrer erfolgreichen Angriffe in den Jahren 1735 und 1736 führten ihre Verluste zu nachlassendem Widerstand, und sie wurden auch durch Krankheiten und die Angriffe der Guaicuru-Indianer geschwächt. Bis in die 80-er Jahre des 18. Jahrhunderts waren die Paiagua weitestgehend ausgerottet worden, aber ihre Geschichte zeigt die Gefahr einer Reduzierung der militärischen Überlegenheit Europas auf ein einfaches Modell. In anderen Gebieten hatten Bündnisse mit den Eingeborenen eine große Bedeutung: Die portugiesischen Truppen waren nicht in der Lage die Caiapó zu schlagen, die portugiesische Siedlungen und Konvois aus dem Hinterhalt angriffen, aber die Bororo, die unter Führung des portugiesischen Waldläufers António Pires de Campos standen, bedrängten sie hart in einem erbitterten Krieg zwischen 1745 und 1751.

Die Tatsache, dass es möglich war, lokale Verbündete zu gewinnen und auszunutzen, widerspiegelt die mangelnde Einheit unter den Eingeborenen. (Dies war auch so, als die Türken im 15. und 16. Jahrhundert Europa angriffen.) Dieser Umstand sowie Krankheiten und die Folgen der Versklavung halfen den Portugiesen weit mehr als jeder Erfolg in direkten militärischen Auseinandersetzungen. Die

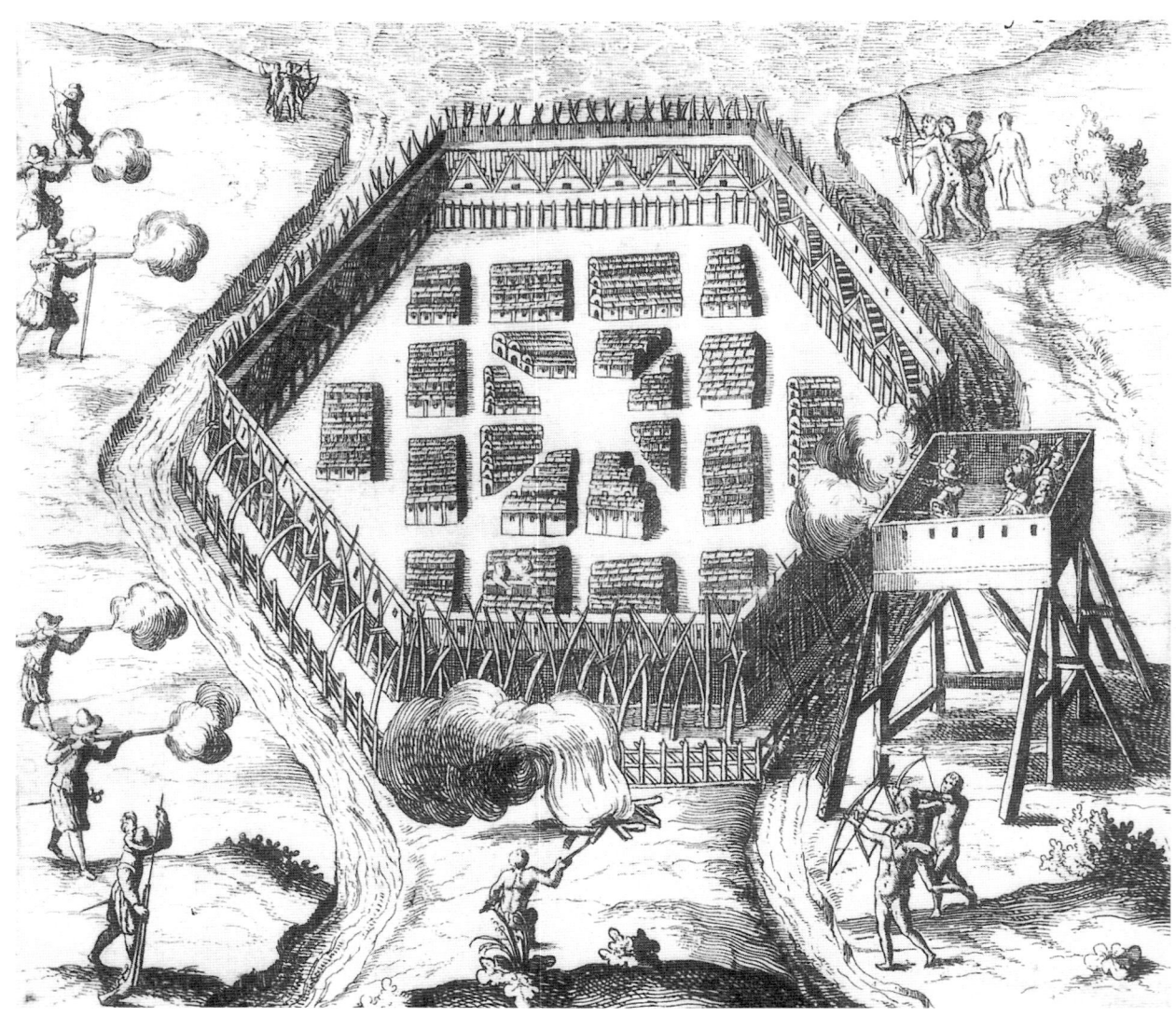

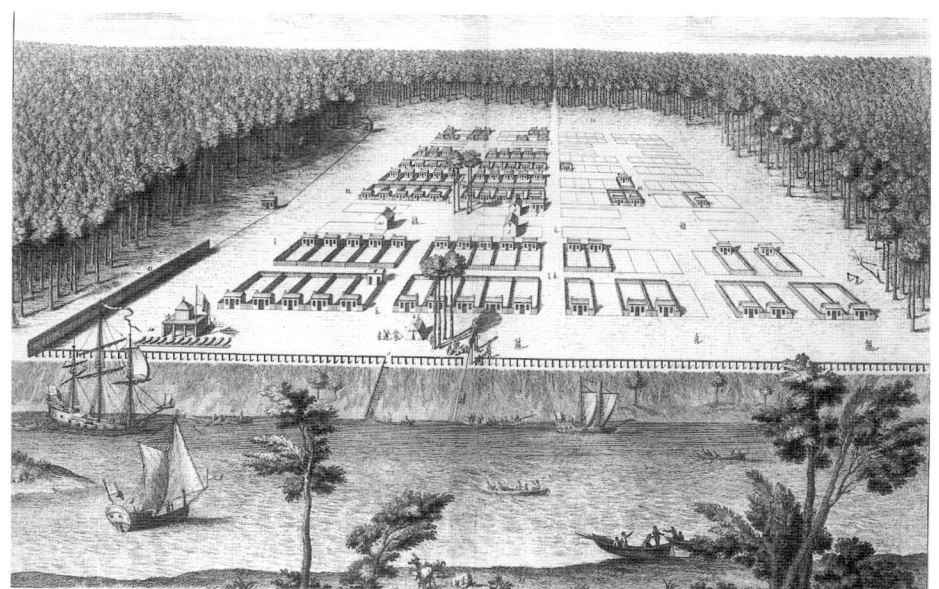

*1733 durch James Ogle-
thorpe gegründet war
Savannah der Hauptstütz-
punkt in der britischen
Kolonie Georgia. Wie im
Falle von Charleston waren
die Verteidigungsanlagen
auch hier gegen Spanien
und nicht gegen die einheimische Bevölkerung er-
richtet worden. Die Beziehungen mit Spanien wurden
durch das Grenzproblem
zwischen Georgia und
Florida belastet 1779
konnte die britische Gar-
nison einen amerikanisch-
französischen Angriff
erfolgreich überstehen.*

Portugiesen besaßen eine große Feuerkraft, aber die Indianer, wie zum Beispiel die Mura in Zentralamazonien, lernten dieser Gefahr auszuweichen. Die Mura, die geschickt mit Pfeil und Bogen umgehen konnten und aufgrund ihrer Mobilität sehr schlagkräftig operierten, griffen in den 60-er und 70-er Jahren des 18. Jahrhunderts wiederholt portugiesische Siedlungen und Handelsrouten an, konnten aber deren Vordringen nur aufhalten und nicht rückgängig machen. Das Gleiche gilt für den Widerstand der Indianer gegen die Spanier (an der Moskitoküste von Nicaragua, auf der Halbinsel Guapro in Kolumbien in den 70-er Jahren des 18. Jahrhunderts und durch die Araucaman in Chile) und gegen die Briten (durch die Maroons, ent-laufene Sklaven, im Inneren Jamaikas in den 30-er Jahren des 18. Jahrhunderts und durch die eingeborenen Carib auf der westindischen Insel Saint Vincent).

Die europäische Kontrolle manifestierte sich durch Befestigungsanlagen wie zum Beispiel jene am Bio-Bio-Fluss in Chile, zu denen die Festung Nacimiento gehört, oder die 1698 gegründete spanische Festung in Pensacola in Westflorida sowie die Festung in Monterey, die 1770 als Hauptstadt von Neukalifornien errichtet wurde. In ähnlicher Weise schufen die Briten mächtige Festungen in Bombay, Kalkutta und Madras. Als George Paterson 1770 Bombay besuchte, hielt er das quadratische Fort, in dem die Briten 1686 vor den Moguln Schutz gesucht hatten, „für in keiner Weise geeignet, um einen modernen Angriff auszuhalten". Jedoch fielen ihm auch die im Bau befindlichen moderneren Festungsanlagen auf, von denen einige auf einem Hü-gel über der Stadt standen. Die Geschwindigkeit der Arbeiten beeindruckte ihn stark:

„Es muss befestigt werden. Nachdem darüber Einigkeit herrschte, wurden die Befestigungen gründlich geplant und sofort mit den Arbeiten begonnen, und die ganze Zeit wurde daran gearbeitet, es gab auch Tausende, die ständig damit beschäftigt waren, den Hügel abzutragen und ihn mit Feuer und Rauch wegzusprengen. Damit geht es sehr geschwind und bald wird kein Hügel mehr da sein, sondern schöne Festungsanlagen … Alle diese Bauwerke zusammen-genommen können mit 10 000 Männern gut verteidigt werden, einer Armee, die ausreicht, um sich mit jeder Streitmacht auf dem Schlachtfeld messen zu können, die diesen Ort angreift. Aber man sollte besser von der Deckung aus kämpfen."

„Bin ich nicht ein Mensch und dein Bruder". Eine Inschrift gegen die Sklaverei auf einer emaillierten Schnupftabakdose aus der Schweiz, die im späten 18. Jahrhundert, wahrscheinlich 1790, hergestellt wurde. Die Sklaverei war zum Teil ein Nebenprodukt der Kriegführung zwischen afrikanischen Staaten.

Wie im Falle der spanischen *Presidios* und der russischen Befestigungslinien sind auch dies Beispiele für das Prinzip der europäischen Präsenz, das sich auf die Fähigkeit zum Bauen stützte. 1788 interessierte sich Lord Cornwallis, der britische Kommandant in Indien, für den Kauf von Grabgeräten. Er hatte bereits „4000 gute Eisenschaufeln" bestellt und wollte, dass „2000 Eisenspaten sofort hergestellt werden".

Durch mangelndes Interesse und zu wenig Ressourcen waren jedoch viele befestigte Stellungen recht schwach und kaum als Garnison ausgebaut. 1710 war das Holz der 1702 gebauten, französischen Festung in Fort Louis (später Mobile) durch Feuchtigkeit und Fäulnis so morsch geworden, dass es noch nicht einmal ein Geschütz tragen konnte. Die Garnison litt unter dem Mangel an Frischfleisch, unter unzureichender Belieferung mit Stichwaffen, Patronen, Nägeln, Geschützen und Pulver, unter Demoralisierung und Desertion sowie unter dem Fehlen eines Lazaretts. Louisiana konnte zu dieser Zeit nur dank der Tolerierung durch die eingeborene Bevölkerung überleben. Wie an vielen anderen Orten stützte sich der europäische Imperialismus auch dort sowohl auf gegenseitigen Vorteil und Konsens als auch auf das Gewaltpotenzial seiner militärischen Überlegenheit.

Die Europäer hatten jedoch kein Monopol, was Festungsanlagen betrifft. So besaßen die Indianer in Ostamerika im 17. Jahrhundert viele, mit Palisaden umgebene Dörfer, und mit der Einführung von Feuerwaffen wurden Bastionen nach europäischem Vorbild errichtet, um eine Verteidigung gegen Kreuzfeuer zu ermöglichen. Und es gab auch mindestens ein Beispiel für ein Fort aus Mauerwerk in New England. Jedoch gaben die Indianer zumeist ihre Forts auf, wenn sie von den Europäern angegriffen wurden, insbesondere, wenn diese Angriffe mit Geschützen erfolgten. Sie hatten erfahren, dass Forts zu Todesfallen werden können.

Mächtige Befestigungen der europäischen Kolonialisten hatten jedoch nur einen begrenzten Wert, wenn sie von Streitkräften aus Europa angegriffen wurden, die eine Überlegenheit zur See besaßen und nicht durch tropische Krankheiten geschwächt waren, wie dies die Briten demonstrierten, als sie Louisbourg auf Cape Breton Island erstmalig im Jahre 1745 und dann endgültig 1758 von den Franzosen eroberten. Andererseits waren diese Befestigungen jedoch im Allgemeinen in der Lage Angreifern zu widerstehen, denen die für eine längere Belagerung notwendigen Fähigkeiten, Ressourcen und organisatorischen Mittel fehlten, und im 18. Jahrhundert überstanden die meisten größeren, von europäischen Streitkräften errichteten Befestigungen die Belagerung oder den Angriff durch Einheimische. In Nordafrika überstand das von den Spaniern gehaltene Ceuta marokkanische Belagerungen im Zeitraum von 1694–1720 sowie im Jahre 1732, und Melilla eine weitere zwischen 1774 und 1775. Andererseits eroberten die Algerier 1708 Oran von Spanien, und die Streitkräfte von Dahomey konnten 1727 und 1743 das portugiesische Fort in Whydah erfolgreich stürmen, das zweite Mal durch In-Brand-Schießen von Schießpulverdepots. Die Portugiesen verloren auch Mombasa an die Araber aus Oman, zunächst im Jahre 1698 und dann noch einmal (nachdem sie die Stadt 1728 zurückerobert hatten) im

Jahre 1729, und auch Mazagan ging 1765 an Marokko verloren. 1729 hatten die Belagerer von Mombasa keine Artillerie und nur sehr wenige Feuerwaffen, aber die Garnison kapitulierte wegen der geringen Moral und der Probleme mit der Nahrungsversorgung. Der portugiesische Versuch, Mombasa im Jahre 1769 zurückzuerobern, scheiterte.

Jedoch gehen diese Verluste auf das Konto von europäischen Mächten, die zu dieser Zeit schwach waren. Dies gilt für Portugal und im Jahre 1708 auch für Spanien, das durch den spanischen Erbfolgekrieg stark zerrüttet war. Die Hauptzentren der europäischen Macht wurden nicht durch außereuropäische Völker erobert. Das unter spanischer Herrschaft stehende Manila fiel 1762 durch die Briten und nicht durch einen Aufstand auf den Philippinen oder einen Angriff einer asiatischen Macht. Die Streitkräfte von Massachusetts, die Louisbourg im Jahre 1745 eroberten, gingen wie europäische Berufssoldaten vor: Die Festung wurde belagert und mit Geschützen wurden Breschen in ihre Mauern geschlagen. Dies war keine Übung in wilder Kriegführung. Indianer hätten keinen vergleichbaren Angriff durchführen können.

Dennoch brachte der Besitz von Küstenfestungen durch die europäischen Mächte keine Kontrolle über das Landesinnere. Die Franzosen richteten 1748 einen Stützpunkt in Fort Dauphin ein, konnten Madagaskar aber erst in den 90-er Jahren des 19. Jahrhunderts erobern. Dies war sowohl eine Frage des politischen Willens als auch der militärischen Fähigkeiten, beides war für die Eroberung von Bedeutung. Der Wert von Kriegsschiffen zur Unterstützung von Festungen wurde durch Captain William Cornwallis in seinem Bericht an die britische Admiralität über eine Reise zum Fluss Gambia im Februar 1775 unterstrichen:

> „Über einen Offizier, den ich zum Fort James entsandt hatte, wurde ich vom kommandierenden Offizier informiert, dass die Franzosen die Einheimischen gegen die Engländer aufgestachelt hatten und dass er gezwungen war, einen etwas größeren Schoner, der den Händlern gehörte, in seinen Dienst zu stellen, um sich selbst mit Wasser zu versorgen. Ich dachte, dass das Erscheinen eines Kriegsmannes dienlich sein könnte und fuhr deshalb mit der *Pallas* den Fluss hinauf zum Fort James, das ich in großem Elend wegen mangelnder Vorräte vorfand. Insbesondere Geschützwagen fehlten, nicht mehr als drei oder vier in dem Fort waren noch brauchbar, und die meisten Geschütze waren völlig nutzlos, weil die Wagen fehlten … Ich blieb acht Tage auf dem Fluss, und während dieser Zeit holten wir den König des Landes an Bord und zeigten ihm all unsere Höflichkeit. Er machte einen sehr zufriedenen Eindruck, und so hoffe ich, dass alles wieder in Ordnung kommt."

Ein weiterer entscheidender Faktor war der Widerstand: Der Widerstand der amerikanischen Indianer gegen die Europäer war am erfolgreichsten in seiner „primitiven" Form, insbesondere, wenn dabei schwierige Geländeabschnitte oder Ökosysteme wie die Tropenwälder halfen. Immer wenn Völker diese Art der aufgelockerten Kriegführung gegen besser ausgerüstete, kohärente, konzentrierte europäische Formationen betrieben (was wahrscheinlich nicht aus wohl überlegten Erwägungen heraus geschah, sondern weil sie gute Jäger waren), konnten sie den Gegner oft zur Verzweiflung bringen, selten jedoch schlagen. Nomadische Völker oder andere, die verstreut siedelten, hatten dagegen eine wesentlich geringere und schlechtere materielle Basis und waren deshalb für die Europäer nicht so gefährlich. Die Briten stellten dies in Indien als grundlegendes Problem fest: Die weiter entwickelten, „zivilisierten" Völker ließen sich leichter unterdrücken als die „primitiven". Jedoch konnte man auch die „primitiven" im Allgemeinen beherrschen und kontrollieren, wenn dies für die Europäer wichtig war.

Der Widerstand gegen das europäische Vordringen war schwierig. Weitaus komplizierter war es aber für die Einheimischen, gegen ein bereits eingerichtetes Herrschaftssystem zu rebellieren. Dies liegt teilweise daran, dass Aufstände stets ökonomische Zerrüttung hervorriefen und dort auftraten, wo die ethnische Solidarität und die politischen Traditionen bereits durch die europäische Eroberung und Ansiedlung gebrochen worden waren. Einer der größten Konflikte mit der außereuropäischen Welt war der Generalaufstand in Peru in den Jahren 1780 bis 1781. Ausgelöst durch die rigorose Steuerpolitik wurde dieser Aufstand, der durch Tupac Amaru, einen Nachfahren der letzten Inka-Herrscher, angeführt wurde, schließlich niedergeschlagen. Über 100 000 Menschen kamen dabei ums Leben. Die Spaltung der einheimischen Bevölkerung spielte für diese Niederlage eine genauso wichtige Rolle wie die Feuerkraft.

Diese Faktoren waren auch von Bedeutung für die Begrenzung des Widerstandes der Sklaven gegenüber europäischer Kontrolle in Nord- und Südamerika und auf den Westindischen Inseln. Die Weißen sorgten dafür, dass die Sklaven nur begrenzt Zugang zu Feuerwaffen bekamen. Demzufolge mussten sich die Leute, die das Komplott vorbereiteten, das später als Gabriels Verschwörung bekannt wurde, zunächst überlegen, wie sie sich Geschütze, Pferde und Waffen beschaffen konnten.

In der Neuen Welt wie auch in Indien und auf dem Balkan waren die Niederlagen der außereuropäischen Streitkräfte mehr auf die besseren Kommando- und Befehlsstrukturen der europäischen Armeen als auf deren überlegene Waffentechnik zurückzuführen, obwohl die Herstellung, Genauigkeit und Standardisierung dieser Waffen ständig verbessert wurde. Sobald die Schlacht begann, drohte zumeist ein Chaos auszubrechen, aber die Europäer waren länger als ihre Gegner in der Lage, den Zusammenhalt und die Kontrolle ihrer Truppen aufrechtzuerhalten, wodurch es möglich wurde, ausgereiftere Taktiken für die Bewegung oder das Zurückhalten der Kampfeinheiten auf dem Schlachtfeld einzusetzen und wirksamer zu schießen. Diese Vorteile standen mit allgemeineren Fragen der administrativen und politischen Fähigkeiten in Zusammenhang.

Militärische Konflikte zwischen Europäern und Nichteuropäern gab es aber auch anderswo, zum Beispiel in Mosambik. Auf alle Fälle ist klar, dass jede Darstellung der Kriegführung, die sich nur auf die Waffentechnik oder rein militärische Handlungen beschränkt, viel zu begrenzt ist. Offensichtlich ist auch, dass eine Analyse von Beziehungen, die sich ausschließlich auf die militärische Auseinandersetzung stützt, wenig hilfreich sein kann. Ökonomische, kulturelle, religiöse und politische Verbindungen überbrückten die Trennung zwischen Europäern und Nichteuropäern und verwandelten sie zu Wechselbeziehungen, für deren Analyse Begriffe wie Symbiose, Synergie und Austausch genauso hilfreich sind wie Konflikt und Krieg. Bei aller Gewalt, die diese Beziehungen charakterisierte, war auch ein großes Maß an Zusammenarbeit vorhanden; dies gilt insbesondere für den Sklavenhandel, der ohne die aktive Hilfe seitens lokaler, nichteuropäischer Potentaten nicht möglich gewesen wäre. Der Sklavenhandel verkörperte tatsächlich viel von der Realität des militärischen Einflusses Europas. Er war destruktiv, diente den Bedürfnissen der von Europa dominierten Weltwirtschaft und wäre ohne lokale Unterstützung nicht möglich gewesen. Erst durch die technischen Fortschritte des 19. Jahrhunderts in der Medizin, der Verkehrs- und Nachrichtenverbindungen und der Feuerkraft wurden die europäischen Staaten in die Lage versetzt, ihre territoriale Kontrolle über weit größere Teile der Welt auszudehnen.

KAPITEL DREI

KONFLIKTE ZWISCHEN EUROPÄERN IN ÜBERSEE

EROBERUNG VON LOUISBOURG, 1745. Die nach Plänen von Vauban neu erbaute und am stärksten befestigte Position in Neufrankreich wurde gegen Seeangriffe konzipiert. Auf der Landseite war sie allerdings schwächer, und aus dieser Richtung griffen die Staaten Neuenglands an. Die Festung kapitulierte, nachdem Breschen in ihre Mauern geschlagen worden waren und das britische Geschwader nach der Blockade in den Hafen eindrang.

KONFLIKTE ZWISCHEN EUROPÄERN IN ÜBERSEE

Bei ihren Operationen in Übersee waren die europäischen Mächte erfolgreicher im Kampf gegeneinander als in ihren Auseinandersetzungen mit Nichteuropäern. Dies ist weitestgehend darauf zurückzuführen, dass die Kolonialmächte von Stützpunkten und Seeverbindungen mit Europa abhängig waren, die leicht verwundbare Ziele darstellten, und auch darauf, dass die Streitkräfte die gegen andere Europäer kämpften eine ähnliche Bewaffnung und Ausbildung besaßen, selbst wenn diese Auseinandersetzungen in einer ungewohnten Umgebung stattfanden.

In bestimmten Gebieten gab es nur wenige militärische Konflikte zwischen den europäischen Kolonialmächten. Dies gilt beispielsweise für Südamerika, Angola, Mosambik und den Südpazifik. Die Auseinandersetzungen zwischen den europäischen Mächten konzentrierten sich auf Nordamerika, die Westindischen Inseln und Indien. Teilweise ging es dabei um Konflikte in Expansionsgebieten, in denen man um potenzielle Vorteile in Gegenden ohne klare Machtabgrenzung kämpfte. Keine größeren militärischen Konflikte gab es dagegen in anderen Gebieten, in denen ebenfalls eine Erweiterung der Kolonialreiche stattfand wie zum Beispiel in Südamerika, wo sowohl Portugal als auch Spanien expandierten, oder in Louisiana und Texas, wo Spanien und Frankreich aktiv waren. In ähnlicher Weise konnten seit langem bestehende Zentren kolonialer Macht neu erobert und annektiert werden, wie dies im Fall der Eroberung der französisch beherrschten Stadt Quebec durch Großbritannien geschah.

Der politische Kontext war entscheidend. Weder Portugal noch Holland spielten in dieser Zeit eine größere Rolle in den kolonialen Konflikten mit anderen europäischen Mächten. Nach dem holländischen Sieg bei einem Angriff auf Kupang in Westtimor im Jahre 1749 durch portugiesisch sprechende, christliche Mestizen von der Insel Flores aus gab es keinen Versuch zur Besetzung des portugiesischen Osttimor, da den Holländern dazu die Kraft und die Mittel fehlten. Während des 4. Englisch-Holländischen Krieges (1780–1784) hing die Sicherheit der holländischen Besitzungen in Ceylon und Kapstadt von der Unterstützung durch Frankreich ab. Trincomalee auf Ceylon wurde 1782 durch die Briten eingenommen, aber im gleichen Jahr von den Franzosen unter Admiral Suffren zurückerobert. Suffrens Eintreffen vereitelte 1781 ebenfalls einen geplanten Angriff der Briten auf Kapstadt, das erst im nächsten Englisch-Holländischen Krieg im Jahre 1795 und dann noch einmal (nach der Rückgabe im Jahre 1802) 1806 fiel. Jedoch fiel der holländische Stützpunkt Negapatam im Jahre 1781 an Großbritannien und auch die Stützpunkte an der Westküste von Sumatra wurden erobert. Isolierte Stellungen hatten keinen ausreichenden Schutz gegen plötzliche Angriffe vom Meer aus. Ihnen fehlte die Unterstützung durch das Hinterland. Kostspielige Befestigungen waren unvereinbar mit dem Streben nach kommerziellem Profit und die Garnisonen waren im Allgemeinen

klein. 1803 zählte die holländische Garnison in Yogyakarta auf Java nur 89 Mann, wovon die meisten krank waren. Als 1781 die Gefahr eines britischen Angriffs auf die Position der Holländer in Batavia auf Java bestand, forderten diese von den Königreichen Surakarta und Yogyakarta 2300 Mann Unterstützung an. Allerdings fand dieser Angriff erst 1811 statt, und Batavia wurde dann auch schnell von Großbritannien erobert.

Die russische Expansion im Nordpazifik führte nicht zu Konflikten mit Großbritannien und Spanien. Die schwer zu überbrückenden Entfernungen in Sibirien bildeten das Haupthindernis für die Russen und außerdem maßen sie der Expansion am Pazifik nur eine geringe Bedeutung bei. Spanien wurde erst gegen Ende des Jahrhunderts im Nordostpazifik aktiv und gründete den Seestützpunkt in San Blas erst 1768.

Im Allgemeinen wurde Frankreich durch Spanien unterstützt, insbesondere nach den zwischen deren Herrscherhäusern in den Jahren 1733, 1743 und 1761 geschlossenen Familienpakten. Aber im Bereich der Kolonialpolitik kam es auch zu Spannungen zwischen beiden Ländern, insbesondere aufgrund der französischen Expansion von der neu gegründeten Kolonie in Louisiana aus: Biloxi wurde 1699 gegründet und Mobile 1701. Diese Expansion bedrohte die spanische Position sowohl in Florida als auch in Texas. 1719 eroberten die Franzosen Pensacola, den großen spanischen Stützpunkt in Westflorida, durch einen Überraschungsangriff. Allerdings wurde er dann durch eine 1400 Mann starke Expedition von Havanna aus zurückerobert,

Kapstadt. Der 1552 gegründete holländische Stützpunkt hatte große Bedeutung aufgrund seiner Lage an der Route nach Indien und als Ausgangspunkt für die Expansion in das Innere des Kontinents. Das Eintreffen einer französischen Flotte vereitelte den Versuch Großbritanniens, Kapstadt während des Amerikanischen Unabhängigkeitskrieges zu erobern. Jedoch fand die Einnahme 1795 dann doch statt. Solche Positionen waren gegen Marineangriffe wehrlos.

Die Einnahme von Havanna durch Großbritannien, 1762. Durch diesen erfolgreichen Angriff wurde die spanische Seemacht auf den Westindischen Inseln gebrochen und Spanien musste im anschließenden Frieden Florida abtreten, um Kuba wiederzubekommen. Jedoch führten die schweren Verluste durch Malaria und Gelbfieber während der Belagerung zur Zerstörung großer Teile der britischen Armee, die während der Eroberung Kanadas auf ein hohes Niveau der Kampfbereitschaft gebracht worden war. Dadurch wurde die militärische Reaktion Großbritanniens auf die amerikanische Revolution im Jahre 1775 geschwächt.

bevor er schließlich durch die Franzosen und ihre lokalen Verbündeten, die Choctaw, wieder eingenommen wurde. Pensacola wurde an Spanien zurückgegeben, als beide Seiten Frieden schlossen. Um die französische Expansion aufzuhalten, entsandte Spanien 1720 eine Streitmacht von Santa Fé aus, die größtenteils durch Indianer am South Platte vernichtet wurde. Eine weitere große Streitmacht wurde 1721 durch Texas geschickt. Aber dieser Krieg ging schnell zu Ende. Die Rivalitäten zwischen diesen beiden Kolonialmächten verliefen meistenteils friedlich.

Was britische Angriffe betrifft, so richteten sich diese weitaus weniger gegen das spanische Reich als vielmehr gegen das mit ihm verbündete Frankreich. Hispanoamerika war weniger leicht angreifbar, was vor allem daran lag, dass diese Gebiete bevölkerungsreicher waren und hinsichtlich Verteidigung und Finanzen weniger von der Versorgung aus dem Mutterland abhingen. Auch wegen tropischer Krankheiten waren Angriffe auf das spanische Reich ein gefährliches Unternehmen: Havanna wurde 1762 durch die Briten erobert, wobei diese jedoch ca. 6000 Mann verloren, hauptsächlich durch Malaria und Gelbfieber. 1780 verloren die Briten 77 Prozent ihrer Streitmacht, die meisten davon durch Krankheiten, als sie die Spanier im heutigen Nicaragua angriffen, und sie gaben die Operation dann auf. Spanien seinerseits versuchte, britische Händler von ihren Positionen an der Karibikküste Zentralamerikas zu vertreiben (an der Moskitoküste des heutigen Nicaragua und im heutigen Belize). Der Hafen von Belize wurde 1754 kurzzeitig erobert. Jedoch zeigten beide Länder nur oberflächliches Interesse für diesen Konflikt.

Die größten kolonialen Konflikte fanden zwischen Großbritannien und Frankreich statt. Wie auch bei anderen überseeischen Auseinandersetzungen zwischen europäischen Mächten stand dieser Konflikt in Wechselbeziehung mit anderen Kämpfen zwischen den Eingeborenen sowie zwischen diesen und den Europäern. Diese Wechselbeziehungen führten zur Verbreitung der europäischen Waffen und Militärtechnik. Dies wurde besonders deutlich in Indien, wo sowohl Großbritannien als auch Frankreich den mit ihnen verbündeten Kräften militärische Unterstützung gaben. Aber auch woanders war dies von Bedeutung. Als sich beispielsweise der britische Premierminister Lord North 1779 mit dem Eintritt Spaniens in den Amerikanischen Unabhängigkeitskrieg auf Seiten der Franzosen und Amerikaner konfrontiert sah, meinte er, dass „sich der Versuch lohnen würde, die Algierer oder Mauren mit etwas Geld oder Waffen oder durch die Unterstützung eines Organisators dazu anzustiften, einen Krieg gegen die Spanier zu beginnen und deren Garnisonen in Afrika anzugreifen, da eine solche Ablenkung der spanischen Streitkräfte uns nicht unerheblich nutzen würde". Während des folgenden Jahrzehnts stellten die Franzosen aus ähnlichen Gründen Ingenieure zur Verfügung, um die türkischen Befestigungsanlagen gegen Russland zu verbessern.

Im Nachhinein erscheint der Verlauf des Konfliktes zwischen Großbritannien und Frankreich logisch: Frankreich befand sich in der Defensive und wurde immer stärker bedrängt von einer Macht, die zur See stärker war und deshalb die Initiative ergreifen konnte, und zwar mit Unterstützung ihrer nordamerikanischen Kolonien, die weitaus stärker bevölkert waren. Zwangsläufig mussten die Briten dort gewinnen.

Jedoch war die Situation weitaus komplexer. Der Sieg Großbritanniens war durchaus nicht unvermeidlich und es war auch nicht von vornherein klar, dass die Briten die Weltmeere beherrschen und die Initiative übernehmen würden bzw. dass sie mit diesen Initiativen zwangsläufig Erfolg haben würden. So scheiterten 1690 und 1711 auch die Angriffe auf Quebec. Im letzten Fall erlitten neun Schiffe im Nebel und Sturm des karthografisch unzureichend erfassten Sankt-Lorenz-Stromes Schiffbruch und die schlecht geleitete Expedition musste umkehren.

Im Österreichischen Erbfolgekrieg übernahmen die Franzosen die Initiative in Indien, eroberten Madras im Jahre 1746 und konnten dann 1748 eine britische Offensive gegen ihren Stützpunkt Pondicherry aufhalten. 1745 eroberte Großbritannien den wichtigen Stützpunkt Louisbourg auf Cape Breton Island. Jedoch schickte Frankreich im folgenden Jahr eine große Expedition in die nordamerikanischen Gewässer, die aber Louisbourg aufgrund von Krankheiten, Stürmen sowie fehlenden lokalen Stützpunkten und Nachschubmöglichkeiten auch nicht zurückerobern konnte. Die Flotte kehrte mit Verlusten in Höhe von 8000 Mann nach Frankreich zurück. Zwischen 1716 und 1740 hatte die Festung allein 1 bis 2 % des Jahresbudgets des französischen Marineministeriums gekostet.

Der Siebenjährige Krieg (1756–1763), der in Amerika als der „Französische und Indianische Krieg" bekannt ist, wird im Allgemeinen als eine Zeit britischer Erfolge betrachtet. Dies gilt insbesondere in Bezug auf das Jahr 1759, das „Jahr der Siege", als Großbritannien Quebec und Guadeloupe eroberte und die französische Flotte in europäischen Gewässern vor Lagos und in der Bucht von Quiberon schlug. In einem zweiten „Jahr der Siege" eroberte man 1762 Martinique von den Franzosen sowie Havanna und Manila von dem mit Frankreich verbündeten Spanien. Weitere britische Erfolge in diesem Krieg waren die Einnahme der Forts Louis und Gorée im Jahre 1758 sowie der französischen Stützpunkte in Westafrika und in Louisbourg im Jahre 1758, die Kapitulation von Montreal und der französischen Armee in Kanada im Jahre 1760, Eyre Cootes Sieg bei Wandewash (22. Januar) über die französische

In der letzten Nacht der Belagerung von Louisbourg im Jahre 1758 drangen britische Kriegsschiffe in den Hafen ein und zerstörten die letzten zwei französischen Kriegsschiffe. Die Belagerungsarmee war größer als im Jahre 1745, doch erneut war das Zusammenspiel von Armee und Marine von entscheidender Bedeutung und die landseitigen Verteidigungsanlagen wurden durch britische Geschütze gebrochen. Wesentlich schwieriger gestaltete sich die Belagerung von Quebec im folgenden Jahr, da die britischen Seestreitkräfte die Stadt nicht vom Hinterland abschneiden konnten.

Die Eroberung des wichtigen französischen Stützpunktes Pondicherry in Indien im Jahre 1778 durch Streitkräfte unter Sir Hector Munro gelang insbesondere dank der Unterstützung durch das Schiffsgeschwader von Sir Edward Vernon, das eine Blockade durchführte. Vernon setzte Marinesoldaten und Seeleute an Land, um Munro zu helfen, der seinerseits die Stadt mit 28 schweren Geschützen und 27 Mörsern bombardierte. Ein Angriff im Jahre 1748 war erfolglos verlaufen, jedoch fiel Pondicherry abermals in den Jahren 1761 und 1793.

Armee in Indien, die von Thomas-Arthur de Baron de Lally Tallendal befehligt wurde, sowie die Eroberung des letzten und wichtigsten französischen Stützpunktes in Indien, Pondicherry, im Jahre 1761.

Diese Triumphe widerspiegelten die Fähigkeit zur Kombination lokaler und aus dem Mutterland herangeführter Kräfte. So steuerten die nordamerikanischen Milizen, die verbündeten Indianer und die indischen Sepoys alle Soldaten bei und die Nahrungs- und Transportmittel (Esel, Ochsen, Wagen) wurden auch vor Ort beschafft. Jedoch war es auch erforderlich, Truppen und Munition, insbesondere Geschütze, über lange, gefährliche und unberechenbare Transportwege aus Großbritannien heranzuführen. Die diesbezügliche Fähigkeit war entscheidend für die militärische Schlagkraft der britischen Truppen, die durch die Einrichtung von Lagern und Garnisonen zur Versorgung mit Truppen und Munition noch weiter verbessert wurde. Beide Faktoren führten zu einer solideren Planung der britischen Militäroperationen. Wie dieses System funktionierte, lässt sich an dem Feldzug gegen das von Spanien gehaltene Cartagena im heutigen Kolumbien im Jahre 1741 erkennen. Die britische Streitmacht bestand dabei nicht nur aus Truppen von Großbritannien, sondern auch aus Männern, die auf Jamaika und in den britischen Kolonien Nordamerikas rekrutiert worden waren.

Trotzdem war der Feldzug gegen Cartagena ein Desaster. Die Stärke der spanischen Verteidigungsstellungen und das Scheitern der Zusammenarbeit zwischen Armee und Marine führte zu schweren Verlusten, aber letztendlich war es das Gelbfieber,

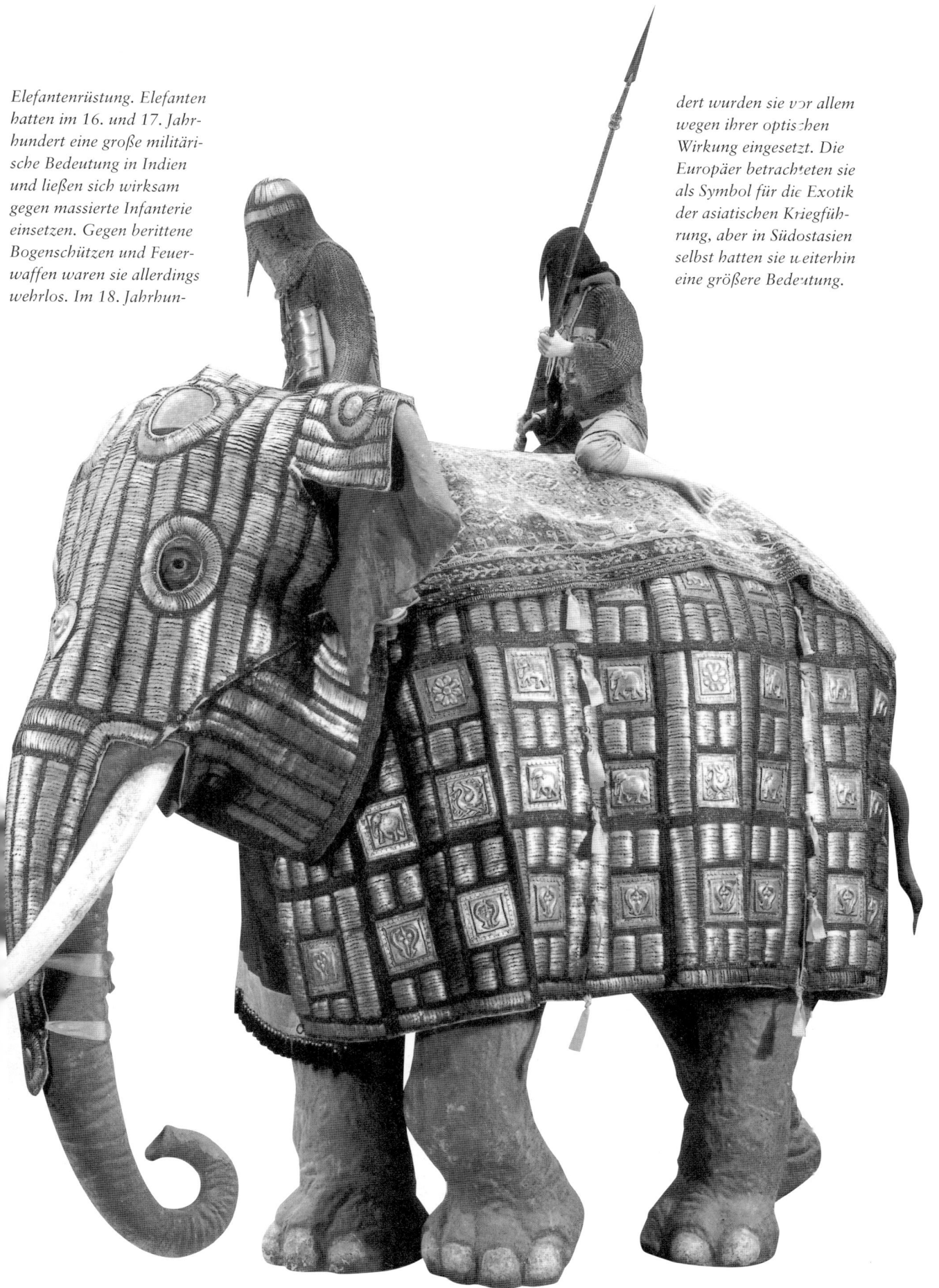

Elefantenrüstung. Elefanten hatten im 16. und 17. Jahrhundert eine große militärische Bedeutung in Indien und ließen sich wirksam gegen massierte Infanterie einsetzen. Gegen berittene Bogenschützen und Feuerwaffen waren sie allerdings wehrlos. Im 18. Jahrhundert wurden sie vor allem wegen ihrer optischen Wirkung eingesetzt. Die Europäer betrachteten sie als Symbol für die Exotik der asiatischen Kriegführung, aber in Südostasien selbst hatten sie weiterhin eine größere Bedeutung.

Hudsonbai

Fort Albany

Fort Rupert

1745 und 1758
Louisbourg

Fort St. Charles

Fort St. Pierre

Oberer See

Fort Michipicton

Plains of Abraham
1759

Québec

Fort Beauséjour

Halifax

Huronsee

Montréal

Fort Edward
Augustus

Michigansee

Fort
St. Joseph

Fort George

Fort
Beauharnais

Fort Oswego

Boston

Fort Niagara

Eriesee

Fort Presqu'isle

New York

Fort Duquesne

Philadelphia

Fort
Pickawillany

1755

Baltimore

Fort Orléans

Fort Necessity

Richmond

Fort Chartres

Mississippi

New Bern

Wilmington

Fort Augusta

Georgetown
Charleston

1742

Fort King George

Savannah

Fort Rosalie

Fort Condé

St. Augustine

New Orléans

1740, 1743

Golf von Mexiko

ATLANTISCHER OZEAN

**Nordamerika zur
Kolonialzeit** 1700 – 1763

→ Britische Feldzüge

→ Spanische Feldzüge

⚔ Schlacht

🏰 Britische Forts

🏰 Französische Forts

Europäische Siedlungsgebiete 1713

　　Britisch

　　Französisch

　　Spanisch

Europäische Gebietsansprüche 1750

　　Britisch

　　Französisch

　　Spanisch

0　200 km
0　200 Meilen

N

das die Niederlage der Briten verursachte. Über 10 000 Mann starben auf diesem Feldzug, die meisten an Krankheiten. Lange Belagerungsaktionen in den Tropen hatten immer verhängnisvolle Auswirkungen.

Aber Großbritannien erlitt auch schwere Misserfolge während des Siebenjährigen Krieges. Beispiele dafür sind der erfolgreiche französisch-indianische Angriff aus dem Hinterhalt auf die zahlenmäßig überlegene Armee unter General Braddock in der Schlacht von Monongahela am 9. Juli 1755, der Verlust der Forts Ontario, George, Oswego und William Henry an die vorrückenden Franzosen in den Jahren 1756 und 1757, der gescheiterte Plan zur Eroberung von Louisbourg im Jahre 1757, die schweren Verluste in dem schlecht geleiteten und erfolglosen Frontalangriff auf Carillon (Ticonderoga) im Jahre 1758, die Niederlage der Armee vor Quebec im April 1760 (Schlacht von Sainte-Foy) sowie der Verlust des Forts St. David in Indien im Jahre 1758. Diese britischen Misserfolge weisen auf die Schwere der Aufgaben hin, insbesondere verursacht durch Komplikationen bei Marineoperationen, Probleme bei Aktionen im Inneren von Nordamerika, durch die Notwendigkeit zur Verteilung von begrenzten Ressourcen über mehrere Gebiete und auch durch die Genialität einiger französischer Kommandanten, insbesondere von Lally in Indien und Montcalm in Kanada. Eigentlich wurden bestimmte Erfolge sogar erst nach Überwindung erheblicher Schwierigkeiten erzielt. So erfolgte die Eroberung von Quebec erst am Ende von zwei Monaten verzweifelter Belagerung, während derer die natürliche Stärke der Stellung, die französischen Befestigungen und Montcalms geschickte Maßnahmen einen Erfolg der britischen Streitkräfte unter dem Befehl von James Wolfe verhindern konnten.

Durch die starke Ähnlichkeit der Bewaffnung und der Kampfmethoden der Kriegsparteien hatten diese Schlachten einen anderen Charakter als beispielsweise jene, die zwischen den Briten und den Indianern ausgetragen wurden. Die französische Niederlage vor Quebec im Jahre 1759 beispielsweise hatte große Ähnlichkeit mit einer militärischen Auseinandersetzung zwischen Großbritannien und Frankreich in Europa. Der Hauptunterschied lag in der Größe der Armeen. Wolfe erklomm die Felsen am Flussufer der Plains of Abraham vor Quebec mit weniger als 4500 Mann, während sich die Verluste am 13. September auf ca. 650 Mann auf jeder Seite beliefen. An entscheidenden Schlachten in Europa waren weitaus größere Streitkräfte beteiligt, wie zum Beispiel insgesamt 89 000 Mann in Leuthen im Jahre 1757 und 62 000 in Rossbach im gleichen Jahr. Beim Feldzug gegen Havanna im Jahre 1762 hatte man eine große britische Armee entsandt, aber nur 1 738 Mann wurden im gleichen Jahr nach Manila geschickt, und diese Zahl schloss französische Deserteure und 100 Laskaren als Arbeitskräfte ein.

Bei diesen kleinen Verbänden hatten Führung, Fähigkeit zur Geländeerkennung und -ausnutzung, Moral, Zusammenhalt der Einheiten und Feuerkraft eine vorrangige Bedeutung. Im Allgemeinen waren alle diese Eigenschaften bei den Briten vor-

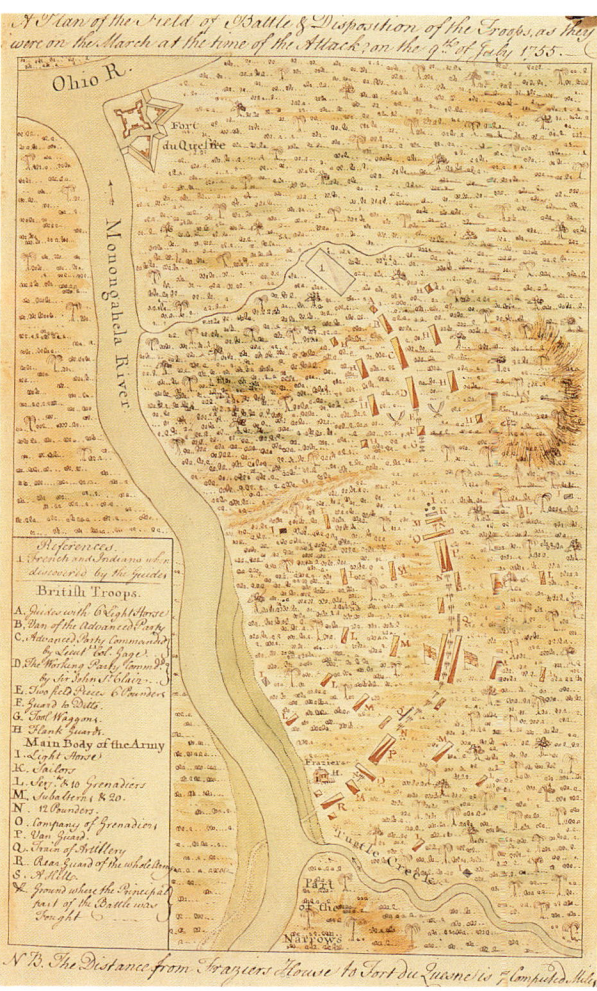

Schlacht am Monongahela, 9. Juli 1755. Eine zahlenmäßig überlegene, aber unausgebildete britische Streitmacht wehrte sich mit den falschen Mitteln gegen einen Angriff aus dem Hinterhalt durch französische und indianische Truppen. Anstatt selbst anzugreifen, versuchten sie ihre Stellungen zu halten und boten dadurch ausgezeichnete Ziele. Insgesamt 977 von insgesamt 1459 britischen Soldaten wurden getötet oder verwundet.

NORDAMERIKA ZUR KOLONIALZEIT

Relativ kleine europäische Streitkräfte kämpften über große Entfernungen, teilweise mit Unterstützung einheimischer Verbündeter. Der Sieg Großbritanniens war durchaus nicht unvermeidlich.

handen, aber auch ihre Gegner beherrschten diese Fähigkeiten, und manchmal sogar noch besser. So konnte Montcalm im Jahre 1757 dank seiner Beherrschung der Kriegführung in Nordamerika und den effektiven Einsatz französischer Truppen und indianischer Verbündeter das Fort William Henry einzunehmen. Am 13. September 1759 trug jedoch die britische Feuerkraft vor Quebec den Sieg davon. Ein allgemeines britisches Salvenfeuer entschied die Schlacht und stoppte die vorrückenden französischen Kolonnen. Nach einer zweiten Salve folgte dann ein Angriff mit aufgepflanztem Bajonett. Die Moral der Franzosen war erschüttert. Obwohl Quebec noch nicht eingenommen war und noch mehr französische Truppen unmittelbar nach der Schlacht eintrafen, beschlossen die französischen Offiziere auf einem Kriegsrat, keine weitere Schlacht mehr zu riskieren und sich den Fluss hinauf zurückzuziehen. Diese Entscheidung wurde schließlich rückgängig gemacht, aber obwohl eine französische

Verstärkung auf dem Weg nach Quebec war, kapitulierte die Stadt am 18. September 1759.

Auch die Dauer der Schlacht war hier von Bedeutung: Wenn der Krieg 1758 oder Ende April 1760 geendet hätte, wäre er bei weitem nicht so erfolgreich für Großbritannien gewesen. Darüber hinaus konnte der überregionale Charakter des Krieges genauso wichtig sein wie Konflikte in einzelnen Gebieten. Die Franzosen zeigten starken Widerstand in Kanada, aber Großbritannien entsandte weitaus mehr Truppen als seine Gegner, und als die Franzosen nach ihrem Sieg in der Schlacht von Sainte-Foy auf dem Höhepunkt des Krieges im Jahre 1760 Quebec belagerten, bekam die Garnison Unterstützung durch eine britische Flotte, die mit Verstärkung eintraf, und die Franzosen wurden nach Montreal zurückgedrängt. Die Briten profitierten auch von ihrer Lernfähigkeit in Bezug auf die besten Operationsmöglichkeiten in Nordamerika: Leichte Infanterieverbände wurden aufgestellt, die Kenntnisse der Waldläufer wurden beachtet und die Logistik im nordamerikanischen Kontinent wurde verbessert.

Die Vorherrschaft zur See und bestimmte Erfolge in europäischen Gewässern ließen es zu, dass Großbritannien auch außerhalb Europas die Initiative ergreifen konnte. Dies war der entscheidende Zusammenhang für die britische Macht. Manchmal wird behauptet, dass die Eroberung Amerikas durch Großbritannien in Europa stattfand, womit gemeint ist, dass die Konzentration französischer Truppen in Deutschland während des Siebenjährigen Krieges Montcalm Soldaten entzog. Sicherlich führte diese Konzentration dazu, dass er zwischen 1758 und 1759 in die Defensive gehen und seinen früheren Vormarsch zum Hudson-Tal aufgeben musste. Allerdings wäre es richtiger zu behaupten, dass die Briten Kanada vor Brest erobert haben, dass es durch die Blockade dieses wichtigen französischen Seehafens, die schließlich im Jahre 1759 auch zum Sieg in der Bucht von Quiberon führte, für Frankreich unmöglich war, die Initiative in Nordamerika zu behalten oder umfangreiche Verstärkungen in seine dortigen Kolonien zu schicken bzw. größere Handelsbeziehungen mit diesen aufrechtzuerhalten. Das französische Weltreich war bereits zusammengebrochen, bevor die Briten die französischen Kolonien eroberten. Die Kontrolle und Organisation der Seeverbindungen war aufgrund demografischer, organisatorischer, ökonomischer und, im engeren Sinne, militärischer Faktoren lebenswichtig. Ohne ein großes Hinterland konnten die französischen Kolonien leicht von See aus angegriffen werden. Andererseits bedeutete die Stärke Großbritanniens zur See, dass französische Angriffe auf britische Stellungen, wie Lallys Belagerung von Madras in den Jahren 1758 bis 1759, leicht vereitelt werden konnten.

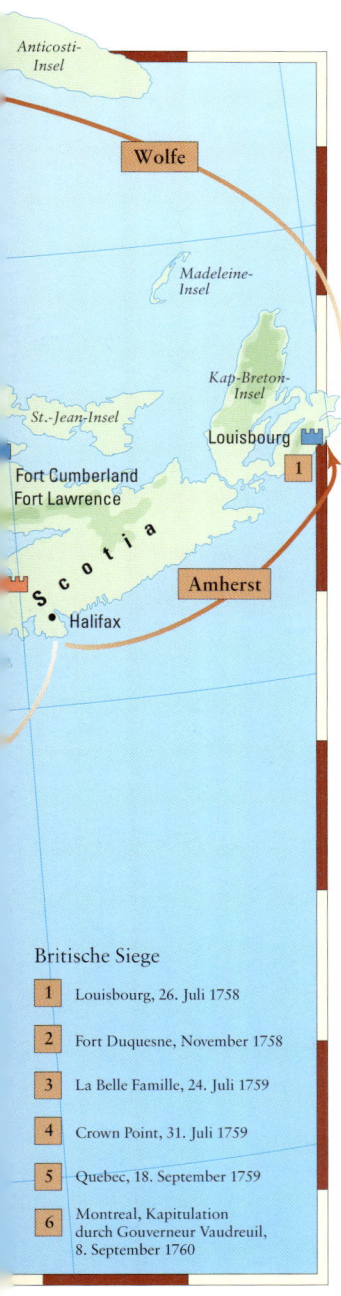

Britische Siege

1 Louisbourg, 26. Juli 1758

2 Fort Duquesne, November 1758

3 La Belle Famille, 24. Juli 1759

4 Crown Point, 31. Juli 1759

5 Quebec, 18. September 1759

6 Montreal, Kapitulation durch Gouverneur Vaudreuil, 8. September 1760

KAPITEL VIER

DER AMERIKANISCHE UNABHÄNGIGKEITSKRIEG

GEORGE WASHINGTON. Trotz seiner taktischen Unge-
schicktheit, die vor allem auf Long Island und bei Brandy-
wine deutlich wurde, lernte Washington aus seinen
Fehlern und war in politischer Hinsicht ein sehr erfolg-
reicher General. Jedoch stellte er sich stets in den Dienst
der Revolution: Washington war kein Napoleon.

DER AMERIKANISCHE UNABHÄNGIGKEITSKRIEG

Schlacht von Lexington, 19. April 1775. Die erste militärische Auseinandersetzung der Revolution, in deren Verlauf die britische Infanterie, die zur Beschlagnahmung von Waffen nach Concord unterwegs war, die in Unterzahl befindlichen Kolonialmilizionäre auseinander trieb. Brigadier General Hugh Percy schrieb über den britischen Rückzug: „Es gab keine Steinmauer, kein Haus ... von wo aus die Rebellen nicht auf uns geschossen hätten." Das Vergießen amerikanischen Blutes rief die Empörung Neuenglands hervor.

Die jeweilige Lage von Großbritannien und Frankreich war während des Amerikanischen Unabhängigkeitskrieges (1775–1783) sehr unterschiedlich: Erstens standen die Briten einem kontinentalen Gegner, den amerikanischen Revolutionären, gegenüber, und zweitens verloren sie ihre Vorherrschaft zur See in dem diesbezüglichen Kampf mit Frankreich (1778–1783), einem Kampf, der durch den Eintritt Spaniens und Hollands auf Seiten Frankreichs im Jahre 1779 bzw. 1780 ausgeweitet wurde.

Der amerikanische Krieg war das erste Beispiel eines überseeischen Konflikts zwischen einer europäischen Kolonialmacht und Bürgern europäischer Herkunft und das erste Beispiel für einen großen revolutionären Krieg, einem Kampf für Unabhängigkeit, in welchem die Idee bewaffneter Bürger eine entscheidende Rolle spielte. Die Bildung des neuen Staates wurde begleitet von der Schaffung einer Armee neuen Typs, und beides war das Spiegelbild einer Gesellschaft in der es mehr Dynamik und Egalität gab als in Europa (was allerdings nicht für ein Sechstel der Bevölkerung galt, die Sklaven waren). Obwohl viele Kommandanten der revolutionären Streitkräfte, der Kontinentalarmee, aus den wohlhabenderen Schichten der Gesellschaft kamen, war das soziale Spektrum der amerikanischen Führungskräfte weitaus breiter als das der europäischen Armeen und auch die Disziplin war eine andere. Es war keine Armee von Leibeigenen, sondern von Bürgern. In dem Maße, wie diese Armee eine neue politische Identität und neue soziale Beziehungen aufwies, war es auch möglich, ihren Zusammenhalt zu festigen und die revolutionären Ziele sogar dann noch weiter zu verfolgen, als es im Krieg schlecht stand wie beispielsweise im Winter 1777/1778, als die Armee nach dem Verlust der Hauptstadt Philadelphia in Valley Forge kampierte.

Jedoch wäre es irreführend, wenn man den Neuheitscharakter des Krieges in Bezug auf Operationen auf dem Schlachtfeld überbewerten würde, denn dort wurde im Wesentlichen mit den gleichen Mitteln und Methoden gekämpft wie im Siebenjährigen Krieg. Die Amerikaner verwendeten in der Schlacht ebenfalls die Linienformationen der Musketiere, die aus der europäischen Kriegführung bekannt sind. Diese Strategie wurde durch George Washington (1732 bis 1799), den Kommandanten der Kontinentalarmee, befürwortet, der in den Streitkräften Virginias im Siebenjährigen Krieg gedient hatte und dabei auch an den Angriffen gegen die Franzosen in den Jahren

1754, 1755 und 1758 beteiligt gewesen war. Washington glaubte an den Stellungskrieg, obwohl er auch bereit war, die Milizen als Partisanen einzusetzen.

Die alternative Strategie, für die Major General Charles Lee (1731–1782) eintrat und die sich vor allem auf eine irreguläre Kriegführung, insbesondere das Vermeiden von Stellungskrieg und Schlachten stützte, wurde außer im Jahre 1781 nach
einigen Niederlagen im Süden nicht angewandt. Beim Einsatz dieser Strategie wäre
es für die Briten schwierig geworden, ihre Ziele zu erkennen. Lee selbst war ein
früherer britischer Berufsoffizier, der in Nordamerika (1755–1760) und Portugal
(1762) gedient hatte, bevor er dann in der polnischen Armee kämpfte, die sich der
überlegenen Stärke Russlands beugen musste.

Sowohl die Amerikaner als auch die Briten kämpften in einer offeneren Ordnung
mit größeren Lücken zwischen den einzelnen Verbänden, als dies in Europa die
Norm war. Dies war darauf zurückzuführen, dass die Infanterie durch das allge-

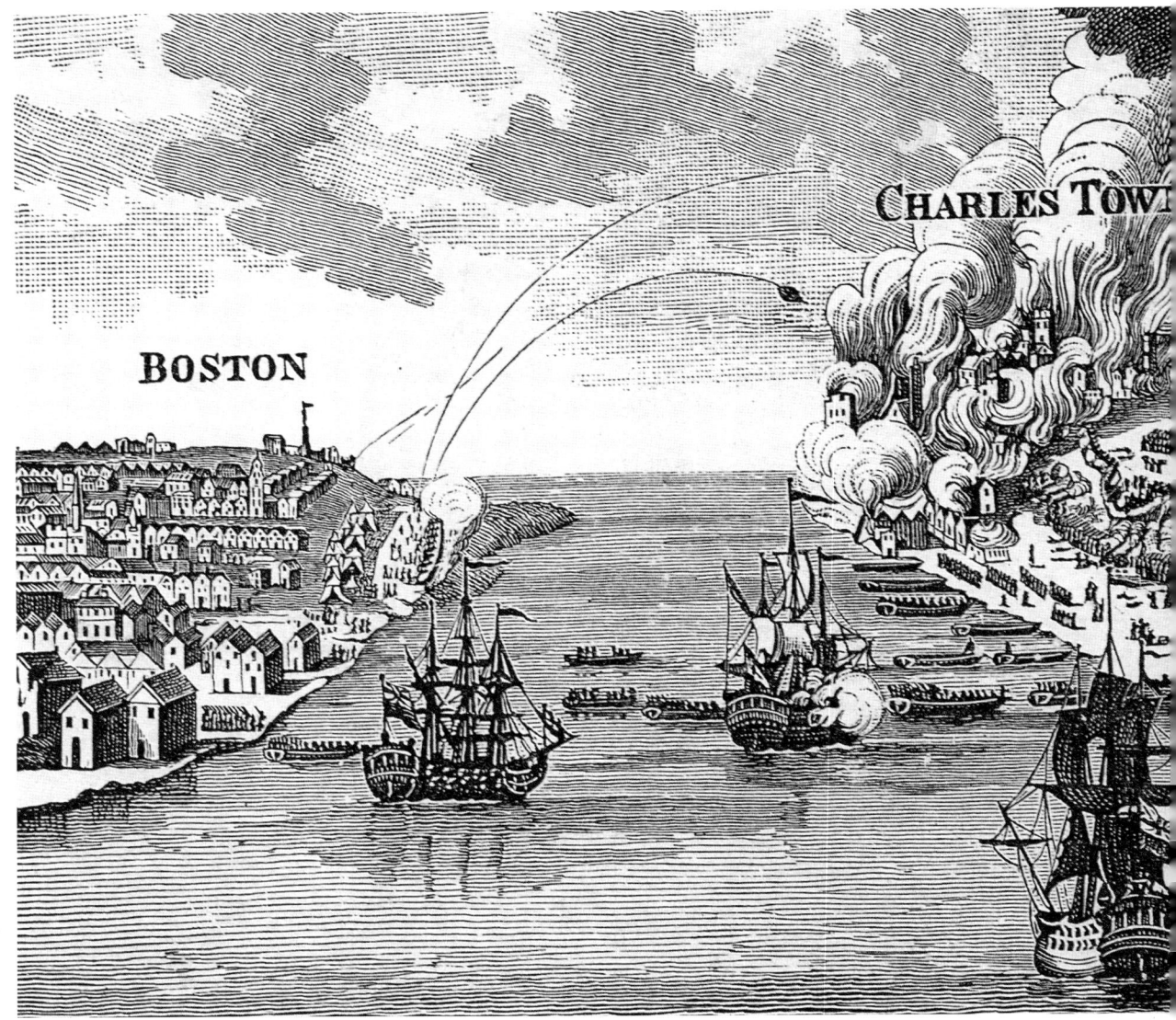

BOSTON

CHARLES TOW

Der britische General
John Burgoyne notierte:
„... eine der größten
Schlachtszenen, die man
sich vorstellen kann ...
Howes Corps, wie es den
Hügel hinaufstürmt, direkt
gegen die Schanzen und ein
sehr schwieriges Gelände,
das links vom Feind schwer
umkämpft wird ... und
in dem Meeresarm unsere
Schiffe und schwimmende
Batterien, die sie beschie-
ßen."

meine Fehlen einer Kavallerie weniger leicht angreifbar war, während der geschlossene Charakter großer Teile des Geländes zu einer Anordnung der Truppen führte, die den topografischen Bedingungen entsprach. Auch die Artillerie und Befestigungen spielten eine geringere Rolle als in den militärischen Auseinandersetzungen in Westeuropa wie beispielsweise in den britischen Feldzügen in Westfalen und Hessen zwischen 1758 und 1762, während – wie dies im Allgemeinen bei überseeischen Operationen der Fall war – die Bedingungen in Bezug auf Kampfstärke und Entfernung ganz anders waren: Hier operierten relativ kleine Armeen über große Entfernungen in einem Krieg, in dem es keine richtigen Fronten gab.

Obwohl die Briten schon früher umfangreiche Erfahrungen bei Feldzügen gegen Frankreich in Nordamerika gesammelt hatten, stellte die Taktik der Amerikaner sie immer noch vor größere Probleme, insbesondere, wenn die Amerikaner die Vorteile des Geländes ausnutzten. 1775 beschwerte sich Alexander Campbell über die Amerikaner in Boston, weil „diese eine feige Truppe sind, die nur kämpft, wenn sie sich hinter Bäumen und Häusern oder in Gräben verstecken kann". Über die Schlacht von Long Island (27. August 1776) schrieb Captain William Congreve von der britischen Artillerie: „Ich stellte fest, dass der Feind sehr zahlreich war und von den

SCHLACHT VON BUNKER HILL, 17. JUNI 1775

Die Briten bewegten sich schwerfällig in der traditionellen Schlachtfeldformation auf die Schanzen der Amerikaner zu. Die britische Artillerie konnte der amerikanischen Stellung keinen Schaden zufügen, und die Amerikaner schlugen die ersten beiden Angriffe mit schwerem Musketenfeuer zurück. Dann ging ihnen aber die Munition aus und sie wurden durch einen dritten Angriff zurückgedrängt. Obwohl die Briten in späteren Gefechten besser kämpften, hatte ihr Scheitern bei Bunker Hill entscheidende Bedeutung.

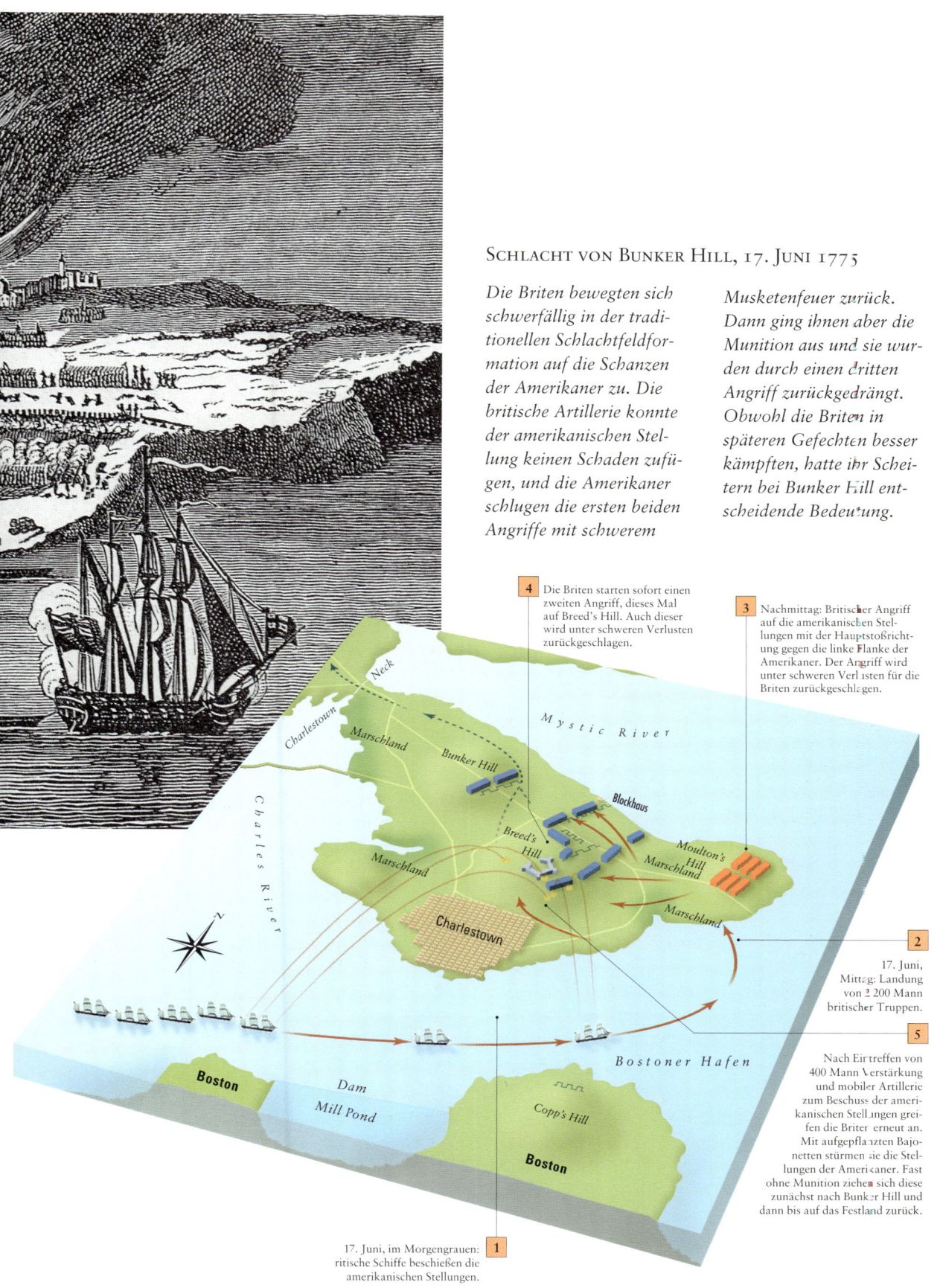

4 Die Briten starten sofort einen zweiten Angriff, dieses Mal auf Breed's Hill. Auch dieser wird unter schweren Verlusten zurückgeschlagen.

3 Nachmittag: Britischer Angriff auf die amerikanischen Stellungen mit der Hauptstoßrichtung gegen die linke Flanke der Amerikaner. Der Angriff wird unter schweren Verlusten für die Briten zurückgeschlagen.

2 17. Juni, Mittag: Landung von 2 200 Mann britischer Truppen.

5 Nach Eintreffen von 400 Mann Verstärkung und mobiler Artillerie zum Beschuss der amerikanischen Stellungen greifen die Briten erneut an. Mit aufgepflanzten Bajonetten stürmen sie die Stellungen der Amerikaner. Fast ohne Munition ziehen sich diese zunächst nach Bunker Hill und dann bis auf das Festland zurück.

1 17. Juni, im Morgengrauen: ritische Schiffe beschießen die amerikanischen Stellungen.

Vier verschiedene Uniformen, die von revolutionären Soldaten getragen worden (Zeichnung von Jean-Baptiste-Antoine de Verger, einem französischen Beobachter). Die Ausgabe von Uniformen war ein wichtiger Aspekt für die Regularisierung des Militärwesens der Revolutionäre. Die Tatsache, dass es neben der Kontinentalarmee auch noch Einheiten verschiedener Staaten und die Milizen gab, verkomplizierte die militärischen Organisationsstrukturen.

SCHLACHTEN
Karte 1

| 1 | Lexington, 19. April 1775 |
| 2 | Bunker Hill, 17. Juni 1775 |

Karte 2

1	Princeton, 3. Januar 1777
2	Oriskany, 6. August 1777
3	Bennington, 15. August 1777
4	Brandywine, 11. September 1777
5	Freeman's farm, 19. September 1777
6	Paoli, 20. September 1777
7	Bemis Heights, 7. Oktober 1777
8	Germantown, 4. Oktober 1777

Karte 3

1	Monmouth Court House, 28. Juni 1778
2	Savannah, 29. Dezember 1778
3	Augusta, 29. Januar 1779
4	Briar Creek, 3. März 1779
5	Camden, 16. August 1780
6	King's Mountain, 7. Oktober 1780
7	Blackstock, 20. November 1780

DER AMERIKANISCHE UNABHÄNGIGKEITSKRIEG

Großbritannien wurde geschlagen, zeigte aber von 1778 an beeindruckenden Widerstand im Kampf gegen eine mächtige europäisch-amerikanische Koalition. Der Krieg offenbarte die Probleme, die auf das Fehlen einer großen Armee zurückzuführen waren. Die britischen Feldeinheiten waren oft zahlenmäßig relativ klein.

Amerikanischer Unabhängig-keitskrieg 1775 – 1783

- → Britische Angriffe
- → Amerikanische Angriffe
- → Französische Angriffe
- ✕ Britischer Sieg
- ✕ Amerikanischer Sieg
- ▨ Britische Proklamationslinie 1763

8 Cowpens, 16. Januar 1781

9 Guilford Court House, 15. März 1781

10 Hobkirk's Hill, 25. April 1781

11 Jamestown, 6. Juli 1781

12 5. September 1781

13 Eutaw Springs, 8. September 1781

3. 1778 – 1781

Sechspfündern [Geschützen] unterstützt wurde. Wir deckten sie aber geschickt mit Kartätschenfeuer ein und so mussten sie bald ihre Geschütze abziehen. Aber die durch Bäume und große Steine geschützten Gewehrschützen waren uns gegenüber immer noch im Vorteil, da wir uns in offenem Gelände befanden … [Und wenn] nicht die leichte Infanterie … rechtzeitig gekommen wäre, hätten sie uns alle abgeschnitten, glaube ich."

Im Stellungskrieg konnten die Amerikaner geschlagen und ihre Truppen an den Flanken umgangen werden, wie dies auf Long Island und in Brandywine (11. September 1777) der Fall war, oder man konnte ihre Festungen erobern wie in Fort Washington (1776) und Charleston (1780). Andererseits konnten die mobileren amerikanischen Verbände mit tödlicher Wirkung operieren.

Auch die große Rolle, die die amerikanischen Milizen spielten, schuf Probleme, sowohl für die militärischen Operationen, indem sie beispielsweise die Möglichkeiten der Nachschubbeschaffung für die britischen Truppen einschränkten, als auch im Hinblick auf die politischen Rahmenbedingungen des Konflikts, insbesondere durch ständige Angriffe auf die Loyalisten, jene zahlreichen Amerikaner, die die Fortsetzung der Treue zur britischen Krone unterstützten. Die Milizen trugen dazu bei, dass sich die Briten in der Unterzahl befanden und begrenzten dadurch ihre Wirksamkeit als Besatzungsmacht.

Auf dem Schlachtfeld konnten auch die amerikanischen Kampfmethoden Probleme für die Briten hervorrufen: Bei einem Gefecht in Bemis Heights im September 1777 konzentrierten sich beispielsweise die Gewehrschützen der Amerikaner, die von Daniel Morgan befehligt wurden, darauf, britische Offiziere abzuschießen. Der geschlagene britische Kommandeur, General John Burgoyne, schrieb daraufhin: „Der Feind hatte in seiner Armee eine große Anzahl von Scharfschützen, die mit Gewehren bewaffnet waren. Während eines Gefechts zogen sie in kleinen Gruppen auf die Flanken und suchten dort sehr geschickt Deckung und veränderten ihre Stellung. Dabei saßen viele auf hohen Bäumen im Rücken ihrer eigenen Linie, und nur dann, wenn Teile unserer eigenen Linie kurz durch Rauch verdeckt wurden, was selten geschah, konnten Offiziere nicht durch einzelne Schüsse erledigt werden."

Man könnte natürlich einfach behaupten, dass der Ausgang des Krieges von vornherein klar war, dass Großbritannien die dreizehn Kolonien nicht erobern konnte und dass die Niederlage der britischen Truppen unvermeidlich war, weil sie anachronistische Methoden der Kriegführung einsetzten. Allerdings ist eine solche Position äußerst fraglich, und die Korrespondenz der amerikanischen Generale unterstreicht immer wieder die großen Schwierigkeiten der Aufgaben, vor denen sie standen. So schrieb Colonel James Clinton im Juli 1776 vom Fort Constitution, einer wichtigen Stellung im Hudson-Tal, aus an Washington: „Wir brauchen hier dringend mehr Artillerieoffiziere … Flinten und gute Waffen sind sehr knapp." Captain Richard Varick schrieb aus Albany: „Zwischen hier und New York bekommt man kein Kupfer, Blei oder Zinn." Im folgenden Monat schrieb Washington von New York aus, dass seine Armee „schwach" sei und sich in starker Unterzahl befinde, und in einem anderen Brief hieß es: „Ich habe sehr ernste Befürchtungen. Die neuen Aushebungen sind so gering, und die alten Regimenter müssen ergänzt werden."

Am 16. September 1776 berichtete Washington über die britische Landung in der Kip's Bay auf der Ostseite von Manhattan Island am vorangehenden Tag: „Ich stellte fest, dass sich die in den Linien postierten Truppen in höchster Eile zurückzogen, und auch jene, die zur ihrer Unterstützung befohlen waren, … flohen in alle

BRITISCHE KAVALLERIE-
UND INFANTERIE-
SCHWERTER

LINKS: *Kavallerieschwert, ca. 1770*; MITTE: *Infanterieoffiziersschwert, Modell von 1786, allgemein als „Spadroon" bekannt;*

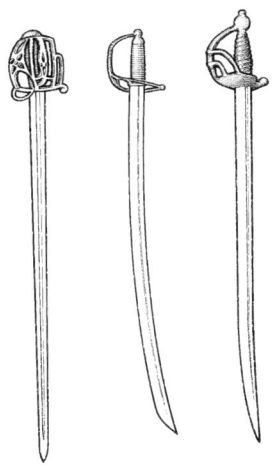

RECHTS: *Infanteriehänger, Schwert von 1751. Schwerter hatten weiterhin eine große Bedeutung für Gefechte in Europa. Bei Infanterieeinsätzen wurden sie aber nur von den Offizieren verwendet.*

Richtungen und in größter Unordnung, ungeachtet der Bemühungen der Generale, sie zu formieren. Ich benutzte alle in meiner Macht stehenden Mittel, sie zu versammeln und in eine gewisse Ordnung zu bekommen, aber meine Versuche waren erfolglos und unwirksam."

Im Oktober schrieb er: „Wir brauchen Mehl und Rindfleisch … die mit Meuterei und Plünderungen verbundenen fatalen Folgen sind unvermeidlich." Aber auch die Briten hatten natürlich ernste Probleme, insbesondere hinsichtlich der Logistik. Jedoch zeigen Washingtons Briefe, dass es keinen größeren Unterschiede in der Kampffähigkeit zugunsten der Revolutionäre gab. Zum Zeitpunkt des französischen Kriegseintritts im Jahre 1778 hatten die Amerikaner die Briten aus Neuengland verdrängt (März 1776), den Vormarsch auf Philadelphia von Nordosten her bei Trenton zurückgeschlagen (26. Dezember 1776), die britische Eroberung von Philadelphia durch einen Gegenschlag bei Germantown (4. Oktober 1777) erschüttert und den Vormarsch von Burgoyne südlich von Kanada (Kapitulation von Saratoga, 17. Oktober 1777) gestoppt.

Andererseits waren sie mit ihrer eigenen Invasion in Kanada gescheitert (1775 bis 1776) und mussten sich nach der Niederlage bei Three Rivers (8. Juni 1776) nach Crown Point zurückziehen, und auch New York (1776), Newport (1776) und Philadelphia (1777) gingen verloren.

Langfristig profitierten die Amerikaner wahrscheinlich von der Tatsache, dass sie aus Kanada vertrieben worden waren. Die weiten Transport- und Nachschubwege

Britische Kapitulation in Saratoga, 17. Oktober 1777. Auf ihrem südwärts gerichteten Marsch von Kanada aus in das Hudson-Tal geriet die von General Burgoyne befehligte Armee in eine gefährliche Konfrontation mit größeren amerikanischen Streitkräften und war nicht in der Lage, deren Stellungen bei Bemis Heights zu durchbrechen. Saratoga beendete die ernste Gefahr einer Abtrennung Neuenglands vom Rest Amerikas.

DER FAST GEWONNENE KRIEG

Im Feldzug von 1776 kam Großbritannien einem Sieg am nächsten, aber durch Washingtons Sieg bei Trenton wurde der Vormarsch gestoppt.

Die Landung britischer Truppen in New York, 1776. Nach dem Sieg über die Amerikaner auf Long Island benutzte Großbritannien seine Seestreitkräfte, um Manhattan Island von den Flanken her anzugreifen. Die sich in der Unterzahl befindenden Amerikaner wurden dadurch aus New York vertrieben. Die Stadt blieb der wichtigste britische Stützpunkt für den Rest des Krieges.

und die erforderliche Bereitstellung von Soldaten hätten ihre Armee ausgeblutet und wahrscheinlich zu Meutereien geführt. Washingtons Gedanken über das Scheitern der Einnahme Quebecs, das von den Briten am 6. Mai 1776 befreit wurde, lesen sich wie folgt: „Jetzt weiß ich, dass die Ereignisse des Krieges über alle Maßen zweifelhaft sind und dass das launische Glück oft unsere schmeichelhaften Hoffnungen zunichte macht." Ohne Kanada konnten die Amerikaner weiter den Vorteil innerer Verbindungslinien aufrechterhalten. Dies hatte große Bedeutung für die Abwehr der britischen Offensiven in den Jahren 1776 und 1777. Die Eroberung von New York war ein großer Rückschlag, aber durch Washingtons Erfolg bei Trenton konnten die Amerikaner die Initiative zurückgewinnen. Während des darauf folgenden Zermürbungskrieges in New Jersey von Januar bis Mai 1777 zeigten die häufigen, vernichtenden Angriffe der amerikanischen Streitkräfte auf britische Vorposten und Kommandos deren Kampfkraft. Der wachsende Einsatz leichter Kavallerie durch Washington erhöhte die Stärke der Amerikaner, und auch die verzögerte Mobilisierung der Loyalisten durch Großbritannien trug dazu bei.

Das Eingreifen Frankreichs veränderte die Situation, da damit der Umfang dringender militärischer Verpflichtungen Großbritanniens in allen Teilen der Welt zunahm und die britischen Kräfte aufgesplittert wurden. Dies geschah erstens durch die Bedrohung der britischen Seemacht in den nordamerikanischen Gewässern und der daraus folgenden Notwendigkeit des Einsatzes der dortigen Kräfte und der stärkeren Bindung des britischen Weltreiches, und zweitens durch die Entsendung eines Expeditionskorps unter Graf Jean de Rochambeau, einem Veteranen der französischen Feldzüge in Deutschland während des Österreichischen Erbfolgekrieges

Schlachten in der Umgebung von New York
1776 – 1777

→ Britischer Angriff

→ Amerikanischer Angriff

- - → Amerikanischer Rückzug

✗ Schlacht

▩ Britische Forts

Britische Siege

1 Brooklyn Heights, 22. August 1776

2 Harlem Heights, 16. September 1776

3 White Plains, 28. Oktober 1776

Amerikanische Siege

4 Trenton, 26. Dezember 1776

5 Princeton, 3. Januar 1777

New York

Peekskill

Wallkill

Hudson

Ramapo

Hopatcong-see

Hackensack

Passarro

Hackensack

Fort Lee

Fort Washington

Harlem Heights

White Plains

3

2

Morristown

New Jersey

Musconetcong

Newark

New York

Long Island

Cornwallis

Washington

1

Flatbush

Staten Island

Sir William Howe

Raritan

New Brunswick

Ambrose-Kanal

Admiral Lord Howe

5

Delaware

Princetown

Millstone

Clinton

Newtown

4

Trenton

Pennsylvania

Allentown

Bordentown

Manasquan

Asupink

ATLANTISCHER OZEAN

N

Toms

0   10 km

0   10 Meilen

Rancocas

und des Siebenjährigen Krieges, nach Nordamerika im Jahre 1780, womit die dortige französische Bedrohung nicht nur auf die Seestreitkräfte begrenzt blieb. Ein anderer Aspekt des gleichen Prozesses kommt durch die spanische Eroberung Westfloridas zum Ausdruck, die begann, als Spanien mit der Einnahme von Baton Rouge, Manchac und Natchez 1779 in den Krieg eintrat, und die ihren Höhepunkt in der Eroberung von Pensacola im Jahre 1781 fand: Dort wurde das Schießpulvermagazin mit einer spanischen Granate in Brand gesetzt, was schließlich zur Erstürmung der Verteidigungsanlagen führte.

Die größere militärische Herausforderung, die sich mit dem Kriegseintritt Frankreichs und Spaniens ergab, erhöhte den Druck auf die politischen und militärischen Führer Großbritanniens, aber sie verfügten über keine zusätzlichen Ressourcen. Außerdem wurden die ständigen Probleme der schlechten Verkehrsverbindungen im Zeitalter der Segelschiffe und deren Folgen sowohl für Kommando und Kontrolle als auch für Transport und Nachschub durch die Ausmaße des Krieges und die Wechselbeziehungen zwischen den einzelnen Kriegsschauplätzen noch verstärkt, was am deutlichsten in den Seeoperationen in der Karibik und vor den Küsten Nordamerikas zum Ausdruck kam.

Aber das französische Eingreifen führte nicht automatisch zu britischen Niederlagen. Die französisch-amerikanischen Angriffe auf britische Positionen bei Newport (1778) und Savannah (1779) waren sogar erfolglos. Dennoch mussten die britischen Aktionen von nun an unter Beachtung möglicher Gegenmaßnahmen Frankreichs geplant werden. Dies veranlasste die Briten zur Aufgabe von Philadelphia (1778) und zur Konzentration auf die südlichen Kolonien. Dort konnten sie erfolgreich Savannah (Dezember 1778) und Charleston (Mai 1780) erobern, hatten jedoch Schwierigkeiten bei der Konsolidierung ihrer Position in South Carolina. Bestimme Siege, wie jener über Horatio Gates bei Camden (16. August 1780) und der weniger leicht erkämpfte über Nathanael Greene bei Guildfort Court House (15. März 1781), brachten keine permanente Kontrolle und führten im Gegenteil zum Beginn eines Partisanenkrieges in großen Teilen des Südens.

General Horatio Gates (1725–1806). Gates wurde in England geboren und war Veteran des Siebenjährigen Krieges (wurde bei Braddocks Niederlage verwundet und nahm an der Eroberung von Martinique teil). Er ließ sich dann in Virginia nieder und wurde 1775 zum Adjutant General der Kontinentalarmee ernannt. Nach seinem Erfolg bei Saratoga wurde er bei Camden geschlagen und abgelöst.

In der Hoffnung, dadurch die Situation verbessern zu können, drängte der britische Kommandeur Lord Cornwallis in nördlicher Richtung nach Virginia hinein. Dort angekommen, scheiterte er aber bei der Zerschlagung des amerikanischen Widerstandes und musste bald die Initiative abgeben. Er richtete sich dann schließlich in Yorktown ein, was eine schwache Verteidigungsstellung darstellte. Jedoch war dort ein Ankerplatz für Schiffe der Angriffslinie vorhanden, sodass er sich erforderlichenfalls zurückziehen konnte. Zu diesem Zeitpunkt war der Krieg in Amerika bei weitem noch nicht zu Ende, obwohl offensichtlich war, dass weder die südliche Strategie noch das Vordringen nach Virginia die erwarteten Ergebnisse gebracht hatte. Aber wie schon früher in der Gegend um New York hatten die Bri-

Nathanael Greene (1742 – 1786). Als einer der erfolgreichsten amerikanischen Generale war Greene ein guter Administrator und Stratege. Als Nachfolger von Gates auf dem Kommandeursposten im Süden sorgte er dafür, dass die Schlacht bei Guilford Courthouse am 15. März 1781 zu einem schwer erkämpften Sieg für Cornwallis wurde. Anschließend trugen seine Operationen dazu bei, den Aktionsraum der Briten auf die Umgebung von Charleston und Savannah einzuengen.

ten gezeigt, dass sie wichtige Orte erobern und halten können und in der Lage sind, die amerikanischen Feldtruppen zu schlagen.

Jedoch wurde die britische Seeherrschaft zu diesem kritischen Zeitpunkt durch die Verlegung der von Graf François de Grasse befehligten französischen Flotte von den Westindischen Inseln infrage gestellt. Außerdem erreichten Washington und Rochambeau vor Yorktown eine Konzentration ihrer Stärke zu Lande, wodurch Cornwallis in eine nicht zu haltende Position geriet. Das Scheitern von Admiral Graves, die Franzosen vor den Virginia Capes zu besiegen und am 5. September 1781 seinen Weg in den Chesapeake zu erzwingen, war hinsichtlich der entstandenen Verluste nicht so entscheidend, aber da dadurch die Entlastung von Cornwallis verhindert wurde, stellte dies einen wichtigen Erfolg für Frankreich dar.

Eingeschlossen, unter starkem Beschuss und ohne Hilfe von außen, musste Cornwallis am 19. Oktober 1781 kapitulieren. Zwei Tage davor schrieb Johann Conrad Döhla, ein Mitglied der Streitkräfte von Ansbach-Bayreuth in der Armee von

*Kapitulation der Briten
unter Cornwallis bei Yorktown, 19. Oktober 1781.
Das Ergebnis einer sta-
tischen Verteidigung von
einer offenen Küstenstel-
lung aus ohne Marineun-
terstützung. Wenn die
französische Flotte nicht
an der Mündung des
Chesapeake gelegen hätte,
wäre Cornwallis in der
Lage gewesen, seine Trup-
pen zurückzuziehen.*

Cornwallis: „Bei Tagesanbruch begann der feindliche Beschuss wieder, und zwar furchtbar stärker als jemals zuvor. Sie feuerten ohne Unterlass aus allen Positionen. Unser Kommando, das sich in der Hornwork befand, konnte den feindlichen Bomben, Haubitzen und Kanonenkugeln kaum länger standhalten. Man sah nichts anderes als Bomben und Kanonenkugeln, die auf unsere gesamte Linie herabregneten.“

Obwohl die Briten immer noch Charleston, New York und Savannah hielten, war dies praktisch das Ende des Krieges in Nordamerika. Die Nachricht von der Niederlage führte zur Ablösung von Lord North als Premierminister durch eine britische Regierung, die eine größere Bereitschaft zur Anerkennung der amerikanischen Unabhängigkeit zeigte. Obwohl der amerikanische Vormarsch auf die britischen Stützpunkte aufgehalten werden konnte, konzentrierte sich Großbritannien danach auf den Konflikt mit den Bourbonen (Frankreich und Spanien), und im Friedensvertrag, dem Vertrag von Versailles im Jahre 1783, erklärte sich Großbritannien zur Übergabe von New York, Charleston und Savannah sowie des „Alten Nordwestens“, des Gebietes zwischen den Appalachen und den Großen Seen, bereit.

In bestimmten Punkten hatte der Krieg mit den Bourbonen Ähnlichkeit mit dem Kampf in Nordamerika: Die Briten hatten keinen Erfolg, vermieden aber einen vollständigen Zusammenbruch, und der Verlauf des Krieges zu Lande hing in großem Maße von Operationen zur See ab. Viele andere Generale hätten das Gleiche ausdrücken können, was Sir John Burgoyne 1782 von Madras aus schrieb: „Nur über das Meer können wir versorgt werden." Dies galt für Indien, Ceylon, die Westindischen Inseln, Westflorida, Gibraltar und Kapstadt. Viele britische Initiativen, wie beispielsweise der Plan zu Eroberung von Kapstadt von den Holländern im Jahre 1781, wurden durch das Eintreffen französischer Kriegsschiffe vereitelt. Gleichfalls wurden belagerte britische Stellungen wie Quebec im Jahre 1776 und Gibraltar von 1779 an durch die britische Flotte befreit, während andere, die keine Unterstützung erhielten, verloren gingen, wie zum Beispiel Pensacola in Westflorida und Menorca im Mittelmeer in den Jahren 1781 bzw. 1782.

Allerdings zog Großbritannien Nutzen aus dem Scheitern der größten Seeoperationen der Bourbonen – dem Versuch einer Invasion in Südengland im Jahre 1779 und dem Einsatz einer großen Flotte in der Karibik im Jahre 1782, wodurch Befürchtungen eines Angriffs auf Jamaika geweckt wurden. Außerdem brach die bri-

Belagerung von Gibraltar, 1782. Die lange Belagerung von 1779 bis 1783 wurde schließlich durch die Stärke der Verteidigung und drei erfolgreiche Entlastungsangriffe von See her vereitelt. Dies stand im Gegensatz zum Schicksal der Armee von Cornwallis bei Yorktown. Großbritannien hatte Gibraltar im Jahre 1704 annektiert.

tische Position in Indien weder zu Lande noch zur See zusammen, obwohl die Briten in Südindien durch Frankreich und das mit ihm verbündete Mysore hart bedrängt wurden. Dies war teilweise einer großen Demonstration überseeischer Macht zu verdanken, in deren Rahmen zehn Regimenter zwischen 1780 und 1782 nach Indien entsandt wurden. Darüber hinaus zeigte die britische Flotte unter Konteradmiral Sir Edward Hughes in den indischen Gewässern große Widerstandskraft.

Das Vermeiden eines Desasters ist kaum als heroisch zu bewerten, aber angesichts der Stärke der verschiedenen Gegner stellte dies eine große Leistung für Großbritannien dar. Ohne die sichere Seeherrschaft war das Zusammenspiel des britischen Militärsystems schwach und der Erfolg seiner einzelnen Teile begrenzt. Aber der Verlust der britischen Dominanz bedeutete nicht, dass sie an die Bourbonen übergegangen war. Obwohl die Amerikaner schlagkräftige Freibeuter hatten, konnte ihre schwache Kontinentalflotte den Bourbonen keine Unterstützung bieten.

Der Krieg war schmutzig, vor allem deshalb, weil keine der Parteien den möglichen Erfolg ihrer Initiativen vorhersagen konnte. Dies war ein besonderes Problem für Staaten, die versuchten, Operationen im überseeischen oder sogar globalen Maßstab zu planen. Es ist dennoch bemerkenswert, dass Staaten wie Großbritannien und Frankreich in der Lage waren, die entsprechenden logistischen Bedingungen zu schaffen, die für den Einsatz umfangreicher Streitkräfte über solche großen Entfernungen hinweg erforderlich waren. Sie konnten eine Niederlage überstehen und wieder zum Angriff übergehen, um das geplante militärische Ziel in systematischer Weise zu erreichen. Die wachsende Rolle des Staates in der europäischen Kriegführung, durch welche die halbautonomen militärischen Unternehmer früherer Tage ersetzt wurden, kam darin ganz klar zum Ausdruck, und zeigte sich nicht zuletzt auch in einem höheren Niveau der militärischen Vorbereitung und Planung. Im Jahre 1787 schrieb Henry Dundas, der die Indienpolitik der britischen Regierung lenkte, an Cornwallis, den damaligen Generalgouverneur und Oberbefehlshaber in Indien: „Ich habe mich bezüglich des Prinzips der Verwaltung in Indien entschlossen, dass wir dort eine ständige Streitmacht haben sollten, die nicht nur für Verteidigungszwecke eingesetzt werden kann, sondern auch für aktive Operationen. Wenn ein entsprechender Grund eintritt, wäre es schon zu spät, um Ihre europäische Armee in Indien zu rekrutieren oder sie von Friedensstärke auf Kriegsstärke zu vergrößern. Diese Armee muss ständig eine solche Stärke besitzen, dass es für Ihre Lordschaft oder jede andere Person in der indischen Verwaltung bei Erhalt eines Schreibens von hier sofort möglich ist, offensive Operationen gegen Pondicherry, Trincomali, die holländischen Besitzungen auf den östlichen Inseln [Java, Sumatra], kurz, überall, zu beginnen."

Zentral gesteuerte Mittel und über große Entfernungen ausgeübte Macht – nichts von beiden war neu. Aber angesichts des zunehmenden Umfangs beider Aufgaben, der am deutlichsten in den europäischen Überseestaaten und insbesondere im Siebenjährigen Krieg und im Amerikanischen Unabhängigkeitskrieg zum Ausdruck kam, ist es nutzlos, ständig die Grenzen und die Unentschlossenheit der Kriegführung in der damaligen Zeit zu unterstreichen. Dies gilt sogar für relativ schwache Staaten. Die holländische Regierung kam zu der Einschätzung, dass ihr Kolonialreich im Osten nicht mehr ausreichend gegen Großbritannien geschützt war, da die Briten nunmehr in der Lage waren, trotz der großen Entfernung zu Europa eine Invasion auf den Westindischen Inseln durchzuführen. Als Folge schickte die holländische Regierung zum ersten Mal ein Schiffsgeschwader nach den Westindischen

Inseln, da die Streitkräfte der inzwischen fast bankrotten Holländisch-Ostindischen Kompanie nicht ausreichten, um die dortigen Stellungen zu verteidigen.

Großbritannien und seine früheren amerikanischen Kolonien kämpften erst in dem Krieg von 1812 wieder gegeneinander. Dieser Kampf, der von 1812 bis 1815 dauerte (obwohl bereits Ende 1814 ein Frieden ausgehandelt wurde), war völlig anders als der frühere Konflikt, wobei der Unterschied vor allem in den politischen Rahmenbedingungen lag, wie dies so oft der Fall war. Von Beginn an hatte dieser Krieg eine sekundäre Bedeutung gegenüber der Auseinandersetzung Großbritanniens mit Frankreich, und erst als Napoleon im Jahre 1814 abdankte, konnten große britische Streitkräfte nach Nordamerika entsandt werden. Mit diesen Streitkräften wurden Operationen im Chesapeake möglich, und auch die vorübergehende Besetzung von Washington im Jahre 1814 und der verheerende Angriff auf New Orleans zu Beginn des Jahres 1815, ein frontaler Sturmangriff auf gut verschanzte amerikanische Truppen unter dem Befehl von Andrew Jackson, der am 8. Januar blutig zurückgeschlagen wurde, wurden mit ihrer Hilfe durchgeführt. Obwohl es innerhalb der USA eine starke Opposition gegen diesen Krieg gab, kam es nicht zum Bürgerkrieg. Die britischen Streitkräfte waren eine ausländische Armee, Angreifer, und keine Teilnehmer in einem revolutionären Kampf innerhalb der dreizehn Kolonien.

Der Krieg selbst bildet einen interessanten Kontrast zu den Kämpfen der Französischen Revolution und der Napoleonischen Kriege. Während das französische Militärsystem durch Kämpfe über lange Jahre gekräftigt und gestählt worden war, litten die amerikanischen Streitkräfte unter Vernachlässigung in den Jahren nach dem Unabhängigkeitskrieg sowie unter unrealistischen politischen Erwartungen und schlechter Führung. Dies führte zu Misserfolgen in der Anfangsphase des Konflikts, als Großbritannien schwach war, und die Amerikaner griffen in den Jahren 1812 und 1813 sowie noch einmal im Jahre 1814 Kanada an, als die Briten einen Feldzug an den Ufern des Chesapeake durchführten. Kurz und gut: Die Amerikaner hatten eine schwache Armee und wenig hilfreiche politische Strukturen, zwei Faktoren, die im Gegensatz zur Situation in Frankreich und in Großbritannien zu Beginn der zweiten Dekade des 19. Jahrhunderts standen. Wenn Großbritannien ähnliche Kräfte wie gegen Napoleon eingesetzt hätte, wären den Amerikanern vielleicht weitaus schwerwiegendere Niederlagen zugefügt worden. Andererseits erscheint es nach wie vor unwahrscheinlich, dass sie die akuten Kraft-Raum-Probleme bei den Operationen in Nordamerika hätten lösen können, insbesondere nachdem sich die Bedingungen im Hinblick auf Feuerkraft, Transport und Logistik geändert hatten, weil sie sich von der Küste entfernten, die weitaus bessere Möglichkeiten für eine Unterstützung von See aus und für die Konzentration der Kräfte geboten hatte.

Der Amerikanische Unabhängigkeitskrieg wird manchmal als der erste moderne Krieg betrachtet. In Bezug auf die Politisierung großer Teile der amerikanischen Öffentlichkeit steht dieser Krieg in deutlichem Gegensatz zur Kriegführung in Europa im vorangehenden Jahrhundert, aber viele andere Faktoren dieses Krieges wie beispielsweise die Bewaffnung waren konventioneller Natur. Außerdem hatten die großen Militärverbände und die Massenproduktion von Munition, die in der „industriellen Kriegführung" des 19. und frühen 20. Jahrhunderts eine solch große Rolle spielen sollten, keine besondere Bedeutung.

KAPITEL FÜNF

KRIEGE ZUR SEE

SCHLACHT ZWISCHEN SCHWEDISCHEN UND RUSSISCHEN FLOTTEN bei Svenskund, Juli 1790. Teil einer Reihe von Gefechten zwischen beiden Staaten um die Vorherrschaft im Finnischen Meerbusen. Im Unterschied zu dem Konflikt mit Schweden zwischen 1741 und 1743 befand sich Russland jetzt gleichzeitig im Krieg mit den Türken, aber Gustav III. von Schweden blieb trotzdem erfolglos.

KRIEGE ZUR SEE

Kriegskanus hatten eine große Bedeutung auf Binnengewässern (Flüssen, Seen, Sumpfgebieten), in Küstengewässern und innerhalb von Inselgruppen wie im Pazifik. In Afrika benutzte man sie auf Flüssen wie dem Niger und dem Senegal sowie in Küstenlagunen. Diese Boote hatten einen geringen Tiefgang und waren billig, schnell und gut manövrierbar. Außerdem konnten sie auf den Strand gesetzt werden.

Hinsichtlich ihrer Stärke zur See in weit entfernten Gebieten besaßen die Europäer eine Art Monopol. Obwohl es auch andere Seemächte gab, insbesondere Oman im Arabischen Meer und vor der Küste Ostafrikas, konnte sich keine von ihnen mit den Europäern messen. Trotz seiner enormen Ressourcen und der Stärke seines Herrschaftssystems führte China keine überregionalen Seeoperationen wie im frühen 15. Jahrhundert mehr durch. Auch Japan und Korea unternahmen bei weitem nicht mehr so viel Aktionen zur See wie in den 90-er Jahren des 16. Jahrhunderts.

Die türkische Seemacht im Arabischen Meer bzw. vor der Küste Ostafrikas war nicht mehr so stark wie im 16. Jahrhundert, obwohl sie im Schwarzen Meer und im Mittelmeer weiterhin eine große Rolle spielte. Um die Jahrhundertwende gaben die Türken ihre traditionelle Galeerenstruktur auf und bauten eine neue Flotte auf mit Segeln ausgestatteten Galeonen, die mehr Kanonen aufnehmen konnten. Jedoch wurden sie sowohl im Schwarzen Meer als auch im Mittelmeer durch die Entwicklung Russlands zur Seemacht bedroht. In der ersten Hälfte des Jahrhunderts waren die Türken in der Lage, christliche Seestreitkräfte im östlichen Mittelmeerraum einzudämmen. So schlug die türkische Flotte im Jahre 1718 vor Kythera eine gegnerische christliche Flotte, die vor allem aus venezianischen Kriegsschiffen bestand; die Christen verloren dabei fast 2000 Mann.

Von den 70-er Jahren des 18. Jahrhunderts an wurden die Türken im Mittelmeer durch die Gefahr der wachsenden Seemacht Russlands bedroht. Bei Çesmé in der Ägäis im Jahre 1770 und im Schwarzen Meer in den Schlachten am Dnjepr (1788) und an der Tendra (1790) mussten sie schwere Niederlagen einstecken. 1790 befürchtete Großbritannien, dass die Russen über Madagaskar eine Flotte ins Rote Meer schicken könnten, um dort ein neues Gebiet für Seeoperationen gegen die Türken zu eröffnen.

Die Stärke zur See der nordafrikanischen Mächte – Marokko, Algier, Tunis und Tripoli – stützte sich im Wesentlichen auf Freibeuter, die für Überfälle auf Handelsschiffe gut geeignet waren, aber nicht für Flottengefechte. 1751 nahmen die Marokkaner die Crew einer holländischen Fregatte gefangen, aber erst nachdem diese durch einen Sturm an Land getrieben worden war. Wie beispielsweise bei der französischen Machtdemonstration unter Joseph de Bauffremont im Jahre 1766 entsandten die europäischen Mächte Expeditionskorps, um ihre Präsenz zu unterstreichen und die Nordafrikaner von der Freibeuterei abzuhalten, aber diese Aktionen hatten kaum anhaltende Wirkung. Hin und wieder wurden Stützpunkte der Freibeuter angegriffen, aber sie erwiesen sich im Allgemeinen als schwierige Ziele. Als 1784 eine große spanische Flotte versuchte, den Freibeuterstützpunkt in Algier zu zerstören, stellten sich ihnen Kriegsschiffe aus Algier entgegen und verhinderten, dass die Spanier in Küstennähe gelangen konnten. Ein früherer Angriff im Jahre 1775 wurde zu Lande zurückgeschlagen, als die schutzlosen spanischen Truppen unter schweren Beschuss gerieten und ihre eigene Artillerie im Küstensand stecken blieb. Auch der französische Beschuss der marokkanischen Freibeuterstützpunkte in Larache und Salé hatte wenig Erfolg.

In Indien hatten Mysore und insbesondere die Marathen ein bestimmtes Maß an Seestärke, aber sie wurden durch britische Aktionen in die Schranken gewiesen (gegen die Marathen im Jahre 1755 und gegen Mysore im Jahre 1783). Als die Briten die Häfen des Tipu Sultan einnahmen, schrieb John Macpherson von der Ostindischen

Holländische Flotte und Schiffe der Barbaresken. Angriffe der Barbareskenstaaten Nordafrikas, insbesondere durch Algier, veranlassten Holland zwei Mal im Jahr Kriegsschiffe als Eskorte für Handelschiffe nach Italien und in den Nahen Osten zu schicken. Darüber hinaus versuchte man seine Präsenz zu dokumentieren und Korsaren zu verfolgen. Richtige militärische Auseinandersetzungen fanden von 1716 bis 1726 und von 1755 bis 1759 mit Algier sowie mit Marokko zwischen 1751 und 1752 als auch zwischen 1774 und 1777 statt.

BUCHARA

Faizabad

Kabul

KASCHMIR

CHINA

AFGHANISTAN

Rawalpindi

T i b e t

Kandahar

LAHORE

Lahore

LADAKH

Quetta

PUNJAB

Lhasa

BELUTSCHISTAN

Multan

RAJPUTANA

Sind

Delhi

Rampur

NEPAL

Katmandu

Bhutan

1803

OUDH

Bihar

Hyderabad

Jodhpur

Ajmer

Agra

1801

1801

Bengalen

Karatschi

Lucknow

Benares

1764

1775

1764

Dacca

Wendekreis des Krebses

1757

1805

MARATHEN-

Chandernagore

Kalkutta

BUND

Gujerat

1803

Nagpur

Golf von

Diu

Cuttack

Bengalen

Arabisches

Daman

1805

Meer

1805

Godavari

Herrschaftsgebiet
des Nisams

bis 1805

1766

Bombay

Hyderabad

Yanaon

Indien: Ausweitung der
britischen Macht 1700–1805

1786

Goa

1800

Englische
Stützpunkte 1700

1801

Französische
Stützpunkte 1700

1800

1799

Portugiesische
Stützpunkte 1700

Mysore

1801

1760

Mangalore

Bangalore

Madras

Holländische
Stützpunkte 1700

Seringapatam

1792

1753

Britischer Sieg
mit Jahresangabe

Mahé

Pondicherry

Britische Eroberungen
1756–1767

1792

1799

Karikal

Britische Eroberungen
1768–1785

Negapatam

1799

Britische Eroberungen
1786–1793

Cochin

Palkstraße

Jaffna

Britische Eroberungen
1794–1805

1801

Travancore

Staaten in unter-
geordneter Allianz
mit Großbritannien

Golf von
Mannar

Ceylon
(holländisch)

Lakkadiven

Kandy

1799

Jahr der Eroberung
bzw. der Allianz

N

Colombo

0   200 km

Malediven

0   200 Meilen

INDISCHER OZEAN

Kompanie: „In einigen fanden wir Ausrüstungen und die weit fortgeschrittene Ausstattung einer beträchtlichen Seestreitmacht." Weiter östlich gab es große regionale Seemächte auf den Ostindischen Inseln. Die Illano von den Sulu-Inseln setzten große Flotten aus schwer bewaffneten Galeeren ein, die für Operationen in küstennahen Gewässern besser geeignet waren als die Segelschiffe mit ihrem großen Tiefgang. Sie waren in der Lage und auch bereit, die Kriegsschiffe der Holländisch-Ostindischen Kompanie anzugreifen. Der Staat Bone der Bugi führte ebenfalls größere Überfälle zur See durch und in den 20-er und 30-er Jahren des 18. Jahrhunderts eroberte ein Bugi-Pirat mit königlicher Abstammung, Arung Singkang, einen Teil von Ost-Borneo.

Die europäischen Seestreitkräfte setzten die Entwicklungsstrategie fort, die Mitte des 17. Jahrhunderts mit der Konzentration auf spezialisierte Kriegsschiffe anstelle bewaffneter Handelsschiffe, auf zahlenmäßige Stärke, Organisation und Infrastruktur begonnen worden war. Man erhöhte auch die Feuerkraft der Schiffe und entwickelte Taktiken für Kriegsschiffe, die vor der Angriffslinie operierten. Dies waren miteinander verknüpfte und sich gegenseitig fördernde Veränderungen, die im Endeffekt zu einer Erhöhung der Kampfkraft zur See führten. Die höhere Feuerkraft wurde durch den Ersatz der Bronzekanonen durch gusseiserne Geschütze erreicht, die billiger waren und eine ausreichende Zuverlässigkeit besaßen, um den Austausch gegen die viel teureren, aber auch leichteren Bronzekanonen zu rechtfertigen. Es wurden schwerere Kugeln abgefeuert und es gab nicht wenige Linienschiffe, deren Feuerkraft nun die ganzer Armeen übertraf. Die englische Breitseitenfeuerkraft konnte durch die Entwicklung verbesserter Technik erhöht werden, wobei der Rückstoß des Geschützes für ein schnelles Nachladen an Bord ausgenutzt wurde. Die Flotten wurden zu einer spezialisierten Streitmacht. Der Dänisch-Schwedische Krieg von 1675 bis 1679 war der letzte in europäischen Gewässern, in welchem bewaffnete Handelschiffe in großem Umfang in den großen Schlachtflotten eingesetzt wurden. Auch die Schiffbaumethoden hatten sich zu dieser Zeit verbessert.

Aber das Anwachsen der europäischen Seemacht war nicht nur eine Frage der Entwicklungen auf dem Wasser. Neue Flottenstützpunkte wurden geschaffen und die vorhandenen wurden ausgebaut, sodass eine neue Geografie der Seemächte entstand, die auf Stützpunkten wie Brest und Plymouth basierte. Diese beiden Häfen hatten direkten Zugang zum Atlantik, der für Großbritannien und Frankreich wichtiger wurde als Orte an der Nordsee oder am Mittelmeer.

Die große Expansion von Russlands Seemacht unter Peter dem Großen war mit der Gründung von Sankt Petersburg als Hauptstadt, als „Fenster zum Westen" und Hafen an Russlands neu eroberter Ostseeküste verbunden. 1703 legte Peter der Große selbst den Grundstein für die Peter-Paul-Festung. Im folgenden Jahr gründete er die Admiralitätswerft am Ufer der Newa gegenüber der Festung und 1706 lief das erste Kriegsschiff vom Stapel. 1715 folgte eine Marineakademie. Bis 1720 wurde Russland zur stärksten Seemacht in der Ostsee. Die Konflikte in der Ostsee sind ein Beispiel für einen oft übersehenen Aspekt der Kriegführung zur See: die Vielfalt. Neben Gefechten zwischen Kriegsschiffen mit großem Tiefgang gab es auch Kämpfe zwischen Galeerenflotten. 1719 überfielen die russischen Streitkräfte mit Galeeren die schwedische Ostküste. Galeeren waren besonders praktisch in flachen und inselreichen Gewässern wie beispielsweise im Finnischen Meerbusen.

Auch Kriege auf Seen, in Lagunen und auf Flüssen hatten ihre Bedeutung. So wurde die schwedische Flottille im Jahre 1702 auf dem Ladogasee durch ein weit größeres russisches Geschwader geschlagen. Im Jahre 1776 stießen Briten und Amerikaner auf dem Champlainsee aufeinander und zwischen 1812 und 1814 auf dem Eriesee. Außerhalb Europas waren die europäischen Kriegschiffe mit ihrem großen Tiefgang,

INDIEN, ERWEITERUNG DER MACHT GROSS-BRITANNIENS

Die Uneinigkeit ihrer Gegner war eine große Hilfe für die Briten. Dennoch war die Durchsetzung der britischen Macht ein schwieriger Prozess, insbesondere in Süd- und Westindien. Die entscheidenden Erfolge wurden dort erst nach 1790 erzielt.

UMSEITIG: *Schlacht zwischen Barbareskenkorsaren und einem venezianischen Geschwader, 19. April 1756. Nach dem Frieden mit den Türken im Jahre 1718 wurde die venezianische Flotte verkleinert und nur noch zum Schutz von Handelsschiffen eingesetzt. Auch die Türken verminderten ihre Marine, mussten sich dann aber 1770 mit der russischen Seestreitmacht in der Ägäis auseinander setzen. Dies ist ein Beispiel für das Engagement der nordeuropäischen Staaten im Mittelmeer, das mit England und Holland begonnen hatte.*

Holzrumpf und ihrer Windabhängigkeit von geringem Wert für Operationen in den zumeist flachen Gewässern von Flussmündungen, Deltas und Binnenflüssen und auch in vielen Küstenbereichen waren sie ungeeignet.

Graf de Maurepas, französischer Marineminister von 1723 bis 1749, beschrieb eine Seeschlacht folgendermaßen: „Zwei Geschwader verlassen zwei feindliche Häfen, sie manövrieren, treffen aufeinander, feuern einige Kanonenkugeln ab, schießen einige Masten um, zerreißen einige Segel, töten einige Männer, verbrauchen eine Menge Pulver und Kanonenkugeln, dann … zieht sich jeder zurück … beide beanspruchen den Sieg … und das Meer ist genauso salzig wie zuvor." Zu einem späteren Zeitpunkt des Jahrhunderts schrieb John Jervis, ein britischer Admiral, an den Sekretär der Admiralität: „Ich habe Ihnen oft gesagt, dass zwei Flotten gleicher Stärke zu keiner Entscheidung kommen können, wenn sie nicht gleichermaßen entschlossen sind, den Kampf auszufechten oder wenn der Oberkommandierende einer der beiden Flotten seine Kampflinie falsch führt."

Trotz dieser Einschränkungen wurde das Streben nach Beherrschung der Meere durch die größere Kampffähigkeit der Schiffe gefördert. 1694 entsandte man eine große englische Flotte in das Mittelmeer. Sie überwinterte in Cádiz und spielte eine große Rolle im Mittelmeer im Rahmen des Spanischen Erbfolgekrieges. Sie griff

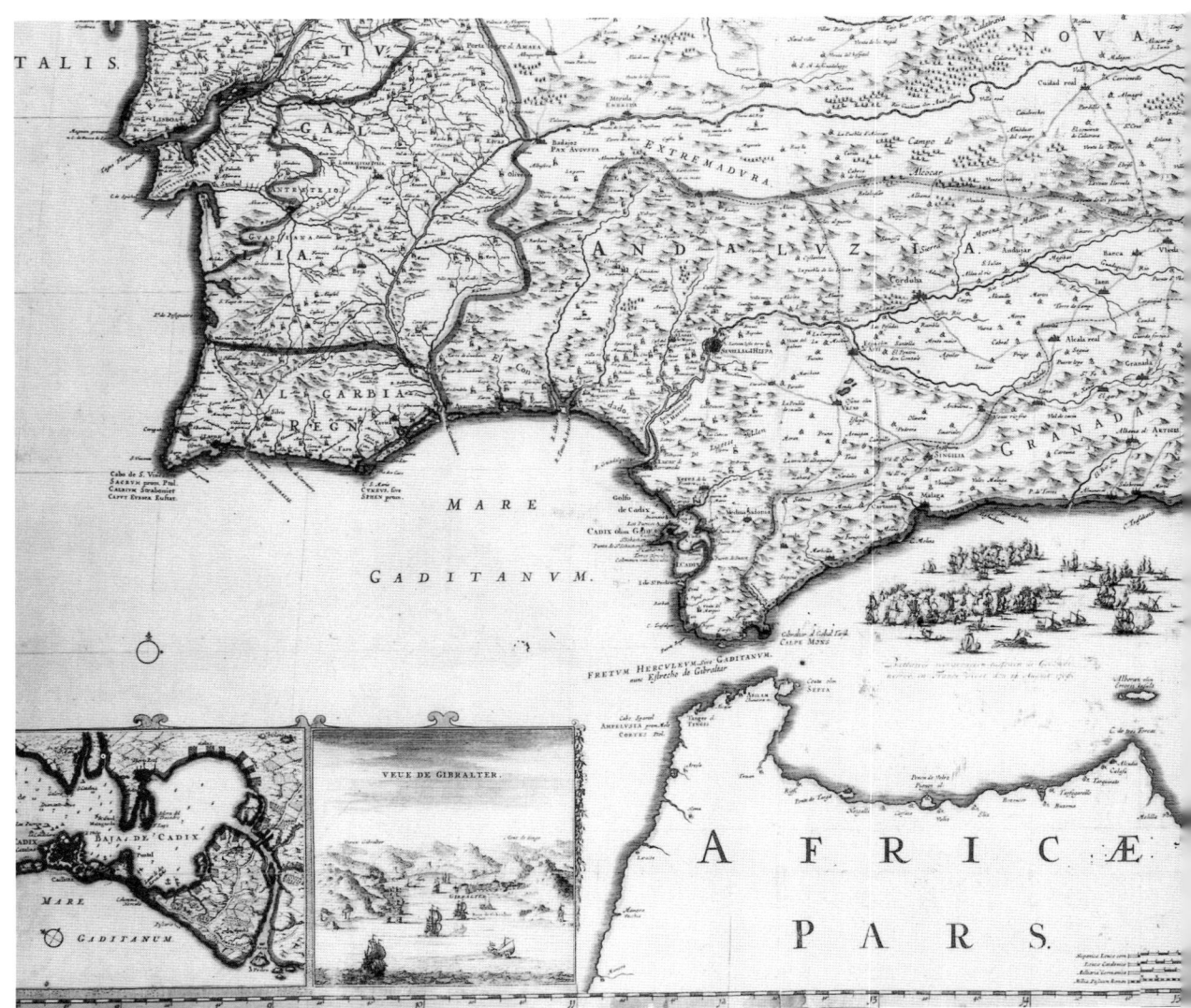

Toulon an (1707), sicherte die Eroberung von Menorca (1708) und Sardinien (1708) und unterstützte englische Streitkräfte in Spanien. 1713 brachte die britische Marine ihren Verbündeten Viktor Amadeus II. von Savoyen-Piemont und 6000 Mann seiner Truppen zur Besitzergreifung nach Sizilien. Ein entscheidender britischer Sieg vor Kap Passero in Sizilien im Jahre 1718 vereitelte die Pläne Spaniens zur Wiedererlangung der Herrschaft in Italien.

Kriege zur See konnten also von entscheidender Bedeutung sein. Um die Feuerkraft maximal zu nutzen, wurde die Lineartaktik angewendet: Die Kriegsschiffe konnten nicht in Fahrtrichtung feuern und wurden deshalb so in Stellung gebracht, dass sie mit ihren Breitseiten auf eine parallele Reihe feindlicher Schiffe schießen konnten. Die Holzschiffe waren sehr stabil und waren mit Gewehrfeuer kaum zu versenken (außer bei einer Explosion des Pulvermagazins). Aus Nahdistanz feuernde Kanonen konnten aber die Takelage und die Masten zerstören und damit die Schiffe unmanövrierbar machen. Deshalb konnten jene Schlachten, in denen kein Schiff versenkt wurde, trotzdem hart umkämpft und entscheidend sein. Nach der Schlacht von Rügen zwischen der dänischen und der schwedischen Flotte im Jahre 1715 waren die Dänen beispielsweise noch in der Lage, die Nachschublinien nach Stralsund, dem letzten schwedischen Stützpunkt in Deutschland, abzuschneiden. Frankreich konnte

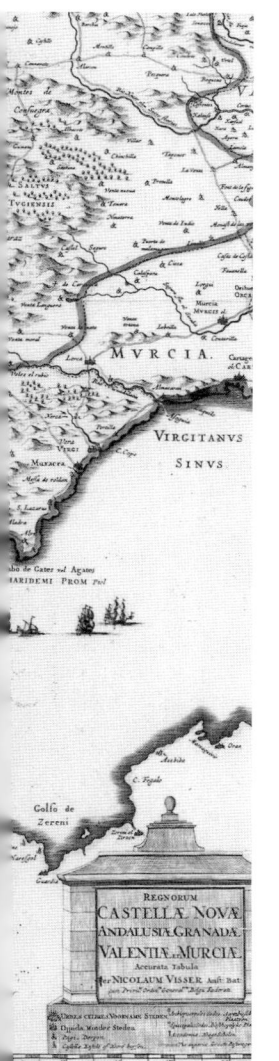

die Schäden, die seinen Schiffen in dem Gefecht vor Porto Novo im Jahre 1759 zugefügt wurden, nicht reparieren und musste demzufolge Großbritannien die Kontrolle über die indischen Gewässer überlassen. Der verworrene Charakter vieler Seeschlachten ist aus dem Bericht von Samuel Bentham ersichtlich, der damals bei der russischen Marine im Schwarzen Meer diente. Über einen Angriff mit Kanonenschiffen am 29. Juni 1788 auf einige türkische Schiffe, die bei Kinburn vor Anker lagen, schrieb er: „Bei unseren Manövern zeigten wir ungefähr genauso viel Disziplin wie eine wilde Horde Londoner Einwohner. Viele von uns rückten direkt vor und andere nach und nach, bis wir in Reichweite für Musketenfeuer der am Ufer liegenden Schiffe kamen. Ich näherte mich dann mit drei oder vier anderen an drei ihrer Schiffe an. Jeder tat das, was er für das Beste hielt, und so blieb ich weiter hinter dem größten Schiff, das mir so Deckung vor den Geschützen des nächsten gab. In dieser Position (so nah wie möglich bei der starken Strömung) verharrte ich schätzungsweise zwei Stunden und feuerte ungefähr 130 Mal aus vier Geschützen. Meine Gefährten verließen mich bald, wahrscheinlich, um woanders zu kämpfen. An ihrer Stelle kamen dann einige andere Schiffe, immer eins oder zwei gleichzeitig. Aber der Rauch war so dicht, dass ich nur die Schiffe sehen konnte, mit denen ich selbst kämpfte."

Viele Schlachten wurden an einem Tag klar entschieden. Dennoch konnten die Franzosen, nachdem sie eine englisch-holländische Flotte bei Beachy Head besiegt hatten (1690), diesen Sieg nicht weiter ausnutzen, und es waren schließlich die Engländer, die in der Schlacht von Barfleur/La Hogue (1692) den entscheidenden Sieg davontrugen, wodurch die Gefahr einer französischen Invasion in

Schlacht von Malaga, 13. August 1704. Unter Ausnutzung des Wetters verteidigte eine englisch-holländische Flotte mit 53 Schiffen unter dem Befehl von Sir George Rooke Gibraltar gegen eine französische Flotte mit 50 Schiffen, die vom Grafen von Toulouse befehligt wurde. Eine Lücke in der Linie der Alliierten zwischen Flügel und Zentrum wurde geschlossen, bevor die Franzosen dies ausnutzen konnten. Kein Schiff wurde versenkt, aber es gab schwere Verluste auf beiden Seiten und der alliierten Flotte ging schließlich die Munition aus. Toulouse wollte die Schlacht am nächsten Tag wieder aufnehmen, aber der französische Kriegsrat zwang ihn zur Rückkehr nach Toulon. Dies war die letzte große Schlacht in diesem Krieg und sie sicherte der alliierten Flotte die Vorherrschaft im Mittelmeer.

Nach seiner Eroberung wurde Gibraltar ein wichtiger britischer Flottenstützpunkt. Damit trieb man einen Keil zwischen die in Brest und Toulouse stationierten französischen Flotten und konnte gleichzeitig den spanischen Stützpunkt Cádiz überwachen. Französische Geschwader, die Gibraltar bedrohten, wurden im Oktober 1704 und März 1705 in der Bucht von Gibraltar zerstört. 1705 unterstützte die englische Flotte die erfolgreiche Belagerung von Barcelona.

England im gleichen Jahr beendet wurde. Nachdem die in gewisser Weise ergebnislose Schlacht von Malaga (1704) Großbritannien in die Lage versetzt hatte, seine neu gewonnene Position in Gibraltar zu festigen, forderte die französische Marine die Briten bis 1744 nicht mehr heraus: Die Epoche der britischen Vorherrschaft zur See hatte eindeutig begonnen, und zwei weitere Siege vor der Küste von Kap Finisterre im Jahre 1747 verdeutlichten, dass die französische Marine nicht mehr in der Lage war, die Handelsschiffe des Landes zu schützen. Diese kommerzielle Dimension war ein weiterer, potenziell entscheidender Faktor: Die Fähigkeit zur Zerstörung des Außenhandels eines Konkurrenten konnte dessen Weltherrschaftssystem lähmen und seine Wirtschaft stark behindern. Und selbst wenn es nicht möglich war, dem Gegner ein solches Ausmaß an Schaden zuzufügen, so konnten höhere Versicherungsprämien, Gefahrenzulagen für die Matrosen und die Notwendigkeit des Einsatzes von Konvois und anderer Verteidigungsmaßnahmen die Kosten des Handels in die Höhe treiben. Größtenteils durch britische Operationen wurden 1800 in Marseille versicherte Schiffe und Barkassen im Spanischen Erbfolgekrieg erobert, was einen großen Rückschlag für die französische Wirtschaft darstellte. Die Eroberung der Schiffe erfolgte durch Kriegsschiffe und mit Hilfe von Korsaren – privaten Schiffen, denen man erlaubt hatte, feindliche Schiffe zu kapern.

Korsarenschiffe waren kleiner und mit leichteren Geschützen ausgerüstet als Linienschiffe, aber sie waren manövrierfähiger und hatten einen geringeren Tiefgang und waren deshalb für Überfälle auf Handelsschiffe besser geeignet. Die große Bedeutung der Korsaren und kleinen Kriegsschiffe – Fregatten, Schaluppen, Ketschen usw. – unterstreicht die Gefahr, in die man sich begibt, wenn man sich bei einer Darstellung der Geschichte der Marine nur auf Linienschiffe und große Schlachten konzentriert.

Analog dazu kann man auch die bedeutende Rolle sehen, die die leichte Kavallerie für Überfälle, Unterbrechungen von Verkehrswegen und Störung jeglicher Art

von Kontrolle spielte. Und um diese Analogie noch weiter zu treiben, kann man auch auf den begrenzten Erfolg von Gegenmaßnahmen hinweisen, sowohl in Bezug auf befestigte Stützpunkte und Linien gegen die leichte Kavallerie als auch was Blockaden und andere Marineoperationen gegen Stützpunkte der Korsaren betrifft. Französische Stützpunkte, insbesondere Saint-Malo und Dünkirchen, waren schwer unter Kontrolle zu bringen, und Großbritannien hatte stark unter dem *guerre de course* (Freibeuterkrieg) zu leiden. Das Militärsystem Großbritanniens wurde aber auch im Kampf mit ähnlichen Streitkräften einem Test unterzogen – im Kampf mit Frankreich, mit den Sepoy-Armeen in Indien, mit regulären Armeen in den Low Countries und mit Schlachtflotten auf den Weltmeeren. Gleichzeitig sah man sich aber auch mit ganz anderen Gegnern konfrontiert, und die Fähigkeit, diese Herausforderung zu bewältigen, war entscheidend für den militärischen Erfolg Großbritanniens.

Der relative Erfolg Großbritanniens gegen bourbonische Korsaren beruhte überwiegend auf der Größe der Marine. Durch die Eroberung feindlicher Schiffe und eigenen Schiffbau verfügte sie 1760 über Schiffe mit einer Wasserverdrängung von ca. 375 000 Tonnen und war zu diesem Zeitpunkt die größte Flotte der Welt. Die These des zeitgenössischen Historikers Edward Gibbon, dass eine Gleichheit in der Bewaffnung verhindern könnte, dass irgendeine europäische Macht die Hegemoniestellung übernimmt, war in Bezug auf die Marine und die außereuropäischen Staaten völlig falsch, denn die britische Marine war in Bezug auf die verwendete Bewaffnung ihren Feinden sehr ähnlich. Sir Thomas Slade, Inspektor der britischen Marine von 1755 bis 1771, entwarf nach dem Vorbild spanischer und französischer Kriegsschiffe, die in den 40-er Jahren des 18. Jahrhunderts erobert worden waren, eine Reihe von Kriegsschiffen mit zwei Decks und 74 Geschützen, die sowohl manövrierbar als auch in der Lage waren, in den harten Artilleriegefechten auf kurze Distanz zwischen den Angriffslinien ihre Position zu halten.

Die europäischen Mächte kopierten oft die Entwicklungen voneinander. Dieses Kopieren geschah durch Beschäftigung ausländischer Schiffbauer und Ingenieure, wie dies bei Peter dem Großen der Fall war, der sich auf holländische und britische Handwerker stützte, oder durch den Kauf ausländischer Kriegsschiffe. In der Mitte der 80-er Jahre des 18. Jahrhunderts beschäftigten die Türken französische Schiffbauspezialisten.

In überseeischen Konflikten setzte Großbritannien Waffen und Taktiken ein, die denen seiner europäischen Rivalen ähnlich waren, und sie profitierten von der höheren Leistungsfähigkeit ihrer Marine bei Einsätzen in entfernten Gebieten, was teilweise in der veränderten Schiffskonstruktion begründet lag. Darum sind die britischen Erfolge nicht auf einen Vorsprung in der Bewaffnung zurückzuführen. Die größere Effektivität der britischen Marine beruht vielmehr darauf, dass sie mehr Schiffe hatte, dass ein umfassendes und wirksames Verwaltungssystem vorhanden war, dass die Staatsfinanzen stabil waren und eine gute Marineführung existierte. Im Vergleich zu Frankreich war das britische Beförderungssystem leistungsabhängiger und auch ihre Marinetradition war einheitlicher. Die nationalen Ressourcen wurden mehr für die Kriegführung zur See als zu Lande zur Verfügung gestellt. Dies war eine politische Entscheidung, die die große Bedeutung des Handels und das nationale Selbstverständnis widerspiegelte. In starkem Gegensatz dazu stand die Situation in China, und so waren die beiden stärksten Mächte jener Zeit, die beide um 1760 territorial stark expandierten, in politischer, geopolitischer und militärischer Hinsicht sehr unterschiedlich. Dem französischen Finanzsystem fehlte die institutionelle Stärke und Stabilität seines britischen Gegenstücks, und dies hatte äußerst negative Auswirkungen auf die Finanzen der französischen Marine im Jahre 1759. Den Franzosen fehlte auch eine effektive Kommandostruktur innerhalb der Marine, und der Handel war für die Regierung und die politische Kultur des Landes von geringerer Bedeutung.

Die britische Seemacht wurde zwischen 1746 und 1755 durch die Bourbonen herausgefordert. Die Wasserverdrängung der in diesen Jahren in Dienst gestellten bourbonischen Kriegsschiffe betrug das Dreifache der in Großbritannien vom Stapel gelassenen Schiffe. Glücklicherweise für Großbritannien trat Spanien erst 1762 in den Siebenjährigen Krieg (1756–1763) ein und zu diesem Zeitpunkt hatte man Frankreich bereits zur See besiegt. Der entscheidende Feldzug fand 1759 statt. Der führende französische Minister, Choiseul, plante eine Konzentration der Seestreitkräfte, um eine Invasion in Großbritannien abzusichern, ein Vorhaben, das später von Napoleon ebenfalls verfolgt wurde. Die Aufsplitterung der französischen Marine zwischen den entfernt voneinander gelegenen Stützpunkten Brest und Toulon machte diese Konzentration jedoch schwierig, und wie beim Trafalgar-Feldzug von 1805 gelang es den britischen Geschwadern, diese Trennung durch eine Blockade beizubehalten. Wie 1805 war es auch diesmal für Großbritannien leichter, die Blockade des nahe gelegenen Stützpunktes in Brest aufrechtzuerhalten, während sich die Kontrolle über weiter entfernte Geschwader schwieriger gestaltete. Die in Toulon stationierte Flotte unter dem Befehl von La Clue schaffte es, zunächst den Hafen und dann das Mittelmeer zu verlassen, aber sie wurde von Edward Boscawen verfolgt und bei Lagos an der portugiesischen Küste am 18. August 1759 angegriffen. Durch den hartnäckigen Widerstand des hintersten französischen Kriegsschiffes, der *Centaure*, wurden die Briten aufgehalten, während La Clue den Rest seiner Flotte in neutrale Gewässer bringen konnte. Doch am nächsten Tag verletzte Boscawen die Neutralität Portugals und begann einen erfolgreichen Angriff. Der tödlich verletzte La Clue brachte sein Schiff an Land und verbrannte es dort, um zu verhindern, dass es den Briten in die Hände fiel; die sich in Unterzahl befindenden Franzosen verloren insgesamt fünf Schiffe.

Schlechtes Wetter zwang Edward Hawke, den führenden Praktiker enger Blockaden, die Blockade von Brest im November aufzugeben, aber die Brester Flotte unter Conflans scheiterte bei dem Versuch, Schottland über die Westküste von Irland zu erreichen. Conflans wurde von Hawke eingeschlossen, während er sich immer noch vor der bretonischen Küste befand. Er suchte dann Zuflucht in der Bucht von Quiberon, deren felsenreiche Küste und hoher Seegang Hawkes Schiffe abschrecken sollten. Trotzdem gab der entschlossene Hawke am 20. November 1759 den Befehl zu einem kühnen Angriff. Mit gesetzten Toppsegeln trotz des starken Sturms, der mit fast vierzig Knoten blies, überholten seine Schiffe die französische Nachhut und erzwangen eine allgemeine Schlacht, in deren Verlauf sich die britischen Geschütze und seemännischen Fähigkeiten als überlegen erwiesen. Insgesamt wurden sieben französische Schiffe erobert, zerstört oder versenkt. Damit gab es keine Möglichkeit für eine größere französische Invasion in Großbritannien mehr, und die Briten sahen sich in ihrer Überzeugung, die größte Seemacht zu sein, bestätigt.

Diese Überzeugung wurde allerdings im nächsten Jahr, dem Jahr des Amerikanischen Unabhängigkeitskrieges, in Frage gestellt. Durch umfangreiche Schiffbauarbeiten in den späten 60-er und in den 70-er Jahren des 18. Jahrhunderts, insbesondere durch Spanien, das damals zu den dynamischsten Staaten Europas gehörte, hatten Frankreich und Spanien zusammen bis 1780 in der Schiffstonnage eine quantitative Überlegenheit von ca. 25 Prozent über Großbritannien erreicht. Teilweise als Folge davon waren die Briten nicht in der Lage, ihren Erfolg aus dem Siebenjährigen Krieg zu wiederholen.

Die britische Marine kontrollierte weder die europäischen noch die amerikanischen Gewässer, und sie war auch nicht in der Lage, Frankreich zu besiegen, bevor

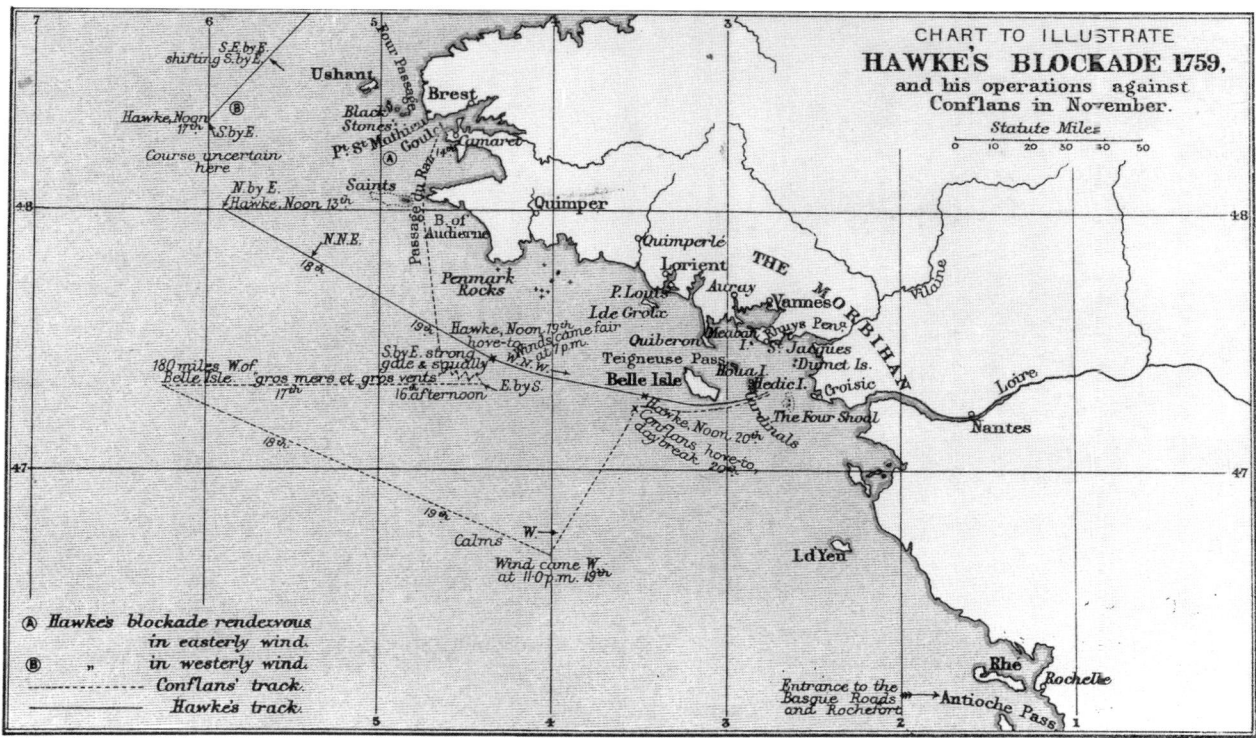

Spanien in den Krieg eintrat. Am 17. Juli 1778 scheiterte Augustus Keppel bei dem Versuch, die Brester Flotte vor der Küste von Ushant zu zerstören. Die britische Seemacht konzentrierte sich auf die Verteidigung heimischer Gewässer. Aus diesem Grund erfolgte keine Blockade von Toulon und die dort stationierte Flotte konnte nach Amerika segeln, um New York im Jahre 1778 zu bedrohen. Im folgenden Jahr schickten Frankreich und Spanien eine Flotte in den Ärmelkanal. Dieser Versuch, in Gebiete Großbritanniens einzudringen, wurde jedoch durch Krankheiten und schlechte Organisation und weniger durch britische Seeoperationen vereitelt. Auch die britische Position in den Westindischen Inseln wurde herausgefordert.

Erst in der Schlacht vor den Allerheiligeninseln am 12. April 1782 gab es wieder einen entscheidenden britischen Sieg zur See, der den Siegen vor Lagos und in der Bucht von Quiberon gleichkam. Die Tatsache, dass diese Schlacht in der Karibik, vor der Küste der Allerheiligeninseln, südlich von Guadeloupe, ausgetragen wurde, zeugt von der wachsenden Bedeutung der Kolonien und der Überseeoperationen. Die in Unterzahl befindlichen Franzosen unter ihrem Kommandanten François de Grasse wurden durch George Rodney klar geschlagen, der die französische Angriffslinie durchbrach und fünf Linienschiffe eroberte, darunter das Flaggschiff, die *Ville de Paris*, mit de Grasse an Bord. Dies war ein großer Erfolg für Großbritannien. Obwohl sechsunddreißig britische Linienschiffe dreißig französischen Schiffen gegenüberstanden, waren die französischen Schiffe größer, und hinsichtlich Wasserverdrängung waren beide Flotten ungefähr gleich. Bei den meisten Seeschlachten wird die britische Stärke aufgrund der Zahl der Linienschiffe oft überschätzt und die französische unterschätzt, da die französischen Schiffe im Durchschnitt größer als die britischen waren.

Das Gleiche gilt für die Zahl der Kanonen, da das französische Pfund schwerer war als das britische und die größeren französischen Schiffe 36-Pfünder an Bord hatten, während die Briten über 32-Pfünder verfügten. Aber Großbritannien konnte allmählich einen qualitativen Vorteil bei den Geschützen erreichen.

Schlacht in der Bucht von Quiberon, 20. November 1759. Das Geschwader konnte zwar gegen Ende des Jahres aus Brest entkommen, musste dann aber auf Transportschiffe warten und wurde zusätzlich durch Gegenwind aufgehalten. So bekam Sir Edward Hawke die Möglichkeit mit voller Windunterstützung anzugreifen.

Schlacht in der Bucht von Quiberon, 20. November 1759. In diesem verworrenen Gefecht zeigte sich die Überlegenheit der britischen Geschütztechnik und Seemannskunst. Sieben französische Linienschiffe wurden erobert, versenkt oder zerstört.

Schlacht des Glorreichen Ersten Juni 1794. Richard, Earl of Howe griff mit 25 Linienschiffen erfolgreich eine französische Flotte mit 26 Schiffen an, die einen Getreidekonvoi von Amerika eskortierten. Howe, der sich durch geschickte Manöver den Wettervorteil gesichert hatte, konnte allerdings seinen Plan nicht vollständig durchführen,

Der französische Kommandeur im Indischen Ozean, Pierre-André Suffren, war in den Gefechten mit Edward Hughes, gegen den er zwischen 1782 und 1783 eine Reihe von Schlachten in der Bucht von Bengalen führte, erfolgreicher als de Grasse. Der Frieden kam 1783, aber er war nicht sicher. Fünf Jahre später schrieb Cornwallis in Bezug auf einen eventuellen Angriff auf die Franzosen in Pondicherry: „Solange wir keine Flotte haben, die in der Lage ist, dem Feind ins Angesicht zu schauen, dürfen wir keine größeren Truppenverbände aufs Spiel setzen."

Der relative Erfolg der Bourbonen führte zu einem Wettlauf beim Ausbau der Flotten in den 80-er Jahren des 18. Jahrhunderts, als sowohl die Bourbonen als auch Großbritannien eine beeindruckende Tonnage in Dienst stellten. Die riesigen Seestreitkräfte überragten jene der außereuropäischen Mächte weitaus mehr, als dies zur Zeit von Christoph Kolumbus und Vasco da Gama in den 90-er Jahren des 15. Jahr-

hunderts der Fall gewesen war. Auch einige andere Staaten erweiterten ihre Flotten in den 80-er Jahren des 18. Jahrhunderts erheblich: Russland erklomm die vierte Machtposition, und auch die Holländer, die diesen Platz bzw. einen noch höheren bis zum Beginn der 50-er Jahre des 18. Jahrhunderts innegehabt hatten (bevor sie zwischen 1755 und 1765 auf den fünften und zwischen 1775 und 1780 auf den sechsten Platz zurückfielen) erweiterten ihre Marine und eroberten 1785 den fünften Platz zurück, und zwar mit ihrer bis dahin größten Flotte in jenem Jahrhundert. Auch Dänemark, Schweden, Neapel, Portugal und die Türken vergrößerten ihre Flotten. Schweden und Russland führten von 1788 bis 1790 eine Reihe erbitterter Seeschlachten in der Ostsee, als Gustav III. erfolglos versuchte, Territorien zurückzugewinnen, die man 1743 an die Russen verloren hatte.

Die großen Schiffbauprogramme waren nicht nur ein Zeugnis für die Mittel, über

der darin bestand, mit allen Schiffen die französische Linie zu durchbrechen und dann jedes Schiff mit einem eigenen von der Leeseite her anzugreifen, nachdem er es am Heck umfahren hatte. Aber genug Schiffe schafften es. Die überlegene britische Geschütztechnik sorgte für den Verlust von sieben Kriegsschiffen Frankreichs.

Schlacht zwischen schwedischen und russischen Flotten bei Skargard, 1790. Gustav III. von Schweden legte großen Wert auf seine Marine und entwickelte sie als Streitmacht gegen Katharina, die Große von Russland. Russland konnte jedoch die schwedischen Angriffe von 1788 bis 1790 abwehren.

welche die europäischen Regierungen verfügten, sondern für die Leistungsfähigkeit ihrer militärisch-industriellen Komplexe. So konnte beispielsweise durch die Fortschritte in der britischen Metallurgie die Geschütztechnik bis zum Ende des Jahrhunderts verbessert werden, und die Wirkung des Geschützfeuers von britischen Schiffen auf feindliche Schiffsrümpfe und Mannschaften verstärkte sich deutlich in dem Kriegsabschnitt zwischen 1793 und 1815, als feindliche Schiffe in relativ kurzer Zeit zu Wracks zusammengeschossen wurden. Großbritannien besaß sowohl Vorteile in technischer Hinsicht als auch fähige Seeleute und gut gedrillte Geschützmannschaften.

Kriegsschiffflotten waren mächtige und hoch entwickelte Militärsysteme, die durch umfangreiche industrielle und logistische Mittel unterstützt wurden. Letztere befanden sich in Werften, die zu den größten Industrieanlagen, Arbeitgebern und Produktionsunternehmen der Welt zählten. Zu diesen Docks gehörten große Lagerhäuser wie beispielsweise das riesige Lands Zeemagazijn in Amsterdam, das durch einen Brand im Jahre 1791 zerstört wurde. Marinestützpunkte erforderten erhebliche Investitionen. 1784 schrieb ein britischer Diplomat über den neu begonnenen Bau des französischen Stützpunktes in Cherbourg: „Die Mole wird aus achtzig enormen Kästen konischer Form gebaut, die mit Steinen gefüllt und dicht nebeneinander versenkt werden sollen. Die Kosten für jeden dieser Kästen werden auf fast zwölftausend Pfund geschätzt." Schon im Zeitalter der Segelschiffe waren diese militärisch-industriellen Komplexe innovationsfähig. Es gab zahllose Neuerungen, die mit großem Nutzen angewendet wurden. Durch die Verbesserung der Seetüchtigkeit, die teilweise durch die Aufgabe der früheren überladenen und schwerfälligen Bauformen erreicht wurde, erhöhte sich die Fähigkeit der Kriegsschiffe, unter allen Wetterbedingungen Blockaden durchzuführen und auf den Weltmeeren zu operieren. Nach dem Amerikanischen Unabhängigkeitskrieg übernahm man in Frankreich verschiedene aktuelle Neuerungen von britischen Schiffen, wie beispielsweise die Verkleidung der Unterseite mit Kupfer, um das Ansetzen von Krebstieren zu verhindern und die Manövrierfähigkeit zu verbessern. Außerdem wurde eine neue, leistungsfähige Kanone für den Nahbeschuss eingeführt, die *Carronade*, ein Geschütz, das nach dem schottischen Eisenwerk benannt wurde, in welchem es hergestellt wurde. Auch die Standardisierung verbreitete sich zunehmend in dieser Zeit, und im Jahre 1786 führte Frankreich standardisierte Schiffsmodelle für seine Flotte ein.

Ähnliche Entwicklungen gab es auch im Ostseeraum, wo ebenfalls ein intensiver Wettlauf im Bereich der Schiffstechnik stattfand. Die dort in Bezug auf Linienschiffe erzielten Fortschritte widerspiegelten sich im Bau von Galeeren für Operationen in den Archipelgewässern des Finnischen Meerbusens. Während des Schwedisch-Russischen Krieges von 1788 bis 1790 versuchte jede der beiden Parteien, die gleiche Kampfkraft zur See wie die andere zu erreichen oder deren Fähigkeiten einzuschränken. Der schwedische Schiffbauer Fredrik Hendrik af Chapman hatte in Frankreich und Großbritannien gelernt. Er konstruierte Archipelfregatten mit Rudern, deren innere Diagonalverstärkungen es ermöglichten, schwere Geschütze in einem leichten Rumpf mit geringem Tiefgang zu transportieren sowie Kanonenschiffe mit Rudern, kleine Boote mit großer Feuerkraft, die nur ein kleines Angriffsziel boten. Die Geschütze wurden

auf Schienen bewegt und dienten als Ballast, wenn die Boote in offenen Gewässern segelten. Zwischen 1788 und 1790 bauten beide Länder eine große Anzahl von Ruderschiffen für ihre Marine, aber während sich Schweden auf Kanonenboote konzentrierte, bauten die Russen auch eine große Zahl Ruderfregatten. Die Schlachten im Jahr 1790 sollten zeigen, dass das Kanonenboot die bessere Lösung war.

Die Europäer trugen die Leistungsfähigkeit ihres militärisch-industriellen Komplexes im Marinebereich auch in fremde Gebiete, und so entstanden in bestimmten Kolonialstützpunkten wie Havanna und Halifax große Schiffswerften. Auf den Westindischen Inseln besaß Großbritannien zwei Marinestützpunkte auf Jamaika (Port Royal und Port Antonio) sowie English Harbour auf Antigua, mit dessen Bau 1728 begonnen wurde. In Port Royal konnte die dorthin entsandten größeren Linienschiffe vor Anker gehen. Die wachsende britische Präsenz im Bereich von Marine und Handel basierte wesentlich auf den Werften in Indien, wo Handelsschiffe mit einer durchschnittlichen Tonnage von 600 bis 800 t gebaut wurden, die sehr große Frachten transportieren konnten.

Die überseeischen Seestreitkräfte unterstützten den europäischen Handel. Als französische Händler im Jahre 1725 von ihrem Stützpunkt in Mahé an der Westküste

Fantasievolle Darstellung des ersten Einsatzes eines U-Bootes im Krieg. Von David Bushnell konstruiert und mit Ezra Lee bemannt wird die „Turtle" hier bei einer Angriffsfahrt vor Staten Island am 6./7. September 1776 gezeigt. Aber man hatte ernsthafte Probleme, mit dem Schiff in starker Strömung zu navigieren und eine Sprengladung anzubringen war nicht möglich. Auch der zweite Versuch am 5. Oktober 1776 schlug fehl. Die „Turtle" wurde entdeckt und das Angriffsziel ging verloren.

Indiens vertrieben wurden, entsandte Frankreich ein Geschwader von Pondicherry aus, das die Rückkehr der Händler erzwang und bessere Geschäftsbedingungen durchsetzte. Bestimmte Aktionen gegen den französischen Handel im Kaffeehafen von Mocha im Jemen führten im Oktober 1736 zur Entsendung eines Geschwaders von Pondicherry aus. Die Franzosen kamen im folgenden Januar vor der Küste von Mocha an. Sie bombardierten den Hafen, setzten Truppen an Land und besetzten den Hafen, wodurch die Handelsprivilegien ihrer Landsleute wiederhergestellt werden konnten. Die europäischen Seestreitkräfte beschäftigten sich auch mit der kartografischen Erfassung großer Teile der Küstengebiete in aller Welt, da dies dem Handel und dem Machterhalt diente. So wurde George Gauld durch die britische Admiralität angewiesen, in den Jahren 1764 bis 1781 eine kartografische Erfassung der Gewässer des Golfs von Mexiko durchzuführen, was dazu diente, die kurz davor erfolgte Besitzergreifung von Florida zu festigen. Trotzdem wurden Marineoperationen außerhalb Europas, insbesondere im Indischen Ozean und in der Karibik, weiterhin in starkem Maße durch Klima und Krankheiten beeinträchtigt. Trotz einiger Verbesserungen in bestimmten Bereichen waren die Arbeitsbedingungen auf den Schiffen

im Allgemeinen sehr hart. Krankheiten verursachten viele Verluste, wie dies beispielsweise durch Gelbfieber in den Flotten Großbritanniens und Spaniens in den 20-er Jahren des 18. Jahrhunderts und in der holländischen Flotte in den 40-er Jahren des 18. Jahrhunderts geschah. Durch das Zusammenleben auf engem Raum, schlechte sanitäre Bedingungen sowie unzureichende und ungeeignete Nahrung wurde die Situation noch verschlechtert. Insbesondere herrschte Mangel an frischen Nahrungsmitteln, Obst und Gemüse und Vitamin C. Die kumulative Wirkung all dieser Faktoren führte dazu, dass der Schiffsdienst unattraktiv war und dass unter jenen, die ihn bereits versahen, schwere Verluste auftraten.

Zwischen Großbritannien und Frankreich kam es während der Holländischen Krise von 1787 und, diesmal mit Spanien auf Frankreichs Seite, in der Nootka-Sund-Krise im Jahre 1790 wieder fast zum Krieg. Aber erst 1793 kämpften sie wieder gegeneinander, und zu diesem Zeitpunkt war die französische Flotte durch die politischen und administrativen Zerrüttungen der Französischen Revolution stark beeinträchtigt worden. 1793 ließen französische Royalisten die Briten nach Toulon hinein. Allerdings wurden sie dann von revolutionären Streitkräften und den gut platzier-

Eroberung von Saint Lucia, Februar 1762, von Captain Augustus Hervey, dem Ehemann der bigamistischen Herzogin von Kingston und späteren Dritten Earl of Bristol. Durch die Niederlage ihrer Flotte waren die französischen Inselbesitzungen britischen Seeangriffen wehrlos ausgeliefert. 1762 nahm Hervey dann an der Eroberung Havannas teil. 1779 kritisierte er den Zustand der Marine im britischen Oberhaus.

ten Geschützen Napoleons, der damals noch ein junger Artillerieoffizier war, wieder von dort vertrieben. Im folgenden Jahr schlug Großbritannien die in Brest stationierte Flotte Frankreichs in der Schlacht des Ruhmreichen Ersten Juni. Die Briten hatten damit die Seeherrschaft übernommen, mussten diese aber schon in den Jahren 1795 und 1796 wieder abgeben, als Frankreich Spanien und Holland in eine Allianz zwang und mithilfe ihrer Flotten die schwachen Briten aus dem Mittelmeer vertrieb. Frankreich, das wieder einmal mit Invasion drohen konnte, forderte Großbritannien in den Jahren 1797 bis 1798 und 1805 zu einem Überlebenskampf heraus, einem Kampf, dessen Ergebnisse entscheidend für das Scheitern des Versuchs waren, Europa einer einzigen Hegemoniemacht und letztendlich den zerstörerischen Absichten eines einzigen Mannes zu unterwerfen.

Der neue Charakter und die Bedeutung dieses Buches basieren in starkem Maße auf dem Prinzip, die europäischen Ereignisse in einem größeren Kontext darzustellen und auch außereuropäischen Mächten und Völkern einen entsprechenden Platz einzuräumen. Zur See gab es jedoch kein Gleichgewicht und keine Grenzen für Kampfkraft und Herrschaft. Dies zeigte sich in dramatischer Weise, als europäische Kriegsschiffe unter dem Befehl solcher Marinekommandeure wie James Cook, Jean-François de La Pérouse, Antonio Malaspina und George Vancouver den Pazifik im unbekannten Teil der Erde erkundeten. 1788 gründeten sie die erste europäische Kolonie in Australasien, den britischen Stützpunkt Botany Bay. Sie überlegten, wo man Marinestützpunkte errichten könnte, kartografierten und benannten die Welt neu. Im Jahre 1790 kam es fast zu einem Konflikt wegen Handelsproblemen auf der Insel, die später Vancouver Island genannt wurde. Trotzdem gab es noch große Teile der Erde, in denen die militärische Stärke Europas und die europäischen Modelle unbekannt waren. Aber die Kriegsschiffe, die ihre Kanonen überall auf dem Globus abfeuerten, waren die mächtige Speerspitze der ersten, wirklich weltweiten Integration, einer Integration, die von den Europäern im Interesse ihrer eigenen Ziele und Vorteile betrieben wurde.

Schlacht vor den Allerheiligeninseln, 12. Juni 1782. Die in Unterzahl befindliche französische Flotte unter dem Befehl von de Grasse erlitt eine schwere Niederlage durch George Rodney, der die französische Angriffslinie durchbrach und fünf Linienschiffe, einschließlich des Flaggschiffs, eroberte. Dank etlicher Neuerungen zur leichteren Bedienung der Kanonen, ihrer sofortigen Feuerbereitschaft und der verschiedenen möglichen Ausrichtungswinkel erzielte das britische Geschützfeuer große Wirkung.

Neuseeländisches Kriegskanu. Zeichnung von Sydney Parkinson, der Captain Cook in den Pazifik begleitete. Seine Zeichnungen wurden für zwei Bücher verwendet, die 1773 erschienen.

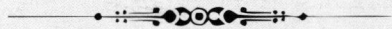

KAPITEL SECHS

KRIEGE INNERHALB EUROPAS

SZENE AUS DEM SIEBENJÄHRIGEN KRIEG. Solche Nah-kämpfe kamen in Schlachten weniger häufig vor, als dieses Bild vermuten läßt. Die meisten Verwundungen wurden durch Musketenkugeln und nicht durch Bajo-nette oder Schwerter verursacht.

KRIEGE INNERHALB EUROPAS

Zwischen 1727 und 1735 wurde in Preußen ein Rekrutierungssystem auf der Basis der Verwaltungseinheiten eingeführt. Jedem Regiment wurde ein festes Einzugsgebiet in der Umgebung der Garnisonsstadt zugeordnet, in der es zu Friedenszeiten stationiert war. Aus diesem Gebiet holten sich die Rekrutiereinheiten Soldaten für den lebenslangen Militärdienst.

Militärische Konflikte hatten eine zentrale Bedeutung für die europäische Geschichte im damaligen und in jedem anderen Jahrhundert. Kriege waren eine häufige Erscheinung, dauerten oft lange an und kosteten zumeist viele Opfer. Die Schlachten und Kriege der damaligen Zeit waren alles andere als folgenlos und beeinflussten die Politik der ganzen Epoche.

Mit Ausnahme der Türken, die vor allem mit Hilfe von Kavallerie- und Infanterieangriffen operierten und sich weniger auf die disziplinierte Feuerkraft der Infanterie und der linearen Kampfformationen stützten, war die Kriegführung in Europa durch eine grundlegende Ähnlichkeit der Waffensysteme und Taktiken der sich gegenüberstehenden Armeen (und Flotten) gekennzeichnet. Dennoch waren eindrucksvolle Siege möglich, wie dies Russland im Jahre 1710 durch die Besetzung der schwedischen Gebiete im Ostbaltikum (Estland und Litauen) nach der vernichtenden Niederlage von Karl XII. gegen Peter den Großen bei Poltawa im vorangehenden Jahr demonstrierte. Jedoch waren solche Triumphe im Allgemeinen nicht auf bestimmte Taktiken oder Waffen zurückzuführen. Ihre Ursachen lagen vielmehr in der Truppenstärke, der Erfahrung und Motivation der Soldaten, der richtigen Ausnutzung des Geländes, der Feldherrnkunst, insbesondere beim Zurückhalten und Einsetzen der Reserven, und den Zufallsfaktoren einer Schlacht begründet. In der Schlacht bei Poltawa waren beispielsweise Truppenstärke und Feldherrnkunst von ausschlaggebender Bedeutung: Die Schweden erlitten furchtbare Verluste, da sie sich dem Feuer der zahlenmäßig stärkeren russischen Infanterie und Artillerie aussetzten.

Neue Waffen wurden entwickelt wie zum Beispiel im späten 17. Jahrhundert das Tüllen-Bajonett und das Steinschlossgewehr sowie im 18. Jahrhundert das Höhenrad für Kanonen und konische Ladestöcke, durch die die Differenz zwischen dem Kaliber des Laufes und der Munition vermindert werden konnte, was ein genaueres Zielen ermöglichte. Die schnelle Einführung von erfolgreichen Erfindungen und Verbesserungen in den meisten europäischen Armeen lässt vermuten, dass man sich der Bedeutung der Behebung technischer Mängel durchaus bewusst war.

Die Einführung des Tüllen-Bajonetts trug dazu bei, dass sich das Gesicht der europäischen Schlachtfelder änderte. Zuvor hatte man die Infanterie in Musketiere und

Pikeniere unterteilt. Erstere waren zahlreicher und sorgten für die Feuerkraft, während man die Pikeniere brauchte, um die eigenen Musketiere vor der Kavallerie und den Pikenieren des Gegners zu schützen. Die Kombination der beiden Verbände war kompliziert und führte zu geringer Flexibilität und dichten Formationen, wodurch die lineare Entfaltung der Truppen über weite Frontabschnitte begrenzt wurde.

Zunächst benutzte man Spund-Bajonette. Sie wurden in die Mündung des Gewehrlaufes gesteckt und mussten dann vor dem Schießen entfernt werden, was zu Verzögerungen führte und wodurch der Gewehrlauf beschädigt werden konnte. Am Ende des 17. Jahrhunderts wurden die Spund-Bajonette dann aber durch Tüllen-Bajonette ersetzt, die an einem um den Lauf herum angebrachten Metallring befestigt wurden. Nun konnte man mit der Muskete schießen, ohne dass das Bajonett vorher entfernt werden musste. 1697 benutzten die meisten englischen Musketiere Tüllen-

Schlacht bei Poltawa, 1709. Vernichtender russischer Sieg über Karl XII. von Schweden. Die Schweden erlitten furchtbare Verluste, da sie ohne Deckung eine gute russische Verteidigungsstellung mit überlegenen Infanterie- und Artilleriekräften angriffen. Karl konnte die Schlacht nicht unter seine Kontrolle bringen.

Bajonette und in der ersten Dekade des 18. Jahrhunderts verschwand die nicht mehr erforderliche Pike aus den europäischen Armeen.

Dies führte zur Erhöhung der Feuerkraft und größerer taktischer Flexibilität, da die gesamte Infanterie jetzt mit Musketen ausgerüstet war. Auch ein effektiverer Drill wurde nun möglich, wobei Drill und Disziplin von entscheidender Bedeutung für die Feuerkraft waren. Auf dem Schlachtfeld wurden nun noch mehr lineare Infanterieformationen eingesetzt. Bataillone bestanden aus nur drei Reihen und es wurde zugweise gefeuert, um eine maximale Kontinuität und Kontrolle des Feuers zu erreichen. Die größere Mobilität der Infanterie auf dem Schlachtfeld erforderte auch eine mobilere Feldartillerie, was während des 18. Jahrhunderts durch Entwicklungen in Großbritannien, Schweden, Österreich, Russland, Preußen und Frankreich erreicht wurde.

Auch taktische Neuerungen fanden eine schnelle Verbreitung, sodass daraus erwachsende Vorteile nur vorübergehender Natur waren. 1745 entwickelte Friedrich der Große, der junge Soldatenkönig von Preußen (1740 – 1786), den Angriff in schräger Ordnung, um einen bestimmten Abschnitt der linearen Formationen der gegnerischen Armee mit konzentrierter Stärke angreifen zu können. Mithilfe verschiedener Methoden verstärkte er ein Ende seiner Linie, um damit anzugreifen, während er gleichzeitig dafür sorgte, dass das schwächere Ende nicht schutzlos wurde. Diese Taktik erforderte die schnelle Durchführung komplizierter Manöver, wofür gut gedrillte und disziplinierte Truppen von entscheidender Bedeutung waren. Sie wurde mit

Friedrich der Große als Anführer seiner Truppen. In den europäischen Kriegen führten Generale in der Praxis zumeist nicht von vorn, da es bei solcher Führung sehr schwierig gewesen wäre, die Befehlsgewalt auszuüben und die Kontrolle zu behalten.

großem Erfolg im Sieg über Österreich bei Leuthen eingesetzt (6. Dezember 1757): Friedrich nutzte dort die Deckung hinter einer Hügelkette aus. Er umging die linke Flanke der Österreicher, während ein Scheinangriff sie dazu verleitete, ihre Reserven zur Stärkung der rechten Flanke einzusetzen. Die linke Flanke der Österreicher brach dann unter dem Angriff in schräger Ordnung zusammen. Jedoch entwickelten die Österreicher schnell Taktiken, um den Schrägangriff zu vereiteln, was zumeist durch das Zurückhalten von Reserven geschah, die dann gegen den preußischen Angriff eingesetzt werden konnten. Der taktische Rückstand war damit aufgeholt.

Friedrich der Große wird im Allgemeinen als Repräsentant des Höhepunkts der Kriegführung im 18. Jahrhundert bis zur Französischen Revolution betrachtet. Dies ist jedoch irreführend, nicht zuletzt deshalb, weil es dazu führte, die Bedeutung anderer erfolgreicher Armeen der gleichen Epoche wie der österreichischen unter Graf Leopold Daun, der französischen unter Moritz Graf von Sachsen und der russischen unter Rumjanzew zu mindern. Außerdem verließ Friedrich das Siegesglück auf seinem letzten Feldzug, dem Bayerischen Erbfolgekrieg mit Österreich von 1778 bis 1779. Darüber hinaus muss man berücksichtigen, dass die von Friedrich dem Großen entwickelten Taktiken vor allem für die konkreten landschaftlichen Bedingungen in Ost- und Mitteleuropa geeignet waren, insbesondere für die offenen Gelände in Böhmen und Schlesien. Ihre Grenzen sollten sich im Französischen Revolutionskrieg ab 1792 in der Auseinan-

TÜLLEN-BAJONETTE

Diese Bajonette wurden von den 90-er Jahren des 17. Jahrhunderts an in starkem Maße in den größeren deutschen Armeen eingesetzt. Sie führten zur Erhöhung der Feuerkraft, waren aber für Angriffe nicht besonders förderlich, da die Bajonettausbildung lange Zeit noch auf dem Pikendrill basierte, wobei die Waffe hochgehalten werden musste, um den vorrückenden Gegner zu stoppen.

Steinschlossmusketen. Die britische „Brown Bess" hatte einen weiten Lauf und wurde deshalb für Musketenmunition jeden Kalibers verwendet. Durch den lockeren Sitz der Kugel konnte schneller geladen und damit die Feuergeschwindigkeit erhöht werden. Jedoch wurde die Genauigkeit mit wachsender Entfernung geringer. Weitere Probleme gab es mit dem schwergängigen Abzug, dem starken Rückstoß und der schlechten Funktion bei nasser Witterung, wenn das Pulver feucht wurde.

dersetzung mit französischen Truppen zeigen, die in offener Ordnung in den geschlossenen und bewaldeten Gebieten der Österreichischen Niederlande und Ostfrankreichs operierten.

Vor diesem Konflikt stützte sich die Taktik der europäischen Armeen vor allem auf den Einsatz der Infanterie in eng gestaffelten, schmalen Linearformationen, um eine höchstmögliche Feuerkraft zu erreichen. In der Schlacht bei Dettingen (1743) zog sich die französische Frontlinie nach der Schilderung eines Teilnehmers „nach einem furchtbaren Beschuss von fast einer halben Stunde" vor der britischen Armee zurück. Lineare Formationen verminderten darüber hinaus auch die Kommando- und Kon-

Schlacht bei Sheriffmuir, 1715, Gemälde von John Wootton. Die Jakobiten unter John, Earl of Mar, konnten ihre zahlenmäßige Überlegenheit nicht ausnutzen und überließen nach einem unentschiedenen Gefecht das Schlachtfeld und die Initiative dem königlichen Heer, das von John, Herzog of Argyll, befehligt wurde.

trollprobleme, die durch die begrenzten Informations- und Kommunikationsmöglichkeiten auf dem Schlachtfeld entstanden. Die Soldaten verwendeten mit Bajonetten ausgestattete Steinschlossgewehre, mit denen sie Salven und keine gezielten Einzelschüsse abfeuerten. Trotz des Einsatzes von Bajonetten waren Nahkämpfe auf dem Schlachtfeld relativ unüblich, und die meisten Verluste entstanden durch Kugeln. Die Genauigkeit der Musketen war jedoch begrenzt, und in der Ausbildung wurde deshalb vor allem auf die Schnelligkeit der Schützen Wert gelegt, was Drill und Disziplin erforderte. Musketenfeuer wurde meistens auf kurze Distanz eingesetzt.

Die Probleme der auf kurze Distanz benutzten Musketen mit ihrer geringen Schussfrequenz und einem Visier, das für jeden Schuss neu eingerichtet musste, wurden durch die kumulative Wirkung anderer Faktoren wie schlechte Visiere, exzentrische Kugeln, Vorderlastigkeit, Rückstoß, Überhitzung und Schießhemmung bei schlech-

tem Wetter noch verstärkt. Da die Musketen einen glatten und keinen gezogenen oder genuteten Lauf hatten, war die Geschwindigkeit der Kugel gering und ihre Flugrichtung ungewiss. Durch die uneinheitliche Herstellung und die großen Toleranzen (Spiel) konnte die Kugel herausfallen, wenn man den Lauf nach unten hielt, und selbst wenn man es bestenfalls schaffte, war es schwer, mit der Waffe zu zielen und sie dabei ruhig zu halten. Es wurden roh gegossene Kugeln verwendet, die wegen ihrer runden Form einen hohen Luftwiderstand hatten. Durch die Entwicklung von eisernen statt hölzernen Ladestöcken glaubte man, die Geschwindigkeit des Musketenfeuers erhöhen zu können. Jedoch verbogen sich diese Ladestöcke oft und blieben im Lauf stecken oder sie brachen ab und verrosteten, und durch den häufigen Gebrauch des Ladestockes wurde der Lauf mit der Zeit oval.

Trotz dieser Unzulänglichkeiten konnten die Musketen großen Verluste verursa-

chen, da die Soldaten eng beieinander standen und aus kurzer Entfernung aufeinander feuerten. Die geringe Mündungsgeschwindigkeit führte zu furchtbaren Wunden, denn je langsamer ein Projektil fliegt, umso größer ist der Schaden, den es anrichtet, wenn es auf einen Knochen oder ein inneres Organ trifft.

Die Infanterie wurde durch Kavallerieeinheiten flankiert. Jedoch nahm der Anteil der Kavallerie in den europäischen Armeen im Laufe des Jahrhunderts aufgrund ihrer hohen Kosten und der wachsenden Bedeutung der Feuerkraft ab. Auf dem Schlachtfeld wurde Kavallerie vor allem eingesetzt, um die gegnerische Kavallerie zu bekämpfen. Kavallerieangriffe gegen intakte Infanterieverbände waren unüblich, obwohl die Infanterie an den Flanken und im Rücken leicht verwundbar war. Bei Dettingen kam es zu einem solchen Angriff französischer Kavallerie auf eine britische Infanterieeinheit, bei dem die Franzosen durch die Briten zusammengeschossen wurden, wie dies aus dem Bericht eines britischen Teilnehmers dieser Schlacht hervorgeht: „Sie ritten auf uns zu mit einer Pistole in jeder Hand und einem breiten Schwert am Handgelenk. Nachdem sie ihre Pistolen abgefeuert hatten, schleuderten sie sie auf unsere Köpfe, gaben ihren Pferden die Sporen und ritten mit dem Schwert in der

Georg II. in der Schlacht bei Dettingen, 1743, Gemälde von John Wootton. Die Franzosen stellten den zahlenmäßig unterlegenen Briten eine Falle. Ein Teil ihrer Armee unter dem Herzog von Grammont zog sich auf eine starke Stellung hinter dem Main zurück und blockierte dort den britischen Marschweg, während ein anderer Teil die Briten im Rücken bedrohte. Anstatt seine Stellung zu halten, rückte Grammont vor, wurde aber durch überlegene britische Musketentruppen zurückgeschlagen.

Hand auf uns zu. Wir konnten der Heftigkeit ihres Angriffs nicht widerstehen, und so brachen sie durch unsere Reihen; aber unsere Männer schlossen [die Reihen] sofort wieder und wendeten sich herum. Wir erhielten dann Unterstützung durch ein Regiment…, das sich in unserem Rücken befand. Die französische Reiterei geriet zwischen uns beide und wir töteten sie zuhauf."

Die Kavallerie spielte eine entscheidende Rolle in bestimmten Schlachten wie beim Sieg der Briten über die Franzosen bei Blindheim (13. August 1704) und der Preußen über die Franzosen bei Rossbach (5. November 1757). Die Koordinierung von Kavallerie und Infanterie oder zumindest die Kombination der beiden Waffengattungen konnte ebenfalls von Bedeutung sein. Im Jahre 1706 schlug eine schwedische Armee unter Karl Gustaf Rehnskjold bei Fraustadt sächsische Truppen, die doppelt so zahlreich waren. Die große schwedische Kavallerie schnürte dabei die beiden sächsischen Flanken ein, während die relativ kleine schwedische Infanterieeinheit die Angriffe im Zentrum abwehrte.

Eine intakte Infanterie konnte eher durch Artillerie als durch Kavallerie angegriffen werden, insbesondere wegen ihrer eng gestaffelten und statischen Formationen, die im Interesse von Disziplin und Feuerkraft eingehalten wurden. Der Einsatz der Artillerie auf dem Schlachtfeld erhöhte sich erheblich im Laufe des Jahrhunderts, und am Ende des Siebenjährigen Krieges verwendete auch Friedrich der Große, der zunächst den Artillerieeinsatz in großem Maßstab abgelehnt hatte, umfangreiche Geschützbatterien. Die Kanonen wurden beweglicher und ihre Herstellung wurde standardisiert. Führend in dieser Hinsicht waren die Österreicher in den 50-er Jahren des 18. Jahrhunderts und die Franzosen unter Jean-Baptiste Gribeauval von den 60-er Jahren des 18. Jahrhunderts an. Der höhere Standardisierungsgrad der Geschützteile erlaubte stabileres Feuer und förderte so die Entwicklung von Artillerietaktiken, weg von dem weitestgehend sporadischen und willkürlichen Beschuss zu Beginn einer Schlacht im 17. Jahrhundert und hin zu einem effizienteren Einsatz mit konzentriertem und kontinuierlichem Feuer. Auf dem Schlachtfeld wurde die Artillerie verwendet, um die gegnerischen Geschütze zum Schweigen zu bringen und um die Infanterie- und Kavallerieeinheiten des Feindes zu schwächen, wobei Letzteres mit größerem Erfolg geschah. Besonders wirkungsvoll dabei waren Kartätschengeschosse. Sie bestanden aus einem Beutel oder Metallbehälter, der mit kleinen Kugeln gefüllt war, die durch eine Explosion in alle Richtungen geschleudert wurden und zu erheblichen Opfern in nächster Nähe führten.

Andere technische Entwicklungen setzten sich jedoch langsamer durch. Obwohl der erste praktische Einsatz eines Unterseebootes bereits 1776 erfolgte, als der Amerikaner David Bushnell – allerdings ohne Erfolg – versuchte, das britische Schiff „HMS *Eagle*" im New Yorker Hafen zu versenken, gab es dann zunächst keine weiteren Fortschritte auf diesem Gebiet, was vor allem daran lag, dass die wesentlichen Grundlagen für den Aufenthalt unter Wasser, wie zum Beispiel Druckluft, noch nicht vorhanden waren. Auf Experimente mit dem Einsatz bemannter Ballons für die Kriegführung und mit der Verwendung von Raketen in Europa musste man noch bis zu den 90-er Jahren des 18. Jahrhunderts warten.

Trotz des Fehlens größerer technischer Fortschritte muss unterstrichen werden, dass die Macht Europas vor allem auf der ökonomischen Leistungsfähigkeit dieser Länder basierte. In der größten Waffenfabrik Russlands, die sich in Tula befand, wurden zwischen 1737 und 1778 im Durchschnitt fast 14 000 Musketen pro Jahr hergestellt. In den 60-er Jahren des 18. Jahrhunderts produzierte Frankreich in Charleville und Saint-Etienne jährlich 23 000 Musketen. Wie in Woolwich (1716) und Wien (1747) entstanden überall neue Kanonengießereien. 1715 befanden sich im preußischen Belagerungstross vor Stralsund achtzig 24-Pfünder-Geschütze und vierzig Mörser. Die militärische Stärke der größten Staaten wuchs beträchtlich. Die Stärke der regulären Armee Russlands verdreifachte sich in den letzten vierzig Jahren des Jahrhunderts. Während dieses Zeitraumes mäßiger Inflation stiegen dort die jährlichen Militärausgaben von 9,2 Millionen Rubel im Jahre 1762 auf 21 Millionen Rubel im Jahre 1796.

Die Fähigkeit zur Mobilisierung von Ressourcen für Kriegszwecke war kennzeichnend für den Charakter einer Gesellschaft: Die Kombination von Geldwirtschaft (als Grundlage für die Besteuerung), Unterbeschäftigung und Regierungen, die große

DER SIEBENJÄHRIGE KRIEG

Bedeutender militärischer Konflikt in Mitteleuropa, der zu keinen territorialen Veränderungen, sondern zur Festigung der vorhandenen Grenzen führte, wodurch frühere preußische Eroberungen konsolidiert wurden.

Macht über die Mehrheit der Bevölkerung, wenn auch nicht über die soziale Elite, besaßen, schuf die Rahmenbedingungen für eine umfangreiche Mobilisierung menschlicher Ressourcen für den Krieg, die in vielfältigen Formen erfolgte, wie beispielsweise durch eine System der allgemeinen Wehrpflicht in Osteuropa (mit Ausnahmen). Allen Systemen gemeinsam war jedoch das Prinzip, dass die Mehrheit der männlichen Bevölkerung erforderlichenfalls in der Armee dienen musste und zwar unter Bedingungen, die außerhalb ihres Einflusses lagen, und dass ihre Ansichten über die Zwecke und Methoden der Kriegführung nicht gefragt waren.

Meutereien waren dennoch selten, und wenn sie auftraten, so lag dies zumeist an einem tief greifenden Vertrauensschwund wie 1758 in der württembergischen Armee. Dagegen kamen Desertionen weitaus häufiger vor und wurden auch hart bestraft.

Sie stellten einen gefährlichen Protest gegen eine häufig hoffnungslose Lage dar. Bei der Rekrutierung ging man oft mit Gewalt und Tricks zu Werke: Preußische Rekrutierungskommandos entführten regelrecht Männer aus den Nachbarterritorien wie zum Beispiel Mecklenburg. Friedrich II. zwang auch gefangen genommene Truppen, in seiner Armee zu dienen. Die Ausbildung war im Allgemeinen hart, die Disziplin konnte brutale Züge annehmen und die Dienstbedingungen hinsichtlich Unterbringung, Verpflegung und Bezahlung waren schlecht, obwohl nicht immer schlechter als im zivilen Bereich der Gesellschaft.

Das mangelnde Interesse an der Meinung der Soldaten und Matrosen bedeutete nicht, dass deren Lebensbedingungen und Verluste den Regenten, Generalen und Admiralen gleichgültig waren. Ihnen war schon klar, dass schlechte Verpflegung und

Der Siebenjährige Krieg
1756 – 1763

⚔ Preußischer Sieg

⚔ Preußische Niederlage

🏰 Festungen

Preußen 1713

Eroberungen 1713 – 1740

Eroberungen 1740 – 1786

Eroberungen 1786 – 1795

Heiliges Römisches Reich

andere Staaten und Territorien

Unterkunft zu Krankheiten und Schwächung der Truppen führen konnten, obwohl es insbesondere auf Feldzügen schwierig war, eine entsprechende Versorgung zu gewährleisten. Das Militär war ein gesellschaftlicher Bereich, den die Regierungen brauchten und deshalb sorgten sie auch für ihre Truppen, wenn auch nur auf einem niedrigeren Niveau. Obwohl der Sold im Allgemeinen gering war und oft mit Verspätung gezahlt wurde, waren die Soldaten dennoch die größte gesellschaftliche Gruppe, die von der Regierung bezahlt wurde.

Die Disziplin wurde in der Praxis nicht immer so streng angewendet, wie dies die Theorie vorsah. Dies trifft im Übrigen auch auf die Durchsetzung anderer Gesetze und Vorschriften in der damaligen Zeit zu, die oft nur in milder und episodenhafter Weise erfolgte. In der preußischen Armee wurden die strengsten Bestrafungen nur bei einer relativ klei-

Schlachtszene aus dem Siebenjährigen Krieg. Die Kavallerie spielte weiterhin eine große Rolle auf dem Schlachtfeld, obwohl sie mehr für den Kampf gegen feindliche Kavallerie als gegen die Infanterie eingesetzt wurde.

nen Zahl schwerer Fälle eingesetzt, was in keinem Verhältnis zu den Vorschriften stand.

Obwohl sogar der jüngste Offizier harte Strafen verhängen durfte, sind die äußerst lebhaften Berichte über die Schrecken preußischer Disziplin irreführend und nur in Einzelfällen zutreffend. Es war schwer, für erfahrene Soldaten Ersatz zu finden; neue Rekruten hatten bis zu ihren ersten Kampfeinsätzen nur begrenzten Wert. Dies konnte sogar dazu führen, dass man eine Schlacht nur mit größter Vorsicht wagte, obwohl dieser Aspekt andererseits nicht überbetont werden darf. Die Gefahr von Verlusten und Niederlagen hielt die Feldherrn nicht davon ab, die Schlacht zu suchen. Zur damaligen Zeit war Vorsicht mit Sicherheit kein fester Bestandteil der Feldherrnkunst. Vielmehr waren es Mut und Kühnheit zu Lande und zur See, die das Ethos der Zeit prägten. Auch technisch-organisatorische Aspekte der Truppenführung wie Rekrutierung und Logistik bestimmten nicht die Kultur der Kriegführung, obwohl ihre große Bedeutung bekannt war. Das Gleiche gilt für die Art und Weise der Herrschaft von Königen, die nicht von finanziellen Kriterien bestimmt wurde, obwohl auch sie deren Bedeutung kannten. Monarchen konnten nur durch Siege und Eroberungen Ruhm ernten.

Es gibt die weit verbreitete, aber größtenteils irreführende Auffassung, dass die Kriege bis zur Französischen Revolution im Gegensatz zu der revolutionären Kriegführung keine folgenreichen Ergebnisse hatten und auch in ihren Methoden begrenzt waren. Diese These ist jedoch falsch, denn es ist schwierig, in der Vertreibung der Franzosen aus Norditalien im Jahre 1706 oder in der russischen Eroberung von Warschau und später Danzig (Gdansk) in den Jahren 1733 und 1734 keine folgenreichen Ereignisse zu erkennen.

Ob ein Sieg entscheidende Bedeutung hatte, war im Einzelfall schwer einzuschätzen: Der entscheidende Ausgang einer Schlacht oder eines Feldzuges führt nicht automatisch zum Gesamtsieg in dem jeweiligen Krieg. Heute spricht man von einem entscheidenden Sieg, wenn die feindlichen Streitkräfte in einem solchen Maße geschwächt oder zerstört wurden, dass ihr organisierter militärischer Widerstand nicht mehr länger möglich ist. Und dies kann nur erreicht werden, wenn eine Seite eine

KANONENGESCHOSSE

Je nach Zweck konnten unterschiedliche Geschosse mit Kanonen abgefeuert werden. Massive Kugeln wurden vor allem gegen Befestigungen eingesetzt, während massierte Truppen in Gefechtsformation vorrangig mit Kartätschen beschossen wurden. Kettengeschosse konnten sowohl unter Bodentruppen als auch an Schiffen, insbesondere an deren Takelage und Segeln, Schaden anrichten. Schrapnelle wurden ebenfalls gegen Bodentruppen eingesetzt.

MASSIVE KUGELN

KETTENKUGELN

KARTÄTSCHEN

SCHRAPNELLE

Schlacht verliert, die sie mit dem Gros ihrer militärischen Mittel bestritten hat, und wenn der Sieger über die notwendigen Ressourcen verfügt, um die (oft nur vorübergehende) Schwäche des Gegners auszunutzen.

Auch im 18. Jahrhundert gab es solche Situationen, jedoch blieben sie Ausnahmen. Meistenteils waren die Gründe für die Beendigung eines Krieges in Erschöpfung, politischen Veränderungen oder der allmählichen Verschiebung des strategischen Gleichgewichts zu suchen. Dies gilt mit Sicherheit für den Spanischen (1701–1714), Polnischen (1733–1735), Österreichischen (1740–1748) und Bayerischen (1778–1779) Erbfolgekrieg sowie für den Siebenjährigen Krieg in Europa (1756–1763).

Dennoch gab es auch entscheidende Kriege wie beispielsweise die Auseinandersetzungen zwischen Schweden und Russland von 1741 bis 1743. Außerdem konnten gewonnene Schlachten auch neue politische Bedingungen schaffen, die dann wiederum zu einem Frieden über Verhandlungen führten und dabei von entscheidender Bedeutung für die Friedensbedingungen waren.

Kriege waren durchaus nicht begrenzt und es kam zu

Preußische Uniformen, 1786. Der Bayerische Erbfolgekrieg hatte trotz des guten Rufes erhebliche Schwächen in der preußischen Armee offenbart. Dazu gehörte das Fehlen von Nachschub, die demoralisierte Infanterie und die Disziplinlosigkeit der Kavallerie.

FRANZÖSISCHE FELDHAUBITZE

Französische 24-Pfünder-Feldhaubitze um 1765, die von Gribeauval konstruiert wurde und zur Modernisierung der französischen Artillerie beitrug.

UNTEN: *Deutsches Rekrutierungsplakat für das fürstliche Infanterie-Regiment Anhalt-Zerbst. Dieses kleine deutsche Fürstentum stellte zwischen 1761 bis 1767 ca. 500 Mann für den österreichischen Militärdienst zur Verfügung.*

UNTEN RECHTS: *Schlacht bei Malplaquet, 11. September 1709. Marlboroughs Angriff auf verschanzte französische Truppen unter Villars belegte seinen Glauben an*

extrem hohen Verlusten. Bei Blindheim (1704) starben von den insgesamt 108 000 Teilnehmern über 30 000 Mann, Gefangene ausgenommen; und bei Malplaquet (1709) ging ein Viertel des englisch-holländisch-deutschen Heeres verloren. Aufgrund dieses hohen „Blutzolls" ließ dann auch die Unterstützung für die Fortsetzung dieses Krieges gegen Ludwig XIV. nach. Der Feuerwechsel auf kurze Distanz (50 – 80 m) zwischen Linien eng beieinander stehender Truppen, der Einsatz von Artilleriefeuer auf dem Schlachtfeld, der gezielte Beschuss dieser Einheiten sowie Kavalleriegefechte mit blanken Säbeln führten zu zahlreichen Opfern. Der Kornettist der britischen Kavallerie Philip Brown schrieb über die Schlacht von Dettingen: „Die Kugeln hagelten uns nur so um die Ohren." Und bei Fontenoy notierte er: „Ich danke der freundlichen Vorsehung, die mich während dieser neunstündigen Kanonade, die ihresgleichen sucht, beschützte und mir das Leben und die Gesundheit rettete … [Kanonen]Batterien schossen ohne Unterlass auf unsere vordere Linie und beide Flanken."

Neben dieser organisierten Metzelei gingen auch die Soldaten selbst gegen ihre Gegner und die Zivilbevölkerung oft mit großer Brutalität vor, obwohl sich die Behandlung der Gefangenen allgemein verbesserte. Nach der Erstürmung von Befestigungen wurden jedoch die Verteidiger manchmal regelrecht abgeschlachtet, wie dies bei

der Eroberung der wichtigen holländischen Festung Bergen-op-Zoom im Jahre 1747 durch Frankreich geschah. Allgemein war die Kriegführung brutaler, wenn reguläre Armeen gegen irreguläre Truppen kämpften, und auch in Osteuropa, wo der Hass durch religiöse und ethnische Konflikte geschürt wurde, war dies der Fall. Dennoch spielte der Völkermord in der europäischen Politik der damaligen Zeit keine Rolle.

Kriege hatten dennoch große Auswirkungen auf das Leben der Zivilbevölkerung. Neben Konflikten, die wie beispielsweise in der ersten Dekade des 18. Jahrhunderts in Ungarn, Spanien und Tirol auch unter Beteiligung von Partisanenkräften geführt wurden, stellten die Aufwendungen für militärische Zwecke, insbesondere in Bezug auf Soldaten und Geld, eine große Last für die Völker Europas dar. Diese Aufwendungen jedoch stellten die sittlichen Grundsätze und die Praktiken in der Gesellschaft infrage, die auf den Prinzipien der Ungleichheit und der Vererbung beruhten. Größere Heere schufen größere Möglichkeiten für die besitzenden Klassen, insbesondere für Adlige, die von der Tatsache profitierten, dass sie unter ihren Untertanen Rekrutierungen vornehmen konnten und dass sie von Geburt her für Kommandoposten geeignet waren, was zumeist auch der Fall war. Demzufolge existierten die Armeen nicht außerhalb der Gesellschaft, sondern widerspiegelten vielmehr die allgemeinen Strukturen

den Angriff, aber die Franzosen hielten seine Attacken an den Flanken auf und hatten genügend Reserven, um seinen Vorstoß im Zentrum abzuwehren. Wie schon bei anderen Schlachten zuvor nahm Marlborough mit seiner Taktik die Möglichkeit schwerer Verluste in Kauf, aber bei Malplaquet konnten die Franzosen trotz dieser Verluste nicht in die Flucht geschlagen werden.

gesellschaftlicher Kontrolle und Macht sowie die Überzeugungen, die ihnen Zusammenhalt gaben. Für die Ernennung zum Offizier waren Patronage und Geld entscheidend. Sir James Lowther schrieb über die britische Armee im Jahre 1742: „Kaum jemand kann in der Armee groß aufsteigen, ohne dass er sich dieses Fortkommen nicht größtenteils erkaufen muss und das, was er davor hatte, wieder verkauft. Dies ist der übliche Weg, außer nach sehr guten Diensten oder wenn man in solchen Gegenden wie den Westindischen Inseln ist, wohin viele gebracht werden." Dieses System schränkte natürlich die Entwicklungsmöglichkeiten für begabte und fähige Offiziere in starkem Maße ein, und dies sollten die Streitkräfte auch später im letzten Viertel des Jahrhunderts zu ihrem Nachteil zu spüren bekommen, als sie sich mit den mehr egalitären Praktiken revolutionärer Armeen auseinander zu setzen hatten.

Auch in Bezug auf das komplexe Gleichgewicht von Bestrafungen und weniger harten Methoden zur Aufrechterhaltung von Disziplin und militärischer Ordnung waren die bewaffneten Streitkräfte ein Spiegelbild der Gesellschaft, was auch auf die Tatsache zutrifft, dass nur Männer rekrutiert wurden. Keine europäische Armee konnte in dieser Beziehung mit Dahomey in Westafrika mithalten, wo es 1770 bereits mehrere hundert Frauen im stehenden Heer gab. Diese dienten dort zumeist als Leibwächter im Palast, aber in den Jahren 1729 und 1781 nahmen sie auch mit dem König an Feldzügen teil, und 1850 hatte die Armee 5000 weibliche Soldaten.

Das Jahrhundert begann in Europa mit zwei großen Kriegen, dem Großen Nordischen Krieg (1700–1721) und dem Spanischen Erbfolgekrieg (1701–1714). Im Ersteren unternahmen Friedrich IV. von Dänemark, Peter der Große von Russland und August II. von Sachsen-Polen konzertierte Angriffe auf das schwedische Reich.

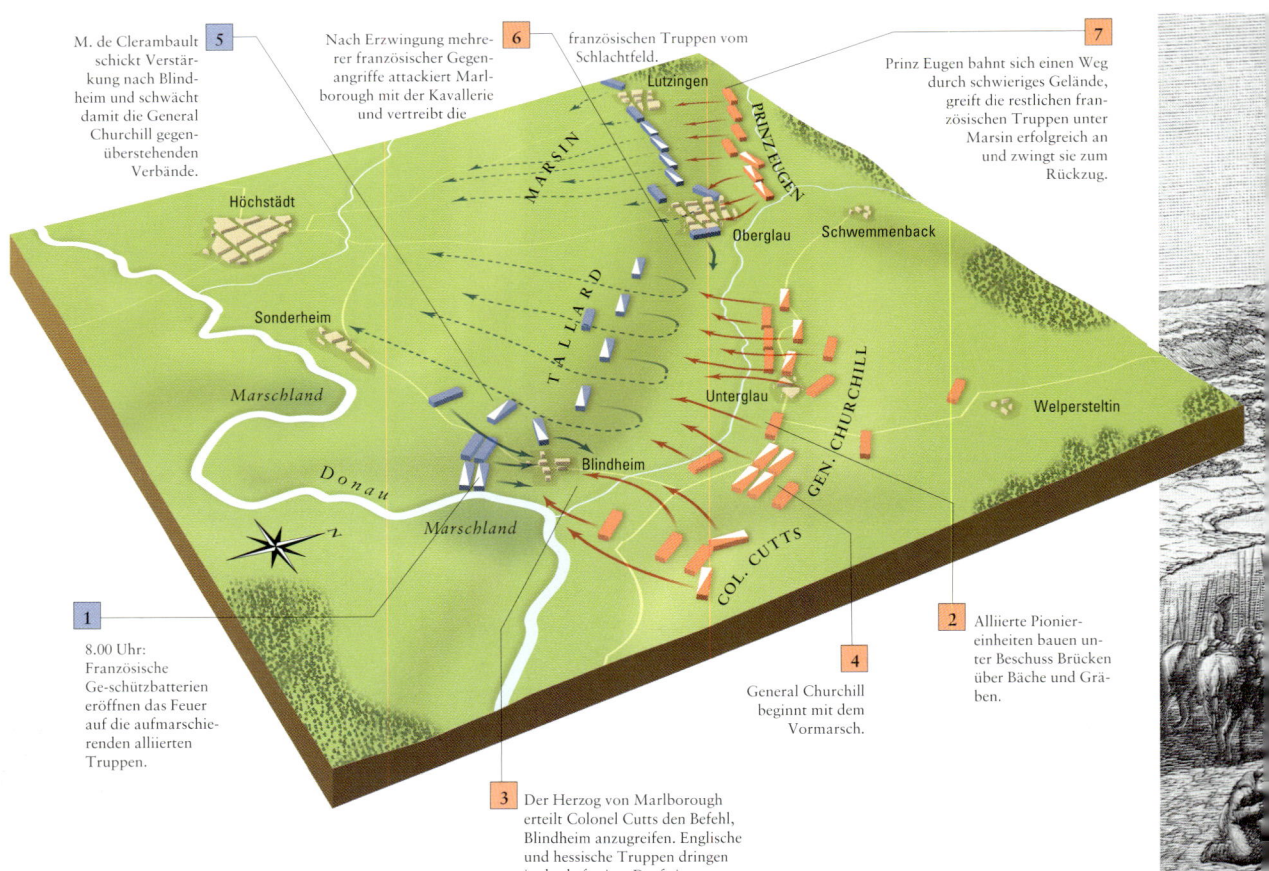

5 M. de Clerambault schickt Verstärkung nach Blindheim und schwächt damit die General Churchill gegenüberstehenden Verbände.

6 Nach Erzwingung mehrerer französischer Gegenangriffe attackiert Marlborough mit der Kavallerie und vertreibt die französischen Truppen vom Schlachtfeld.

7 Prinz Eugen bahnt sich einen Weg durch schwieriges Gelände, greift die restlichen französischen Truppen unter Marsin erfolgreich an und zwingt sie zum Rückzug.

1 8.00 Uhr: Französische Ge-schützbatterien eröffnen das Feuer auf die aufmarschierenden alliierten Truppen.

2 Alliierte Pioniereinheiten bauen unter Beschuss Brücken über Bäche und Gräben.

4 General Churchill beginnt mit dem Vormarsch.

3 Der Herzog von Marlborough erteilt Colonel Cutts den Befehl, Blindheim anzugreifen. Englische und hessische Truppen dringen in das befestigte Dorf ein.

Man ging davon aus, dass diese Angriffe die schwedischen Kräfte aufspalten würden und ein schneller Erfolg erreicht werden könnte. Der junge Karl XII. zögerte jedoch nicht mit einer Antwort. Durch seine Landung auf Seeland und die Bedrohung Kopenhagens zwang er Friedrich IV. zum Verlassen der Kriegskoalition, und August II. wurde durch die starke Verteidigung des durch Schweden gehaltenen Riga aufgehalten. So konnte Karl XII. sein Heer schnell nach Narwa in Estland bringen, das damals durch Peter den Großen belagert wurde. Die 11 000 Mann starke schwedische Armee rückte so schnell vor, dass die in Überzahl befindlichen Russen keine Zeit mehr hatten, ihre Geschütze in Stellung zu bringen. Die Schweden stürmten die russischen Verschanzungen und es kam schnell zum Nahkampf, in dem die Schweden ihre Geschicklichkeit im Umgang mit dem Bajonett bewiesen. Ein Schneesturm blies den Verteidigern direkt ins Gesicht, und die russischen Stellungen brachen unter schweren Verlusten (8000 Tote und 10 000 Verwundete gegenüber nur 2000 auf schwedischer Seite) zusammen. Die neuen, nach deutschem Vorbild ausgebildeten Regimenter Peters des Großen und seine traditionellen Einheiten wurden in die Flucht geschlagen.

Narwa (1700) zeigte, dass eine schlecht kommandierte und organisierte Belagerungsarmee durch einen Befreiungsangriff geschlagen werden konnte. Wie die Feldzüge und Schlachten während des Spanischen Erbfolgekrieges bewies dieser Kampf aber auch, wie wichtig Mut und Kühnheit bei der Übernahme der Initiative waren. Die gleichen Eigenschaften demonstrierte auch John Churchill, der 1. Herzog von Marlborough (1650–1722), im Spanischen Erbfolgekrieg, als er Frankreich bei Blindheim (13. August 1704), Ramillies (23. Mai 1706), Oudenaarde (11. August 1708) und Malplaquet (11. September 1709) besiegte. Marlborough, der selbst un-

SCHLACHT BEI BLINDHEIM, 13. AUGUST 1704

Der Herzog von Marlborough konnte diese Schlacht erfolgreicher als seine französisch-bayerischen Gegner gestalten. Er erlangte die Überlegenheit in dem Abschnitt, den er zu einem entscheidenden Teil des Schlachtfeldes machte. Er kombinierte geschickt seine Kavallerie und Infanterie miteinander und brachte dann die Artillerie nach vorn, um den Durchbruch der Kavallerie im Zentrum zu unterstützen. Blindheim zerstörte das Image der militärischen Überlegenheit Frankreichs.

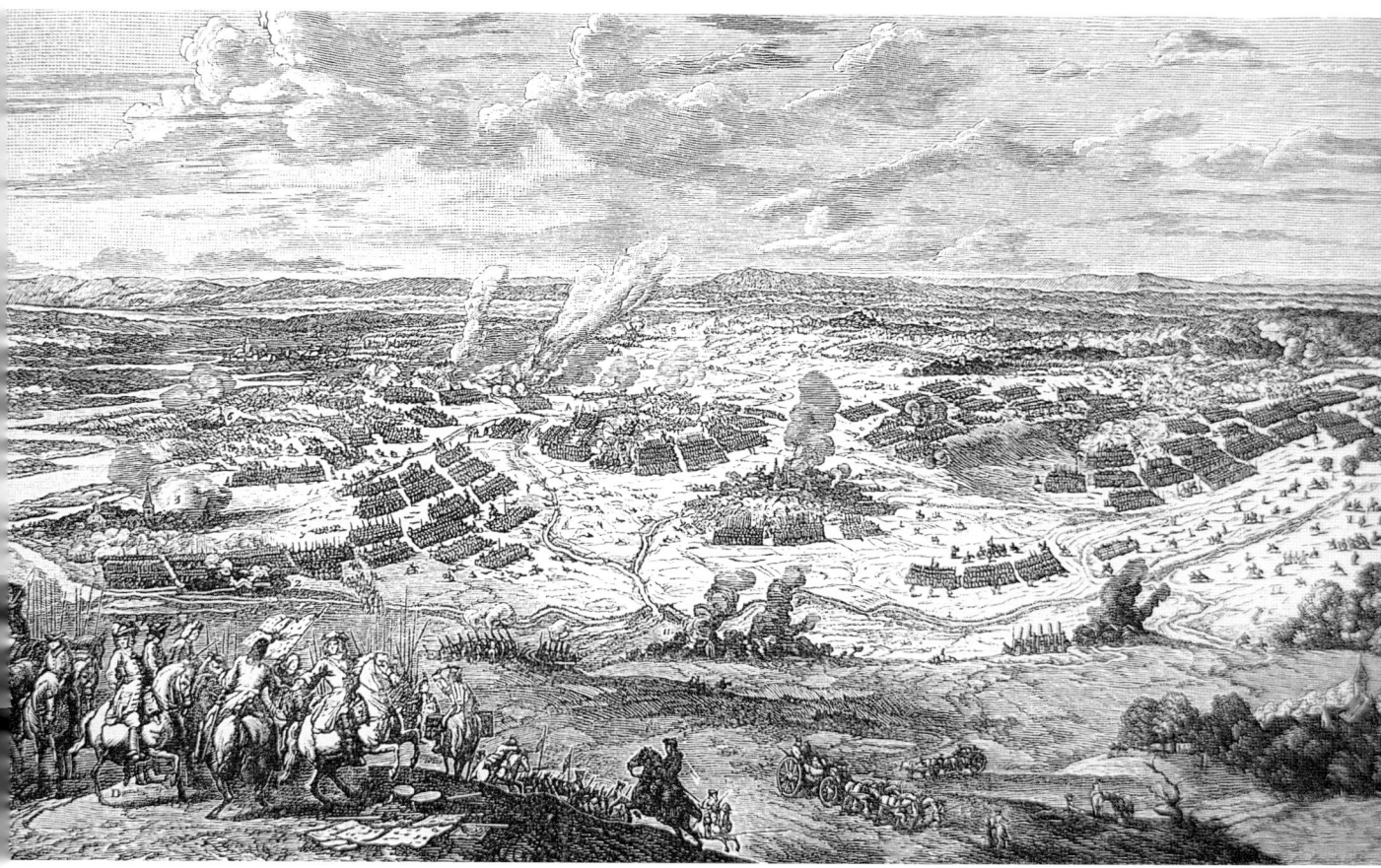

Ramillies

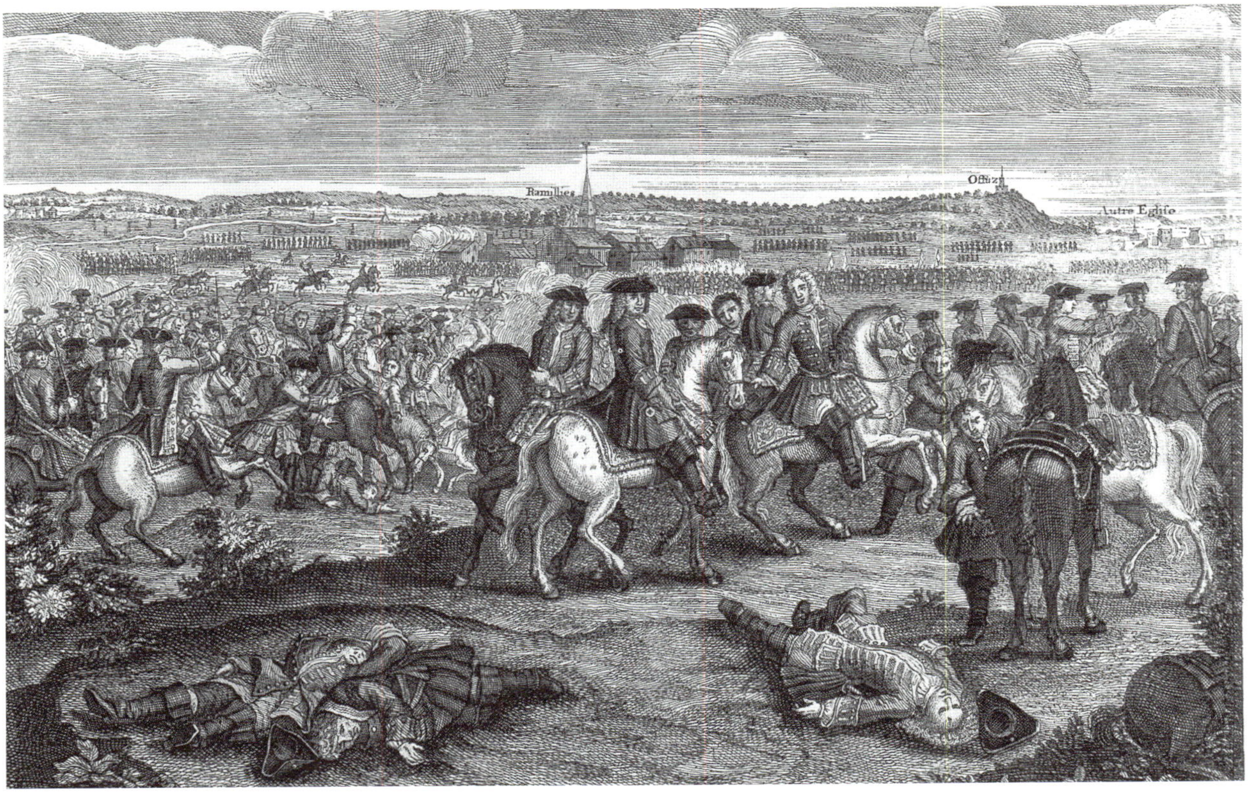

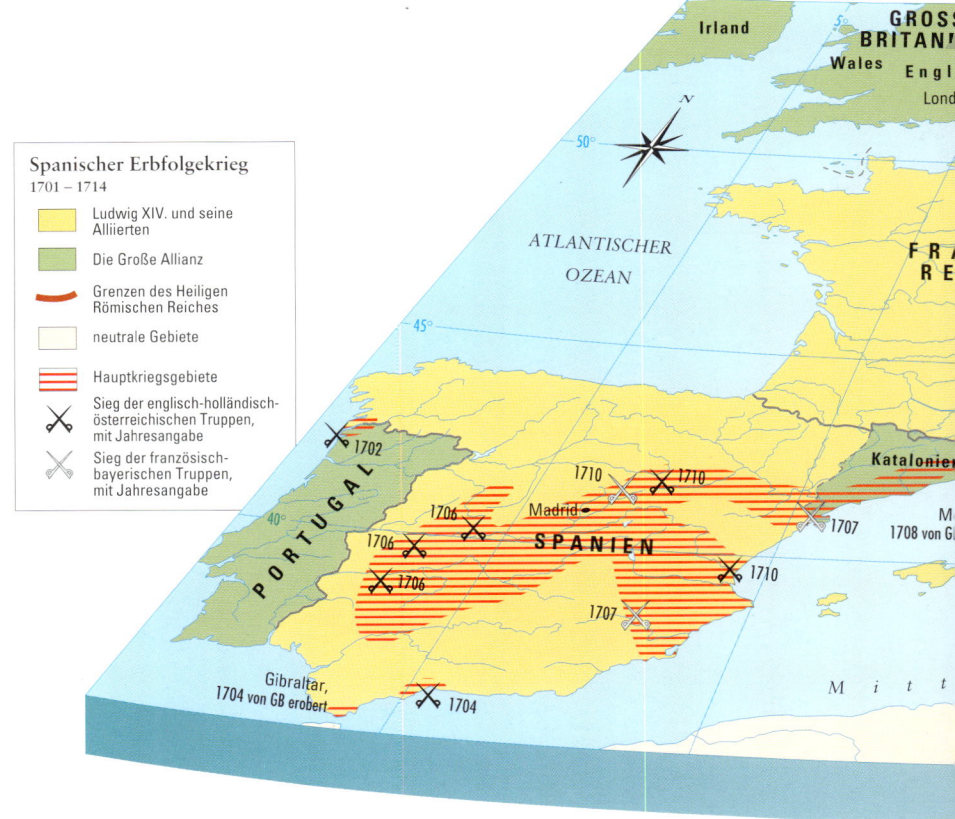

Schlacht bei Ramillies, 23. Mai 1706. Der dortige Sieg war Marlboroughs Fähigkeit zu verdanken, eine für den Stellungskrieg entwickelte Armee und Operationsstrategie in ein Instrument für die mobile Kriegführung verwandeln zu können. Die französischen Flanken wurden gebunden, bevor die Briten dann durch ihr Zentrum brachen.

Spanischer Erbfolgekrieg
1701 – 1714
Ludwig XIV. und seine Alliierten
Die Große Allianz
Grenzen des Heiligen Römischen Reiches
neutrale Gebiete
Hauptkriegsgebiete
Sieg der englisch-holländisch-österreichischen Truppen, mit Jahresangabe
Sieg der französisch-bayerischen Truppen, mit Jahresangabe
Irland
Wales
ATLANTISCHER OZEAN
PORTUGAL
SPANIEN
Madrid
Katalonien
Gibraltar, 1704 von GB erobert
1702
1704
1706
1707
1708
1710
50°
45°
40°

ter Beschuss stets ruhig und gelassen blieb und eine Kühnheit bewies, die fast an Abenteurertum grenzte, war ein Meister der Gestaltung des Konzepts und der Einzelheiten einer militärischen Auseinandersetzung. Er verlor nie die Kontrolle über seine eigenen Streitkräfte und den Verlauf einer Schlacht und war in der Lage, seine Truppen zum besten Zeitpunkt in entscheidender Weise einzusetzen.

Im gleichen Krieg wirkten aber auch andere erfolgreiche Generale, die ähnliche Eigenschaften wie Marlborough besaßen, darunter der Befehlshaber der österreichischen Truppen in Italien, Prinz Eugen, und Marschall Berwick, der französische Kommandeur in Spanien. Prinz Eugen konnte in den Jahren 1701, 1702 und 1706 größere französische Heere in Norditalien besiegen und die Schlachten von Carpi (9. Juli 1701), Chiari (1. September 1701), Luzzara (15. August 1702) und Turin (9. September 1706) gewinnen. Berwick, der uneheliche Sohn von Jakob II. und Arabella Churchill und Marlboroughs Neffe, besiegte die Alliierten in Spanien in den Jahren 1706 und 1707 und fügte ihnen am 25. April 1707 bei Almansa eine entscheidende Niederlage zu. Diese Feldzüge unterstrichen die Bedeutung schneller Truppenbewegungen, insbesondere um den Gegner zu verwirren. Jedoch brauchte man für ihre Durchführung umfassende logistische Fähigkeiten, die sowohl Marlborough als auch Berwick besaßen.

Feldzüge bestanden jedoch nicht nur aus Schlachten, auch Belagerungen waren von Bedeutung. Befestigte Stellungen waren Bastionen politischer Macht, sie sicherten den militärischen Nachschub und von dort aus wurden Verkehrswege kontrolliert. Aus diesem Grunde hatte die Eroberung von Lille durch Marlborough im Jahre 1708 und von Barcelona durch Berwick im Jahre 1714 eine große Bedeutung. Aufgrund der Fort-

Der Kampf um die spanische Erbfolge führte zu umfangreichen militärischen Auseinandersetzungen. In Europa wurde Frankreich aus den Niederlanden, Deutschland und Italien zurückgedrängt, aber in Spanien scheiterte die Allianz.

173

schritte auf dem Gebiet des Festungsbaus, die insbesondere dem französischen Ingenieuroffizier Sébastien le Prestre de Vauban (1633–1707) zu verdanken waren, wurden Belagerungen zu umfangreichen Operationen. Vauban entwickelte die Verwendung von Bastionen, Tiefenstrukturen, Feuer und defensiver Artillerie. Ohne die Fähigkeit und Entschlossenheit der europäischen Regierungen, in einer Zeit begrenzten ökonomischen Wachstums riesige Summen für solche Festungen auszugeben, wären diese Fortschritte allerdings von nur geringem Wert gewesen. So baute Frankreich eine Reihe von Festungen, um die nordöstlichen Grenzen des Landes durch ein in die Tiefe gehendes Verteidigungssystem zu schützen. Dank dieser Festungen war Marlborough nicht in der Lage, seine auf dem Schlachtfeld errungenen Siege in einen Vorstoß auf Paris münden zu lassen, den er für den Gewinn des Krieges als erforderlich betrachtete. Für den Bau dieser Festungen wurden immense Mittel eingesetzt: 1200 bis 1500 Mann arbeiteten täglich von 1698 bis 1705 an der Festung Neu-Brisach, die zum französischen Festungssystem im oberen Rheinland gehörte. Auch die dazugehörige Infrastruktur war gewaltig: Ein 40 km langer Kanal mit drei Aquädukten wurde gebaut, um das Baumaterial aus den Vogesen heranbringen zu können.

Der Verlauf des Spanischen Erbfolgekrieges widerspiegelte die strategischen Stärken der einzelnen Teilnehmer, obwohl sein Ausgang nicht nur davon abhing. Dank der größten Armee Westeuropas und ausgezeichneter Festungsanlagen hatte Frankreich eine relativ sichere Heimatbasis. Es war gegen britische Seeangriffe weitestgehend sicher, und auch der einzige Aufstand in Frankreich selbst, die Erhebung der Protestanten in den Cevennen, konnte niedergeschlagen werden. Die französischen Heere waren in der Lage, in den Niederlanden, in Deutschland, Italien und Spanien in die Offensive zu gehen, und die Fähigkeit zu gleichzeitigen Feldzügen in diesen verschiedenen Ländern zeugte von der militärischen, finanziellen und administrativen Stärke Frankreichs.

Aber auch Frankreichs Gegner waren aktiv. Großbritannien gewährte finanzielle Unterstützung und war 1704 bereit, mit seinen Truppen an der Donau aufzumarschieren. Außerdem trotzte Marlborough dem französischen Anspruch auf militärische Überlegenheit. Auch Holland, Österreich, Savoyen-Piemont, Portugal und einige deutsche Regenten, darunter die von Preußen und Hannover, spielten eine wichtige Rolle in der antifranzösischen Koalition. Sie schickten Truppen, wehrten französische Angriffe ab und hielten ihre Allianz bis zum Frieden von Utrecht (1713) aufrecht, in dem Ludwig XIV. zur Annahme der Bedingungen gezwungen wurde.

In Osteuropa, wo es weitaus weniger Befestigungsanlagen und auch kein System vorgelagerter Festungen gab, fiel es den Teilnehmern am Großen Nordischen Krieg leichter, große Vorstöße durchzuführen, wie dies bei der Invasion Karls XII. in Polen im Jahre 1701, in Sach-

GEGENÜBER: *August II., König von Polen 1697–1706, Kurfürst von Sachsen 1709–1733. Augusts Hoffnungen, dass die sächsische Dynastie durch seine Wahl auf den polnischen Thron zu einer Großmacht werden könnte, wurden durch die überlegene Feldherrenkunst Karls XII. von Schweden zerstört.*

Der Herzog von Marlborough. Er hielt die Allianz gegen Frankreich geschickt zusammen und führte die britische Armee dank seines Könnens in mobiler Kriegführung auf einen Höhepunkt ihres Erfolges.

Osteuropa, 1700 – 1795

——	Polnische Grenze 1700

1. Teilung 1772

▢	an Preußen
▢	an Russland
▢	an Österreich
——	Polnische Grenze 1772

2. Teilung 1793

▢	an Preußen
▢	an Russland
- - -	Polnische Grenze 1793

3. Teilung 1795

▢	an Preußen
▢	an Russland
▢	an Österreich

sen im Jahre 1706 und in der Ukraine im Jahre 1708 der Fall war. Aber auch in Osteuropa gab es einzelne Festungen, die von Bedeutung sein konnten, zumindest für die Kontrolle der Region. Aus diesem Grund waren die Eroberungen von Viborg, Reval, Mitau und Riga im Jahre 1710 sowie von Helsingfors (Helsinki) im Jahre 1713 durch Russland, und von Stettin (1714), Stralsund (1715) und Wismar (1716) durch Schwedens westliche Gegner, Dänemark und Preußen, wichtige Etappen beim Zusammenbruch des schwedischen Reiches. Karl XII. selbst fiel während der Belagerung der norwegischen Festung Fredrikshald im Jahre 1718.

Die kühne, immer auf Angriff orientierte Feldherrnkunst Karls XII. ähnelte eher jener des persischen Scheichs Nadir Shah, als dem vorsichtigen Stil vieler, wenn auch nicht aller westeuropäischen Feldherren. 1701 entschloss er sich, August II. von Polen gegen einen fügsameren Regenten auszutauschen, was dazu führte, dass er über etliche Jahre in die komplexen Probleme der instabilen polnischen Politik verstrickt wurde und sich nicht mit der wachsenden Macht Peters des Großen auseinanderset-zen konnte. Im Schutze einer Nebelwand überquerte Karl XII. im Sommer 1701 den Fluss Dwina bei Riga und schlug die Verteidiger der Stadt erfolgreich in die Flucht. Dann eroberte er Kurland und anschließend zunächst Litauen und dann Polen. Er konnte Warschau (März 1702) und Thorn (1703) einnehmen und polnisch-sächsische Armeen bei Klisow (1702), Pultusk (1703), Punitz (1704) und Fraustadt/Wschowa (1706) schlagen. Der Sieg bei Klisow über eine größere sächsische Armee war ty-pisch für die waghalsige Feldherrnkunst Karls XII., der stets an den Angriff glaubte und immer bereit war, Risiken einzugehen. Mit einem lautlosen Marsch durch schwieriges Gelände sicherten sich die Schweden das Überra-schungsmoment. Ohne erst zu rasten, um dann das Feuer zu eröffnen, griff ihre Kavallerie sofort an. Auch die Artillerie war schneller als die zahlrei-cheren sächsischen Geschütze, und die Infanterie schritt mit blanken Bajo-netten dem sächsischen Musketenfeuer entgegen. Wie oft bei Verteidi-gungskämpfen, wenn man die Angreifer nicht auf Distanz halten konnte, brachen auch hier die sächsischen Linien zusammen, und ihre Verluste waren mindestens doppelt so hoch wie auf schwedischer Seite.

Inzwischen baute Peter der Große seine Armee neu auf. Umfang-reiche Truppenrekrutierungen wurden durchgeführt, die Qualität der Ausbildung erhöhte sich und durch das 1701 gegründete, neue Kriegsamt verbesserte sich auch die Logistik. In der Folge kam es zu einer Reihe von Siegen über Schweden, darunter bei Eristfer (1701), Hummelshof (1702), Kalisz (1706), Lesnaja (1708) und dem wichtigsten, bei Poltawa (1709). In welchem Maße diese Siege auf die Militärreformen Peters des Großen zu-rückgeführt werden können, ist unklar, denn bei diesen Schlachten spielte die zahlenmäßige Überlegenheit eine große Rolle, und viele Truppenverbände, die insbeson-dere in den Schlachten zwischen 1701 und 1704 ein-gesetzt wurden, waren keine Regimenter neuen Stils. Außerdem konnte die sich erst entwickelnde Metall-industrie Russlands bis 1712 den Bedarf der Armee an Musketen nicht befriedigen, sodass 1707 der An-teil der Pikeniere gegenüber den Musketieren sogar erhöht wurde. Im Übrigen wurden die Infanteriefeu-erwaffen erst 1715 standardisiert, und die russische Militärverwaltung war durch Verwirrung, Hast und Opportunismus gekennzeichnet. Dennoch siegte Peter der Große. Die größeren Ressourcen Russlands wurden mit Ge-walt und durch die Gründung von *gubernii* mobilisiert. Dies waren riesige Provinzen unter der Leitung von Gouverneuren, die dem Zaren nahe standen und mit deren Hilfe ein effizientes Regierungssystem auf regionaler Ebene geschaffen werden konnte. Der Bedeutung der Verfügbarkeit von Ressourcen zeigte sich auch in der gewachsenen Rolle der russischen Artillerie, die unter Peter dem Großen stark entwickelt wurde. Bei Poltawa feuerten die 102 russischen Kanonen 1471 Schüsse ab, während Karl XII. in dieser Schlacht, in der seine Armee vernichtet wurde, nur über vier Kanonen ver-fügte. Während der Regentschaft Peters des Großen (1689–1725) wurden ca. 300 000 Mann für die Armee rekrutiert und viele traten auch in die Marine ein. Die jährlichen Militärausgaben stiegen von 750 000 Rubel im Jahre 1680 auf 5,4 Millionen Rubel im Friedensjahr 1724.

DAS SCHICKSAL POLENS

Die Zerstörung Polens durch Österreich, Preußen und Russland war eine bru-tale Demonstration von Stärke, insbesondere von-seiten Russlands. Die Tei-lungsmächte konnten die Bevölkerung ihrer Länder besser organisieren, kontrol-lieren und lenken als Polen. Die Teilungen stellten die größte territoriale Verände-rung in Europa seit der ersten Dekade des 18. Jahr-hunderts dar

Die beiden westeuropäischen Kriege nach dem Spanischen Erbfolgekrieg, der Krieg der Quadrupelallianz (1718–1720) und der Polnische Erbfolgekrieg (1733–1735), werden in militärgeschichtlichen Abhandlungen zumeist vernachlässigt. Dennoch sind auch sie von Bedeutung, denn sie unterstreichen die wichtige Rolle der politischen Rahmenbedingungen und auch die Vielfalt der Kriegführung in der damaligen Zeit. Aus den politischen Interessen lässt sich der Verlauf beider Kriege erklären. Im Krieg der Quadrupelallianz führte Frankreich nur eine begrenzte Invasion in Nordspanien durch, da sich die französische Regierung der mangelnden Popularität des Krieges mit Spanien bewusst war und außerdem dessen Macht nicht ganz zerstören wollte. Für den Verlauf des Konfliktes spielten zwei militärische Erfolge eine wichtige Rolle: Spanien konnte im Jahre 1718 mit 20 000 Mann auf Sizilien landen und einen großen Teil der Insel erobern. Jedoch versetzte der britische Sieg über die spanische Flotte im gleichen Jahr Österreich in die Lage, einen Gegenangriff zu starten (was zu etlichen Schlachten, darunter jener bei Francavilla, führte, die in Arbeiten über die Militärgeschichte ebenfalls oft ignoriert werden). Der Krieg endete schließlich damit, dass Spanien die österreichische Kontrolle über Sizilien anerkennen musste.

Im Polnischen Erbfolgekrieg griff Frankreich Österreich an, unterzeichnete aber gleichzeitig auch ein Neutralitätsabkommen für die Österreichischen Niederlande (das heutige Belgien und Luxemburg). Einen erfolgreichen Vormarsch an der Mosel im Jahre 1734 nutzte Frankreich bewusst nicht weiter aus, um zu verhindern, dass neutrale Mächte, insbesondere Großbritannien und die Vereinigten Provinzen (Holländische Republik), aufseiten Österreichs in den Krieg eintraten. In diesem Krieg kam auch die Vielfalt der Kriegführung sehr deutlich zum Ausdruck. Neben entscheidenden Feldzügen, wie der Invasion in das unter österreichischer Herrschaft stehende Mailand durch französische und sardinische Truppen im Jahre 1733, der russischen Invasion in Polen im gleichen Jahr und der spanischen Invasion auf Sizilien im Jahre 1734, gab es auch andere Operationen, die nur begrenzten Erfolg hatten, wie die Feldzüge im Rheinland in den Jahren 1733, 1734 und 1735 sowie die Schlacht bei Mantua im Jahre 1735. Entscheidenden Gefechten, wie dem spanischen Sieg über Österreich bei Bitonto am 25. Juni 1734, der Spanien die Herrschaft über Süditalien sicherte, standen andere Auseinandersetzungen ohne größere Triumphe oder Ergebnisse gegenüber. Zu Letzteren gehören die Schlachten zwischen Frankreich und Österreich bei Parma (29. Juni) und bei Guastalla (19. September) in Norditalien im Jahre 1734.

Der Österreichische Erbfolgekrieg (1740–1748) begann mit einem überwältigenden Triumph: der Eroberung der österreichischen Provinz Schlesien (im heutigen Südwesten Polens) durch Friedrich II., der diesen Feldzug im Dezember 1740 begann. Dies führte dann zur Schlacht von Mollwitz (10. April 1741), in der die preußische Kavallerie durch die zahlenmäßig überlegene österreichische Reiterei niedergeritten wurde, was Friedrich II. zur Flucht veranlasste. Jedoch konnte sich die gut ausgebildete und in Überzahl befindliche preußische Infanterie gegen die langsamer feuernden Gegner durchsetzen, die sich schließlich nach Einbruch der Nacht zurückzogen. Jedoch kann der preußische Erfolg wohl nicht der überlegenen Waffentechnik oder Feldherrnkunst zugeschrieben werden. Vor größerer Bedeutung war hier die zahlenmäßige Überlegenheit der preußischen Infanterie (16 800 zu 10 000) und die Tatsache, dass sich in den österreichischen Reihen viele neue Rekruten befanden. Mollwitz war beileibe kein großer Triumph. Die preußischen Verluste durch getötete, verwundete und verschollene Soldaten (4800) waren sogar um 300 Mann höher als aufseiten der Österreicher. Wenn Österreich die Möglichkeit gehabt hätte, seine größere Stärke zu mobilisieren und sich auf den Kampf mit Friedrich II. zu konzentrieren, so wäre dieser in arge Bedrängnis geraten. Jedoch war auch hier wieder

einmal der politische Kontext entscheidend. 1741 wurde auch Maria Theresia von Österreich durch Frankreich, Bayern und Sachsen angegriffen, als ihr Bündnissystem auseinander fiel. Französisch-bayerische Truppen rückten gegen Wien vor und stürmten dann gemeinsam mit sächsischen Verbänden die Stadt Prag. Aber auch hier unterlag die militärische Strategie den politischen Interessen: Sachsen und Preußen ließen ihre Verbündeten im Stich und die Österreicher konnten zurückschlagen, wobei sie die Maxime ignorierten, nach der in der unentschlossenen Kriegführung unter dem *Ancien Régime* Winterfeldzüge vermieden werden sollten. Sie eroberten Linz im Januar des Jahres 1742 und im nächsten Monat München. Im Dezember des gleichen Jahres belagerten die Franzosen Prag.

1743 trat Georg II. von Großbritannien auf österreichischer Seite in den Krieg ein. Er befehligte die Truppen, die Frankreich bei Dettingen (17. Juni) schlugen. Dort hatten die Franzosen den Briten eine Falle gestellt. Jedoch verließ ein Teil der französischen Armee die starke Defensivstellung und rückten vor, was dazu führte, dass sie zusammengeschossen wurden. Allerdings war Georg II. nicht in der Lage, seinen Sieg auszunutzen, um die stark befestigte Ostgrenze Frankreichs zu durchbrechen.

Schlacht vor. Fontenoy, 11. Mai 1745. Ludwig XV. zeigt auf den Sieger, Moritz Graf von Sachsen. Durch seine geschickte Ausnutzung der Vorteile des Verbleibens in der Defensive konnte er den Erfolg des Herzogs von Cumberland vereiteln, der die Taktik des direkten Vorrückens gewählt hatte. Moritz setzte seine Reserven effizient ein. Die britische Infanterie legte Zeugnis von ihrer Disziplin und Feuerkraft ab.

Als die österreichischen Truppen unter Prinz Karl von Lothringen im folgenden Jahr in das Elsass einfielen, wurden sie schnell wieder zurückgerufen, da Friedrich II. erneut in den Krieg eingetreten war und Prag erobert hatte. 1745 gingen die Österreicher mit sächsischer Unterstützung gegen Friedrich II. in die Offensive, wurden aber bei Hohenfriedeberg, Soor, Hennersdorf und Kesselsdorf durch eine Kombination aus effizienter preußischer Kommandeurskunst, flexibler Taktik und Kampfqualität geschlagen. Die Siege bei Hohenfriedeberg und Soor wurden durch die Anwendung des so genannten „Angriffs in schräger Ordnung" errungen. Moritz von Sachsen, der französische Befehlshaber, behauptete 1749, dass die preußische Armee nur für den Angriff ausgebildet sei und dass sie ihre Taktik nur anwenden könne, wenn die strategische und taktische Initiative auf ihrer Seite war.

Österreich beendete den Krieg gegen Preußen zu Weihnachten 1745. Jedoch hatte Frankreich zu diesem Zeitpunkt bereits große Teile der Österreichischen Niederlande erobert und einen Gegenangriff durch englisch-holländisch-deutsche Truppen bei Fontenoy (11. Mai 1745) zurückgeschlagen. Der Herzog von Cumberland, dritter Sohn von Georg II., hatte nichts von Marlboroughs Geschicklichkeit. Er konnte seine Gegner nicht umklammern und wurde stattdessen selbst eingeschnürt, als er vorbereitete Stellungen frontal attackierte. Beim letzten dieser Angriffe rückten Cumberlands Truppen in rechteckiger Formation vor, durchbrachen die erste französische Linie und schlugen das französische Gardekorps mit schwerem Musketenfeuer. Jedoch scheiterte auch dieser Angriff schließlich, weil man die französischen Verschanzungen auf den Flanken nicht zuvor erobert hatte. Der französische Befehlshaber, Moritz von Sachsen, konnte seine Reserven wirksam einsetzen. Obwohl Cumberlands Infanterie mehrere Attacken der französischen Kavallerie zurückschlug, konnte sich die französische Infanterie wieder entfalten und Cumberlands Kolon-

TAKTISCHE FORMATIONEN

Auf der Suche nach effizienteren taktischen Formationen setzte Moritz von Sachsen Stoßaktionen ein und verwendete auch leichte Artillerie, um die Feuerkraft seines Heeres zu erhöhen. Er war auch ein Befürworter des Einsatzes leichter Infanterie für Scharmützelgefechte vor der Hauptstreitmacht.

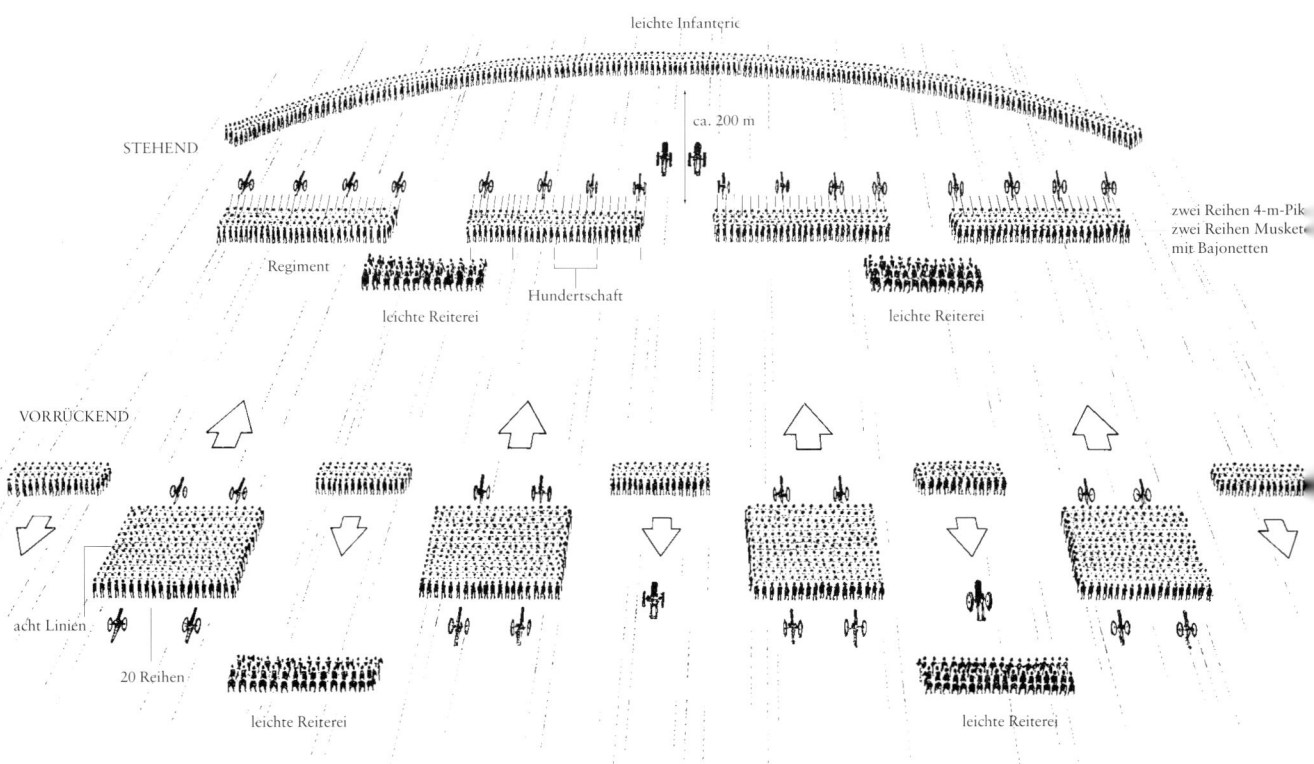

leichte Infanterie

ca. 200 m

STEHEND

zwei Reihen 4-m-Pik
zwei Reihen Musket
mit Bajonetten

Regiment

leichte Reiterei

Hundertschaft

leichte Reiterei

VORRÜCKEND

acht Linien

20 Reihen

leichte Reiterei

leichte Reiterei

nen von den Flanken her angreifen, da man sie nicht durch Flankenangriffe nieder-
gehalten hatte, wie dies in einer von Marlborough geführten Schlacht geschehen
wäre. Auch mit Geschützen wurde in die Flanken gefeuert. Unter diesem Angriff mit
Feuer von drei Seiten mussten sich die britischen Truppen schließlich zurückziehen.
Napoleon meinte später, dass der französische Sieg bei Fontenoy die Monarchie des
Ancien Régime in Frankreich um dreißig Tage verlängert hätte. Cumberland besiegte
im folgenden Jahr die Armee der Jakobiten unter Bonnie Prince Charlie (Charles
Edward Stuart) bei Culloden. Jedoch hatte er dort den Vorteil einer überlegenen
Feuerkraft, eines ausgezeichneten Geländes und eines dummen Gegners.

Moritz von Sachsen, der Marlborough in seiner Vorliebe für kühne Manöver, seiner Philosophie der Eroberung und Bewahrung der Initiative, seiner Fähigkeit zur
effizienten Kontrolle großer Truppenverbände in der Schlacht und seiner Betonung
der Moral nacheiferte, erkämpfte weitere Siege für Ludwig XV. in den Niederlanden
bei Roucoux (11. Oktober 1746) und Lawfeldt (2. Juli 1747), bevor er dann in die
Vereinigten Provinzen vorrückte und Maastricht eroberte (7. Mai 1748).

Weiter südlich scheiterten französisch-spanische Truppen in den Jahren 1743 und
1744 im letzten großen Konflikt in Italien vor dem Französischen Revolutionskrieg
bei dem Versuch, die Verteidigungsstellungen des Königreiches Sardinien, zu dem Piemont und Savoyen als wichtigste Besitzungen gehörten, in den Alpen zu durchbrechen.
Auf politischem Wege fand man dann aber einen anderen Zugang: Durch den Ab-
schluss eines Bündnisses mit Genua im Jahre 1745 konnten die Bourbonen die Alpen
umgehen und von Süden her in Piemont einfallen. Anfängliche Erfolge wurden jedoch
1746 gestoppt, und Österreich und Sardinien gewannen die entscheidende Schlacht
dieses Krieges bei Piacenza (16. Juni 1746), womit ein Vierteljahrtausend französischer Bemühungen zur Beherrschung Norditaliens für die restliche Zeit des *Ancien
Régime* zu Ende ging. Später in jenem Jahr fiel die österreichische Allianz mit britischer Seeunterstützung in die Provence ein. Diese Invasion wurde aber 1747 zurückgeschlagen, und auch der Versuch Österreichs zur Rückeroberung Genuas schlug fehl,
nachdem sich die Stadt gegen die österreichische Kontrolle erhoben hatte. Diese ge-
nuesische Revolte vom Dezember 1746, ein erfolgreicher Volksaufstand, nahm viel
von dem vorweg, was mit der revolutionären Kriegführung gegen Ende des Jahrhunderts assoziiert werden sollte. Der sich schnell ändernde Verlauf des Konflikts in Italien unterstrich den instabilen Charakter des Krieges in diesem Zeitabschnitt.

Nach der Beendigung des Österreichischen Erbfolgekrieges mit dem Frieden von
Aachen (1748) blieben viele Fragen ungelöst, was insbesondere an dem österreichischen Zorn über den Verlust Schlesiens lag. Diesbezügliche Spannungen führten
dann 1756 zum Ausbruch des Siebenjährigen Krieges, als Friedrich II. in richtiger
Vorahnung der österreichisch-russischen Pläne einen Präventivschlag gegen das mit
Österreich verbündete Sachsen führte. So begann ein Konflikt, in dem sich Österreich, Frankreich, Russland, Sachsen und Schweden auf der einen Seite und Friedrich II. auf der anderen gegenüberstanden, wobei Letzterer nur mit Großbritannien
und einer geringen Zahl deutscher Fürsten verbündet war. Friedrich hatte sein Überleben, das „Wunder des Hauses Brandenburg", vor allem einigen beeindruckenden
Siegen zu verdanken, die er insbesondere in der Schlacht von Rossbach (5. November 1757) über Frankreich und von Leuthen (5. Dezember 1757) und Torgau (3. November 1760) über Österreich errang. Aber auch das Scheitern seiner Gegner bei der
Abstimmung ihrer Strategien war ein Grund dafür. Nach der Niederlage bei Rossbach konzentrierte sich Frankreich auf Operationen gegen Friedrichs Verbündete
(britische, hannoveranische, hessische und braunschweigische Truppen) in Westfalen und Hessen im westlichen Teil Deutschlands und schickte keine Truppen mehr

UMSEITIG: *Schlacht bei
Culloden, 16. April 1746.
Entscheidende Niederlage
der Jakobiten unter Charles
Edward Stuart gegen Regie-
rungstruppen unter dem
Herzog von Cumberland.
Die Jakobiten waren in Unterzahl (5000 zu 9000) und
hatten auch weniger Ge-
schütze. Ein Sturmangriff
im Schottischen Hochland
war unter den vorhandenen
Bedingungen nicht möglich,
insbesondere weil Cumber-
lands Truppen dank ihrer
großen Zahl auch zur Ver-
teidigung in der Tiefe fähig
waren. Lücken in der Frontlinie konnten wieder gefüllt
werden. Cumberlands Kar-
tätschenfeuer und seine
Infanterie konnten die vorrückenden Anhänger der
Stuarts so dezimieren, dass
jene, die die königlichen
Truppen noch erreichten,
mit dem Bajonett zurückgeschlagen wurden.*

in östlicher Richtung nach Sachsen, um dort den Kampf gegen Friedrich II. selbst zu unterstützen. Österreich und Russland drangen in jeweils andere Richtungen vor, und als Friedrich II. unter Druck geriet, wirkte sich die mangelnde Zusammenarbeit äußerst nachteilig für diese beiden Mächte aus, insbesondere im Jahre 1759 nach dem russischen Sieg bei Kunersdorf (13. August). Es gab keine ähnliche Partnerschaft wie zwischen Marlborough und Prinz Eugen, die für den Sieg im Spanischen Erbfolgekrieg eine wichtige Rolle gespielt hatte.

Dennoch war der Druck vonseiten Österreichs und Russlands sehr stark, und beide hatten auch keine anderen militärischen Verpflichtungen. Friedrich II. büßte die Kontrolle über seine Besitzungen im Rheinland ein, und Berlin wurde geplündert. Dieser Krieg verursachte sehr hohe Kosten für Preußen. Was Friedrich II. Probleme verur-

Schlacht bei Leuthen, 5. Dezember 1757. Die geschickte Ausnutzung des Geländes durch Friedrich den Großen und die Kampfqualitäten der preußischen Armee führten zum Sieg über eine größere österreichische Armee (35 000 zu 54 000) unter Prinz Karl von Lothringen. Die Preußen umgingen die österreichische Stellung und zerstörten dann die neu formierte österreichische Front mit wiederholten Angriffen. Auf preußischer Seite wurden 6 380 Mann getötet oder verwundet, auf österreichischer Seite kam es zu 10 000 Toten und Verwundeten, und 12 000 Soldaten wurden gefangen genommen.

sachte, ging teilweise auf kurz davor durchgeführte Reformen in den Armeen Österreichs und Russlands zurück, insbesondere auf die Entwicklung der Artillerie in diesen Heeren. Die Österreicher hatten außerdem ihre Flexibilität auf dem Schlachtfeld erhöht und setzten in den Jahren 1758 und 1759 aufgelockerte Kolonnen mit Erfolg ein. Außerdem war Friedrich II. bei Belagerungen ein schlechter Kommandeur.

Als Reaktion verstärkte Friedrich II. seine Artillerie und veränderte die Taktik. Dennoch war er nicht in der Lage, seine Erfolge auf dem Schlachtfeld auszunutzen, und die russischen Machtzentren lagen ohnehin außerhalb seiner Reichweite. Was ihn schließlich rettete, war der Tod seiner unerbittlichsten Feindin, der Zarin Elisabeth, im Januar 1762 und die Übernahme der Regentschaft durch ihren Neffen, Peter III., für den Friedrich II. ein Held war. Nachdem Peter III. den Friedensvertrag

unterzeichnet hatte, mit dem die russischen Eroberungen zurückgegeben wurden, hatte Österreich keine Verbündeten mehr und schloss ebenfalls Frieden auf der Grundlage einer Rückkehr zu den Vorkriegsgrenzen.

Auch Großbritannien hatte zum Sieg Friedrichs II. durch finanzielle Unterstützung und durch die Bindung der französischen Streitkräfte in Westdeutschland beigetragen. Die Franzosen erlitten dabei eine Niederlage bei Minden (1. August 1759), als ihre Kavallerie durch britische Infanterie zurückgeschlagen wurde. Diese Schlacht wurde dank des Mutes und der Feuerdisziplin der britischen Infanterie gewonnen, deren sechs Bataillone sechzig französische Kavallerieeinheiten besiegten. Sie hatten Befehle falsch verstanden, waren über ein offenes Gelände vorgerückt und wehrten dann zwei Attacken der französischen Kavallerie ab. Die meisten Verluste unter der Kavallerie entstanden durch Musketenfeuer, und jene Reiter, die die britischen Linien erreichten, wurden mit dem Bajonett getötet. Nach diesen Kavallerieattacken wurde der Vormarsch der französischen Infanterie durch britisches Geschützfeuer gestoppt. Dann erfolgte ein weiterer Angriff der französischen Kavallerie auf die Flanken und in den Rücken der britischen Infanterie. Aber deren hintere Reihen drehten sich herum und feuerten ihre tödlichen Musketen auf die Reiter ab. Noch einmal versuchten es die Franzosen mit einer frontalen Kavallerieattacke, aber nur wenige Reiter erreichten die britischen Linien und auch diese wurden durch die britischen Bajonette gestoppt. Ein anschließender Infanterieangriff konnte durch Geschützfeuer aufgehalten werden. Die Franzosen lieferten keinen guten Kampf, ihre Planung war schlecht und ihre Artillerie unterlegen. Jedoch versäumten es die Briten, ihren Sieg durch den Angriff mit ihrer eigenen Kavallerie zu zementieren. Deswegen wurde ihr Befehlshaber, Lord Sackville, auch vor ein Kriegsgericht gestellt. Eine Reihe britischer Angriffe auf die Küsten Frankreichs war jedoch weniger erfolgreich. 1758 konnte Cherbourg vorübergehend besetzt werden, und Belle-Ile vor der bretonischen Küste wurde 1761 erobert. Die Angriffe auf Rochefort im Jahre 1757 sowie auf St. Malo im folgenden Jahr waren jedoch weniger erfolgreich.

Im Rahmen dieses Krieges erfolgte 1762 auch eine französisch-spanische Invasion in Portugal, die teilweise durch das Eintreffen eines britischen Expeditionskorps vereitelt wurde. Allerdings blieb dieser Feldzug ohne größere Gefechte. Befestigte Stellungen spielten dabei eine große Rolle, aber entscheidender waren die internen Probleme bei der Durchführung dieses Feldzugs in Portugal. Die hauptsächlich von Spanien gestellte Invasionsarmee wurde von Krankheiten und Nachschubmangel geplagt und lange Verbindungswege, Regen sowie Unkenntnis des Geländes taten ein Übriges.

Der Siebenjährige Krieg begründete den Ruf der preußischen Armee und wird im Allgemeinen als Höhepunkt der Kriegführung nach den Methoden des *Ancien Régime* betrachtet. Anschließend kamen ausländische Beobachter zuhauf zu den preußischen Militärparaden und jährlichen Manövern in Schlesien. Louis-Alexandre Berthier, später Napoleons Stabschef und Kriegsminister, zeigte sich von den Veranstaltungen, denen er 1783, drei Jahre vor dem Tod Friedrichs II., beiwohnte, tief beeindruckt.

Auch noch im Jahre 1787 bewiesen die Preußen ihre Effizienz, als eine schnell vorrückende preußische Armee die Vereinigten Provinzen besetzte, um die Macht des Prinzen von Oranien in der holländischen Krise jenes Jahres zu etablieren. Der schwache Widerstand und die fehlende Unterstützung Frankreichs für seine holländischen Verbündeten waren für Preußen dabei äußerst hilfreich. Wie dies gewöhnlich in westeuropäischen Kriegen der Fall war, hatte das Fehlen einer wirksamen Verteidigung entscheidende Bedeutung für einen schnellen, erfolgreichen Vormarsch. Aus den Aufzeichnungen von General James Grant geht hervor, in welchem Maße die preußischen Truppen unter dem Befehl von Karl Wilhelm Ferdinand, Herzog von Braunschweig (1735–1806), einem Protegé Friedrichs des Großen, von der Verwirrung und Schwäche der Holländer profitierten: „Er hatte keine Artillerie dabei, um die starken Übergänge auf den Deichen und etliche andere sehr stark befestigte Stellen anzugreifen. Aber sie waren sehr nett und gaben ohne den geringsten Widerstand auf."

Durch den Erfolg des Herzogs von Braunschweig blieb der gute Ruf der preußischen Armee erhalten. 1790 schrieb Joseph Ewart, der britische Gesandte in Berlin: „Ich habe dieses Land immer als eine große Maschinerie betrachtet, die aus über 200 000 Mann der besten Truppen der Welt besteht …".

Dennoch sollte diese Armee den Truppen des napoleonischen Frankreichs unterliegen. Der Vormarsch des Herzogs von Braunschweig auf Paris im Jahre 1792 wurde durch größere revolutionäre Streitkräfte bei Valmy gestoppt und Preußen unterlag bei Jena im Jahre 1806, nur zwanzig Jahre nach dem Tod Friedrichs II. Damit wurde offensichtlich auch das Scheitern des militärischen Systems des *Ancien Régime* gekennzeichnet. Schon in den letzten Jahren der Regentschaft Friedrichs II. hatte es wachsende Kritik an der preußischen Lineartaktik gegeben. 1785 äußerte sich Cornwallis kritisch zu der mangelnden Flexibilität in der preußischen Taktik und 1790 schrieb ein französischer Diplomat von einem offensichtlichen Niedergang der preußischen Armee nach dem Tod Friedrichs II.

Nach den Siegen über Preußen bei Gross-Jägersdorf (30. August 1757) und Kunersdorf (12. August 1759) hätte der Siebenjährige Krieg eigentlich zu einem besseren Ruf der russischen Armee führen müssen, denn die durch sie gezeigten Kampfqualitäten, der Zusammenhalt ihrer Verbände sowie ihre Disziplin und Beharrlichkeit auf dem Schlachtfeld hätten dies durchaus gerechtfertigt. Auch in den Kriegen gegen die Türken von 1768 bis 1774 und von 1787 bis 1792 war Russland abermals flexibel und erfolgreich. Nur mit einer engen Betrachtungsweise kann man deshalb die Kriegführung vor der Französischen Revolution als statisch und anachronistisch abstempeln.

Die vielfältigen Formen der Kriegführung zur damaligen Zeit zeigten sich auch in dem Konflikt zwischen der regulären Armee Russlands und polnischen Patrioten, der 1768 begann und seinen Höhepunkt in der 1. Polnischen Teilung im Jahre 1772 fand. Dabei versuchten die Russen, die Handlungsunabhängigkeit Polens einzuschränken, wobei sie auch von der Uneinigkeit ihrer Gegner profitierten. Jedoch waren diese Feldzüge durchaus nicht leicht. Die Probleme der Kontrolle über ein großes Gebiet wurden durch die Mobilität der polnischen leichten Kavallerie verstärkt, während es durch die dezentralisierte Struktur des politischen Systems in Polen nicht möglich war, den Krieg durch die Eroberung einiger weniger Machtzentren zu gewinnen. Mobilität stand dabei im Vordergrund. Die russischen Erfolge hingen vom unerbittlichen Einsatz großer militärischer Mittel, wie bei der dreimonatigen erfolgreichen Belagerung von Krakau im Jahre 1772, und von ihrer Entschlossenheit ab, durch kühne Angriffe Gefechte mit schneller Bewegung zu erzwingen. Bei Landskron stürmte russische Infanterie und Kavallerie im Jahre 1771 die polnischen Stellungen. In der anschließenden Schlacht schlug die Kavallerie die polnische Infanterie in die Flucht, während die russische Infanterie die polnische Kavallerie zurückhielt. Bei Stalowicz (12. September 1771) brachte ein kühner Überraschungsangriff im Morgengrauen auf das Dorf, in dem die litauischen Truppen ihren Stützpunkt errichtet hatten, den russischen Streitkräften unter Suworow den Sieg. Suworows schnelle Operationen zeigten, dass es in der europäischen Kriegführung der damaligen Zeit Dynamik und Flexibilität gab und dass sich die Kriegführung durchaus nicht auf formale Elemente beschränkte, wie dies vielleicht Salvenfeuer und lineare Schlachtformationen vermuten lassen.

Infanterie de ligne

KAPITEL SIEBEN

Das Herannahen der Revolution

Füsilier, 1793–1806. Diese Soldaten trugen Napoleon zum Sieg. Aus „Histoire de l'Empereur Napoleon".

DAS HERANNAHEN DER REVOLUTION

Zeitgenössische Radierung eines bewaffneten Sansculotten. Der Ausbruch des Krieges verstärkte den

D a die Kolonnen der französischen Bürgersoldaten zu Beginn der 90-er Jahre des 18. Jahrhunderts ihre Gegner im Sturm überrannten, war es leicht, die eingetretenen Veränderungen zu erkennen und zu behaupten, dass die politische Revolution in Frankreich zu einer militärischen Revolution geführt hatte, die sie im Übrigen auch für ihr eigenes Überleben brauchten. Allerdings darf man neben der Wahrnehmung dieser revolutionären Veränderungen, die sowohl hinsichtlich der Größe der Streitkräfte als auch in Bezug auf den politischen und sozialen Kontext der Kriegführung stattfanden, nicht vergessen, dass auch in den anderen europäischen Armeen zu diesem Zeitpunkt bereits starke Reformbestrebungen im Gange waren, denn damit lassen sich die zahlreichen militärischen Erfolge der Gegner des revolutionären Frankreich leichter erklären. Aus der Schilderung einer Schlacht erfahren wir Folgendes: „[Sie] rückten in zwei Kolonnen vor und hielten diese Ordnung aufrecht, obwohl drei Sechspfünder sie mit Kartätschen beschossen, während sie den Fels erklommen." Allerdings beschreibt der Beobachter namens William Leslie hier nicht einen Angriff der neuen republikanischen Bürgerlegionen des revolutionären Frankreich, sondern die erfolgreiche Attacke der hessischen Truppen auf die Geschütze des von den Amerikanern gehaltenen Fort Washington im November 1776.

Für die Reformen gab es unterschiedliche Quellen, von denen die folgenden drei wohl am wichtigsten sind: Erstens fand von den 40-er Jahren des 18. Jahrhunderts an eine umfangreiche demografische und wirtschaftliche Expansion in Europa statt. Zweitens wurden Reformen und der Lösung von Problemen mit rationalen Mitteln, die das Gedankengut der Aufklärung kennzeichneten, eine größere Bedeutung beigemessen. Und drittens spielten die Auswirkungen der langwierigen Kriege zwischen 1740 und 1762 eine entscheidende Rolle. Der erste Faktor erzeugte die Mittel für die militärische Expansion, der zweite förderte die geistige Atmosphäre der Erneuerung, und der dritte, der sich aus früheren Prüfungen und Bewährungsproben ergab, führte zu der Entschlossenheit, alles das, was man als mangelhaft erkannt hatte, zu ändern, um die Armeen (und Gesellschaften) besser für zukünftige Konflikte zu rüsten, deren Wahrscheinlichkeit allgemein angenommen wurde. In den 80-er Jahren des 18. Jahrhunderts stellten sich die europäischen Regenten nämlich nicht auf den Französischen Revolutionskrieg ein, sondern bereiteten sich vielmehr auf größere militärische Auseinandersetzungen untereinander vor, u. a. auf den Konflikt, der in den Jahren 1790/91 fast zwischen der preußischen Allianz mit Österreich und Russland ausgebrochen wäre. Aber auch außerhalb Europas waren Veränderungsprozesse im

Nationalitätstaumel in Frankreich und gab den revolutionären Kräften die Möglichkeit, sich mit dem Vaterland zu vereinen. Sie führten diese Kriege mit Anwendung von Gewalt gegenüber der eigenen Bevölkerung und durch Plünderung von Ausländern, um die notwendigen Mittel zu beschaffen.

Gange, die an der zunehmenden Einführung der Taktik und Waffentechnik europäischen Stils in Indien und dem Osmanischen Reich sichtbar wurden.

In Europa hatte Friedrich II. im Jahre 1768 die Anwendung flexiblerer Taktiken erwogen, insbesondere den Angriff in offener Ordnung. Grundsätzlich gab es nach dem Siebenjährigen Krieg aber nur geringe Veränderungen in den preußischen Militärmethoden, und so hatten die preußischen Truppen im Bayerischen Erbfolgekrieg (1778–1779) auch stark unter Desertionen und mangelnder Kühnheit ihres königlichen Feldherrn zu leiden. Die meisten theoretischen und praktischen Experimente fanden in Frankreich statt, das durch Preußen und Großbritannien bei Rossbach (1757) bzw. bei Minden (1759) gedemütigt worden war und nun die Fragen von Führung, Organisation, Ausrüstung sowie das Ethos der Armee kritisch untersuchte. In seinem *Essai général de tactique* (Paris, 1772) unterstrich Hippolyte de Guibert die

Revolutionärer Eifer: die Schlacht bei Lodi, 10. Mai 1796. Die Erstürmung der Brücke über die Adda und Napoleons geschickte Wahl der Geschützstellungen waren hier entscheidend für den französischen Sieg.

KANONENFEUER

Die runden Geschosse flogen flach über dem Erdboden. Beim Auftreffen hatten sie noch genug Masse und Geschwindigkeit, um den Gegner zu töten oder schwer zu verwunden.

TAKTISCHE FORMATIONEN

In seinem Werk „Reflexions Militaires et Politiques" (Den Haag, 1735–1740) erörterte der Marquis de Santa Cruz, ein erfahrener spanischer General, die Frage, wie man Infanterie und Kavallerie am besten miteinander kombinieren könne.

Bedeutung von Bewegung und Umfassungsmanövern. Er befürwortete die Ausnutzung des Geländes, um die Operationsgeschwindigkeit zu erhöhen, kritisierte die zentrale Rolle von Festungen und hob die Bedeutung einer patriotischen Bürgerarmee hervor. Das Konzept der Division als stehender Militärverband in Friedens- und Kriegszeiten, der Elemente aller Waffengattungen beinhaltete und demzufolge unabhängig operieren konnte, wurde ebenfalls in Frankreich entwickelt. Eine solche Einheit konnte sowohl separat als auch als Teil einer koordinierten Armee, die nach einem strategischen Plan operierte, wirksam eingesetzt werden. Das Programm zur Schaffung von Divisionen wurde ab 1759 entwickelt, und in den Jahren 1787 und 1788 organisierte man die Armeeverwaltung nach dem Divisionsprinzip.

In Frankreich gab es auch Bemühungen zur Weiterentwicklung verschiedener Kampfmethoden, wobei man auf frühere Ideen zurückgriff, die u. a. von Autoren wie Moritz von Sachsen stammten. Dieser hatte in seiner Schrift „Mes rêveries" die ausschließliche Konzentration auf Feuerkraft kritisiert und stattdessen eine Kombination aus Feuerkraft und Stoßangriff befürwortet.

Moritz von Sachsen war nicht zufrieden mit „der gegenwärtigen Methode des Fixierens per Kommando, da der Soldat dadurch in eine bestimmte Position gezwungen wird und nicht genau zielen kann". Er sprach sich stattdessen für gezieltes Einzelfeuer und Stoßangriffe aus. Solche Attacken mit aufgepflanztem Bajonett waren im 18. Jahrhundert durchaus nicht unüblich, aber richtige Nahkämpfe mit dem Bajonett gab es äußerst selten. Die bloße Bedrohung durch entschlossene Truppen reichte oft aus, um den mit geringerer Entschlossenheit ausgestatteten Gegner zu veranlassen, kehrtzumachen und zu fliehen. Um bei gezieltem Einzelfeuer eine höhere Genauigkeit zu erreichen, waren Gewehre besser als Musketen. Bei der Verwendung von Musketen hatte jedoch das Salvenfeuer eine größere psychologische Wirkung, wenn es auf kurze Distanz mit anschließendem Sturmangriff eingesetzt wurde.

Moritz von Sachsen war von Bedeutung, weil er die Entwicklung neuer Ideen zu Fragen von Strategie und Taktik stimulierte. Jedoch war er nicht der Einzige, der dies tat. Zwei weitere französische Autoren, Jean-Charles Folard und François-Jean de

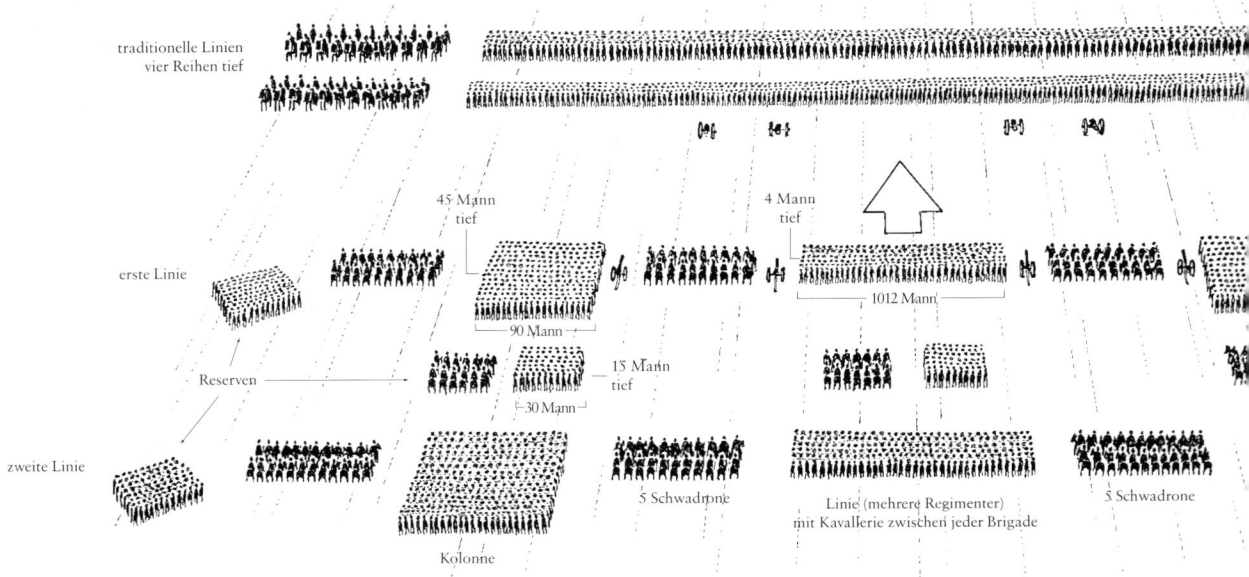

Mesnil-Durand, unterstrichen ebenfalls die Bedeutung von Stoßangriffen sowie die Stärke von Truppen, die nicht mehr die übliche Salvenfeuertaktik und Linearformation anwenden, sondern in Kolonnen angreifen. Selbst durch Manöver, die 1778 durchgeführt wurden, um die konkurrierenden Systeme zu testen, konnte die Kontroverse nicht beigelegt werden. Jedoch waren beide Varianten in dem neuen Taktik-Handbuch, das 1791 herausgegeben wurde, vertreten.

Auch die Bewaffnung der französischen Armee im Bereich der Artillerie, deren Bedeutung als Waffengattung in den Schlachten zunahm, wurde verbessert. Jean-Baptiste Gribeauval (1715–1789), der während des Siebenjährigen Krieges in der österreichischen Armee, dem damals besten Heer Europas, gedient hatte, standardisierte ab 1769 die französische Artillerie und wurde 1776 zu deren Generalinspekteur ernannt. Er verwendete standardisierte Spezifikationen: 4-, 8- und 12-Pfünder-Kanonen und 6-Zoll-Haubitzen in Batterien zu je acht Geschützen. Zur Erhöhung der Mobilität trugen größere, stabilere Räder, kürzere Läufe, leichtere Kanonen, fahrbare Geschützlafetten mit größerer Zuverlässigkeit und bessere Gießverfahren bei. Die Schießgenauigkeit konnte durch bessere Visiere, die Bereitstellung von Richttabellen und die Einführung von Neigungsmarkierungen erhöht werden. Die Schussfrequenz wuchs dank der Verwendung von fertigen Munitionsladungen. Die Zugpferde spannte man nun nebeneinander und nicht mehr hintereinander vor das Geschütz. Auch in den Fortschritten der Kriegstheorie spiegelten sich diese Veränderungen wider. In seinem Werk „*De l'usage de l'artillerie nouvelle dans la guerre de campagne*" (Paris, 1778) forderte der Chevalier Jean du Teil, eine Schlacht mit der Artillerie zu beginnen und die Geschütze zusammenzufassen, um eine höhere Wirkung zu erzielen.

Dank Gribeauvals Reformen hatte das revolutionäre Frankreich die beste Artillerie Europas. Im Hinblick auf verschiedene andere Aspekte war diese Armee jedoch das Ergebnis von Veränderungen, die bereits vor der Revolution stattgefunden hatten. Napoleon, dem man die Verwendung von Gribeauvals Geschützen beigebracht hatte, war auch ein Bewunderer der Arbeiten Guiberts. Zwar wurde die reguläre Armee durch Desertionen und die Abwanderung von Offizieren erschüttert, aber sie spielte dennoch eine große Rolle in den Erfolgen des Jahres 1792, und zwar insbesondere deshalb, weil die Berufssoldaten eine bessere Ausbildung als die neuen Rekruten besaßen.

Dennoch waren die politischen Rahmenbedingungen für die Kriegführung jetzt ganz anders, da Frankreich nun die Möglichkeit hatte, über weitaus größere Armeen als zuvor zu verfügen. Im August 1793 führte die Revolutionsregierung die allgemeine Wehrpflicht ein. Damit konnte die gesamte Bevölkerung zum Kriegsdienst verpflichtet werden, und alle ledigen Männer zwischen 18 und 25 mussten in der Armee dienen. Bereits 1748 hatte Frankreich unter Moritz von Sachsen die Österreichischen Niederlande erobert, jedoch erst nach einem mehrjährigen Feldzug. Und obwohl ein erneuter Versuch im Jahre 1792 zunächst erfolglos schien, war die Invasion im November des gleichen Jahres von überwältigendem Erfolg gekrönt und das Gebiet konnte innerhalb eines Monats besetzt werden. Nach ihrem

SALVENFEUER

Salvenfeuer basierte auf der Reihenordnung, wobei die nicht feuernden Soldaten ihre Musketen nachladen konnten. Unter Schlachtbedingungen war es jedoch schwierig eine hohe Schussfrequenz zu erreichen.

15 Mann
tief

30 Mann

Infanterie-
flankengarde

UMSEITIG: *Die Eroberung der holländischen Flotte, 1795. Dank einer kühnen Kavallerieattacke über das Eis konnte die französische Nordarmee unter General Jean Charles Pichegru die holländische Flotte auf der Texel erobern.*

Sieg bei Neerwinden konnten es die Österreicher wieder zurückerobern, aber bis Ende 1794 war es wieder in französischer Hand. Gleichzeitig konnte Frankreich die Spanier aus dem Roussillon vertreiben und Teile Kataloniens erobern. Im Januar des folgenden Jahres wurde Amsterdam eingenommen.

Die zahlenmäßige Überlegenheit spielte eine wichtige Rolle in vielen Schlachten, darunter in jenen bei Valmy (20. September 1792), Jemappes (6. November 1792) und Wattignies (15./16. Oktober 1793). Aber auch die Taktik hatte ihr Gewicht. Das typische Schlachtfeldmanöver der französischen Revolutionsarmee und gleichzeitig die beste Art und Weise, um die große Menge unerfahrener Soldaten, von denen die meisten in die Infanterie gingen, einzusetzen, war der Angriff in separaten Kolonnen. Dies war übrigens auch die beste Taktik für jede Armee, die sich auf den Angriff konzentrierte. Demgegenüber hatte Cornwallis 1787 die Betonung der Linearformationen und den strengen Drill kritisiert, die in den Vorschriften für Feldübungen durch Sir William Fawcett, den britischen Generaladjutanten, entworfen wurden.

Der Angriff in Kolonnenformation schuf eine weitaus größere Flexibilität. Beim Sieg über die zahlenmäßig unterlegenen Österreicher in der Schlacht von Jemappes gelang es den französischen Truppen, zunächst in Kolonnen vorzurücken und dann auf Nahdistanz wieder in die Linienformation zurückzukehren. Die französische Kombination von Artillerie, Scharmützeleinheiten und Sturmkolonnen besaß eine hohe

Schlagkraft und stellte eine erfolgreiche Verbindung verschiedener taktischer Elemente dar, die dem technischen Niveau der damaligen Zeit und dem Charakter des neuen republikanischen Soldaten entsprach. Zumindest auf Bataillonsebene war auch eine „demokratischere" Kommandostruktur vorhanden. Durch die stärkere Verteilung der Kampfverbände im Gelände bekamen Kommando- und Koordinierungsfähigkeiten eine größere Bedeutung, und die französischen Truppen hatten viele junge und entschlossene Offiziere in ihren Reihen. Wer jedoch versagte oder wen man als Verräter verdächtigte, der wurde hingerichtet. Die jungen Talente schossen wie Pilze aus dem Boden: Unter den französischen Kommandeuren findet man Beispiele wie Jean-Baptiste Jourdan, einen früheren einfachen Soldaten, Lazare Hoche, der zuvor Korporal war, und Napoleon Bonaparte, ursprünglich ein junger Artillerieoffizier aus Korsika, das Frankreich kurz zuvor erworben hatte.

Lazare Carnot, der im Wohlfahrtsausschuss für das Kriegswesen zuständig war, systematisierte die einzelnen Armeen und brachte so ein gewisses Maß an Ordnung in das Durcheinander im militärischen Bereich. Für die Umwandlung einer königlichen Armee in ein Volk unter Waffen war vor allem die Aufstellung und Ausbildung neuer Heere von entscheidender Bedeutung. Auch durch die neuen logistischen Strukturen, die nach der teilweisen Abschaffung des Magazinsystems und der Versorgung von festen Depots aus vorhanden waren, wurde der strategisch und taktisch aggressive Kampfstil der Revolutionsarmeen gefördert, die sich vor allem auf ihre zahlenmäßige Stärke und ihren Enthusiasmus stützten. Damit war der Weg frei für jene rücksichtslose Kühnheit, die Napoleon von 1796 bis 1797 in Italien an den Tag legen sollte. Gleichzeitig darf man aber nicht die Vielfalt, den politischen Kontext und die weltweiten Faktoren aus den Augen verlieren. In Europa erwiesen sich die Österreicher als zähe Gegner, und auch die Russen sollten Gelegenheit bekommen, ihr beeindruckendes Durchhaltevermögen und ihre Kampfqualitäten zu beweisen. Die politischen (militärischen, diplomatischen, finanziellen und sozialen) Faktoren der Revolution waren jedoch wichtiger als alle taktischen Neuerungen. Es wurde behauptet, dass die französischen Soldaten eine höhere Motivation besaßen und deshalb mehr Erfolg hatten sowie besser in der Lage waren, die neuen Techniken anzuwenden. Dies ist schwer nachzuweisen, aber zumindest am Anfang war der revolutionäre Enthusiasmus von Natur aus ein wichtiger Faktor für die französischen Erfolge. Und man brauchte diese Begeisterung wahrscheinlich auch, um die höhere Moral zu erzeugen, die für die Durchführung erfolgreicher Stoßangriffe nötig war. Die patriotische Entschlossenheit diente dabei auch als Ausgleich für die geringe militärische Ausbildung der ersten Revolutionsarmeen.

Andererseits zeigen die gescheiterten Versuche zur Rückeroberung von Haiti, das gerade seine Unabhängigkeit erlangt hatte, in den Jahren 1802 und 1803, dass die französischen Streitkräfte im Weltmaßstab nur über begrenzte Möglichkeiten verfügten: 40 000 Franzosen, darunter auch der Schwager Napoleons, Charles Leclerc, starben bei diesen Operationen, die große Mehrheit von ihnen an Gelbfieber. Die Franzosen wurden schließlich durch Jean-Jacques Dessalines vertrieben, der sich selbst zum Kaiser Jacques I. proklamierte. Die Geschichte dieses weniger bekannten kaiserlichen Gegenspielers von Napoleon unterstreicht, dass auf Haiti wie auch anderswo die erfolgreiche Anwendung von Gewalt für die Machteroberung von entscheidender Bedeutung war.

Die Erstürmung von Seringapatam, 4. Mai 1799. Die Hauptstadt des Tipu Sultan von Mysore stellte eine bedrohliche Position auf einer im Fluss Cauvery gelegenen Insel dar, und George Harris musste sie erobern, bevor der Fluss durch den Monsun anschwoll. Vom anderen Ufer aus wurde mit Artillerie eine Bresche in die Festungswälle geschlagen, durch die man dann die Stadt unter schwerem Feuer erstürmte. Ein Teil der Briten lag weiter unter heftigem Beschuss, bis andere Truppen den inneren Wall erreicht hatten, an diesem entlang vordrangen und so die Verteidiger von den Flanken her angreifen konnten. Diese gerieten in Panik und wurden zuhauf abgeschlachtet. Auch Tipu Sultan verschonte man nicht.

Kanonade von Valmy, 20. September 1792. Dieses kleine Gefecht war durchaus kein Triumph für die neue Militärordnung. Die zahlenmäßig unterlegenen Preußen wurden durch die Stärke der französischen Stellungen, insbesondere der aus der Armee des Ancien Régime stammenden Artillerie, aufgehalten und zogen sich zurück.

Das Bild der Welt

Die Russen bahnen sich den Weg am oberen Dnjestr, 1769. Fürst Alexander Golizyn eroberte die bedeutende Festung Chotin, tat sich dabei aber nicht besonders hervor und wurde durch Rumjanzew ersetzt, der den Türken im folgenden Jahr schwere Niederlagen zufügen sollte. Im Russisch-Türkischen Krieg von 1768 bis 1774 spielten Festungen eine große Rolle.

SCHLUSSBEMERKUNGEN: DAS BILD DER WELT

Das 18. Jahrhundert bis zur Französischen Revolution wird allgemein als ein Zeitabschnitt des militärischen Konservatismus, der Unentschlossenheit und der Stagnation betrachtet, als Teil des Übergangs zwischen den Epochen „militärischer Revolutionen" von 1560 bis 1660 und von 1792 bis 1815. Vielleicht sollte man auch nicht von „Revolution" oder „Revolutionen" sprechen, wenn man sich auf den ersten Einsatz von Schießpulvergeschützen auf Kriegsschiffen und dem Schlachtfeld im frühen 16. Jahrhundert oder auf die tief greifenden organisatorischen und technischen Veränderungen im 19. Jahrhunderts bezieht. Auf alle Fälle kann man nicht behaupten, dass die Kriegführung in der Zeit dazwischen statisch war. Armeen und Flotten kämpften um bedeutende Ziele. In dieser Zeit wurde das Schicksal Nordamerikas besiegelt und auch der Kampf zwischen Großbritannien und Frankreich in Indien wurde entschieden. Westeuropa konnte die französischen Hegemoniebestrebungen abwehren, die Türken wurden aus großen Teilen Europas vertrieben und China dehnte seine Macht über viele nichtchinesische Völker aus. In anderen Gebieten führten Kriege zur Entstehung neuer Mächte, darunter in Afghanistan unter der Durrani-Dynastie, in Birma unter Alaung-hpaya und in Nepal unter den Gurkha, oder zum Zusammenbruch alter Herrschaftssysteme, wie dies in Persien unter den Safawiden und in Indien unter den Moguln der Fall war. Kriege hatten eine zentrale Bedeutung für die geschichtliche Entwicklung in dieser Epoche und für das Leben der Völker, und die damals geführten Kriege blieben bei weitem nicht ohne Folgen.

Der britische Sieg über Frankreich hatte zur Folge, dass Nordamerika eine politische Kultur bekam, die von Großbritannien abgeleitet war. Durch Frankreich geprägte überseeische Gebiete hätten sich am Katholizismus, den bürgerlichen Gesetzen und der französischen Kultur und Sprache orientiert und auch das politische System der Volksvertretungen hätte sich vom britischen unterschieden. Demzufolge war das 18. Jahrhundert nicht nur von Bedeutung für den allgemeinen Machtzuwachs der westeuropäischen Staaten, sondern auch für die Beantwortung der Frage, welches dieser Länder wie viel Macht erhalten würde, wobei das entsprechende Ergebnis kei-

Bürgerkrieg. Die Verschlechterung der Beziehungen zwischen Wilhelm V. von Oranien und den Patrioten führte zum Bürgerkrieg in den Vereinigten Provinzen (den heutigen Niederlanden) und schließlich im Jahre 1787 zur erfolgreichen Invasion einer preußischen Armee zur Unterstützung Wilhelms V. Die patriotischen Truppen hatten hier jedoch weitaus weniger Erfolg als ihre Gesinnungsgenossen in Amerika.

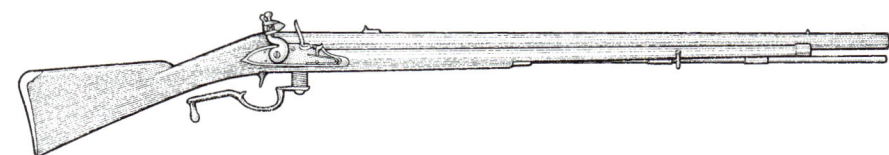

*Diese Büchse besass eine
vertikale Verschluss-
schraube, die sich auf der
Abbildung in geöffneter
Stellung befindet. Der Gewehrlauf bot größere Ge-
nauigkeit als die in Massenproduktion hergestellten
Musketen. Jedoch war diese
Waffe in der Herstellung
teurer und man konnte kein
Bajonett aufstecken.*

nesfalls zwangsläufig zu Stande kam. War Großbritannien im Jahre 1815 der mäch-
tigste Staat der Welt, so stellte sich die Situation fünfzehn Jahre früher ganz anders
dar, als die Armee der Jakobiten unter Charles Edward Stuart gegen Derby vorrückte
und die ihr entgegengeschickten Armeen besiegte, während die britische Regierung
eine französische Invasion in Südengland zur Unterstützung dieses Aufstandes be-
fürchten musste. Bis 1815 hatte Großbritannien dann die militärische Vorherrschaft
in Indien errungen, obwohl 1746 Madras an Frankreich verloren ging. Die britischen
Triumphe hatten nichts mit Zwangsläufigkeit zu tun. Ein
Erfolg der Jakobiten in den Kämpfen zwischen 1745 und
1746 hätte sogar die Position Großbritanniens in der
Welt und die gesamte Konstellation unter den westeuropäischen Ländern geändert, und dies nicht nur im Hinblick auf politische Bündnisse, sondern auch in Bezug auf
politische Kultur, wirtschaftliche Interessen und Dynamik der gesellschaftlichen Entwicklung.

Neben ihres großen Einflusses auf territoriale Veränderungen und die Entwicklung der Staaten trugen die Armeen überall auf der Welt auch die Verantwortung für
die Aufrechterhaltung der öffentlichen Ordnung und die
Verteidigung der Staatsmacht, sowohl gegen Räuber und
Banditen als auch gegen streikende Arbeiter, da die meisten Staaten damals noch nicht über eine nationale Poli-
zeiorganisation verfügten. Die Ordnung wurde durch die
Armee sowohl innerhalb des Staates, wie zum Beispiel bei
den Tumulten in Madrid im Jahre 1766 und in London
1780, als auch in schwer zu überwachenden Grenzgebieten durchgesetzt, wo Schmuggler und andere Gegner
der Staatsmacht ihr Unwesen trieben. Ein indischer Beobachter, Dean Mahomet, schrieb dazu 1772: „Wir erfuhren, dass Captain Brooke, ein äußerst aktiver Offizier,
seit einiger Zeit an der Spitze von fünf Sepoy-Kompanien
die Pahareas verfolgte, ein wilder Clan, der in den Ber-
gen zwischen Bohogolpore und Rajmahal lebt und sowohl andere friedvolle Bewohner dieser Gegend als
auch unvorsichtige Reisende belästigt. Glücklicherweise
konnten viele von ihnen gefangen werden … einige wurden öffentlich ausgepeitscht, und andere … wurden an
einer Art Galgen aufgehängt und dann auf der weithin
sichtbaren Bergkuppe zur Schau gestellt, um ihren Kom-
plizen Angst einzujagen."

Die Durchsetzung von Gesetz und Ordnung war aber
nicht nur eine Aufgabe der europäischen oder unter europäischem Befehl stehenden Truppen. Auch die türkische
Armee wurde beispielsweise zur Niederschlagung von

Aufständen in der Hauptstadt Konstantinopel und in den Provinzen wie Ägypten eingesetzt. Außerdem hatte sie auch in den Grenzgebieten wie z. B. gegen die Beduinen für Ordnung zu sorgen. In ähnlicher Weise setzte man auch die chinesische Armee gegen Aufstände ein, die sowohl von chinesischen Kräften (z. B. der Aufstand der Sekte „Weißer Lotus" in Shaanxia von 1796 bis 1805) als auch von nichtchinesischen Gruppen (wie z. B. der Aufstand des Stammes der Chin-Ch'uan in Sichuan von 1746 bis 1747 und der Aufstand des Volksstammes der Yo in Kuangsi im Jahre 1790) durchgeführt wurden.

Um auch in diesem Zusammenhang die Schwächen einer eurozentristischen Betrachtungsweise zu unterstreichen, sei hier auf die Entwicklungen in Afghanistan, Birma, China und Nepal hingewiesen. In großen Teilen der Welt wurden Kriege vorbereitet und geführt, ohne dass man dafür auf europäische Waffentechnik und in Europa praktizierte militärische oder politische Methoden zurückgriff. Zwar hatten die

„Militärisch-industrieller Komplex" des 18. Jahrhunderts. Die Entwicklung der Metallindustrie war teilweise auf den wachsenden Rüstungsbedarf zurückzuführen. Dies galt besonders für die russische Eisenindustrie im Ural und die britischen Eisenhütten, wie die hier dargestellte in Shropshire.

Europäer in Indien und Sri Lanka großen Einfluss, aber im restlichen Teil von Südasien und insbesondere in Ostasien war dies nicht der Fall. Die früheren Eroberungen der europäischen Mächte auf den Philippinen, auf Formosa (Taiwan), an der sibirischen Pazifikküste und im Amurtal waren teilweise wieder verlustig gegangen. Die Holländer hatte man 1661 von Formosa vertrieben, und Russland musste in den 80-er Jahren des 17. Jahrhundert das Amurtal räumen. Im 18. Jahrhundert wurde das europäische Vordringen in diesem Teil der Welt nicht mit der gleichen Intensität wiederaufgenommen. Diese Tatsache lässt sich nicht mit einem eventuellen Scheitern des europäischen Militärsystems erklären. Vielmehr konzentrierten sich die europäischen Mächte damals auf die Kriegführung gegeneinander in Europa selbst, und erst in zweiter Linie war man an Angriffen auf die kolonialen Besitzungen der Gegner interessiert.

Weit dahinter kamen dann Auseinandersetzungen mit außereuropäischen Staaten, insbesondere wenn diese keine unmittelbaren Nachbarn waren. Dennoch waren auch diese Konflikte von Bedeutung, da sie als Maßstab für die relative militärische und politische Kraft der europäischen Staaten bei weltweiten Operationen sowie für ihre Anpassungsfähigkeit an vollkommen andere Bedingungen dienten. Wie die Schlachten zwischen den Armeen und Flotten der europäischen Mächte waren diese Konflikte mit außereuropäischen Staaten außerdem ein Stimulus für taktische und waffentechnische Neuerungen, die die Kriegführung im 19. und 20. Jahrhundert weltweit nachhaltig beeinflussten.

Europa war der Kontinent, auf dem Waffentechnik und Kriegsmethoden die größte Innovation erfuhren und dessen politische Macht schließlich die Welt beherrschen sollte. Dies ist größtenteils auf die höheren oder möglicherweise andersartigen Ambitionen der europäischen Nationen zurückzuführen, was auch in der Tatsache zum Ausdruck kommt, dass hoch entwickelte Staaten in Ost- und Südasien keine Kriegsflotte entwickelten. Die einheimischen Völker und Staaten außerhalb Europas hatten bei der Abwehr europäischer Aggressionen zwei Vorteile: Erstens waren sie vor Ort zahlenmäßig überlegen, und zweitens besaßen sie bessere Kenntnisse und Verwaltungsmacht über das jeweilige Territorium und waren mit diesem durch ihre kulturelle Tradition verbunden. Die europäischen Erfolge lassen sich durch eine Reihe von Faktoren in unterschiedlicher Kombination miteinander erklären, wobei die Art und Weise, in der diese Kombinationen zu Stande kamen bzw. hergestellt wurden, selbst von Bedeutung ist. So war die Britisch-Ostindische Kompanie trotz ihrer häufigen internen Zwistigkeiten eine Organisation von nahtloser Kontinuität, die sich mit Autokratien mit starken Alleinherrschern und ständigen Erbfolgekrisen auseinandersetzen musste. Prinzipiell profitierten die Europäer dabei von ihrer postfeudalen, nicht an Personen gebundenen militärischen Kommandostruktur bzw. -philosophie und insbesondere von der Anwendung von Vernunft und Wissenschaft in der Armeeführung. Dasselbe gilt in gleichem Maße für die Entwicklung der Waffentechnik und der taktischen Theorien, die seit der Epoche der Renaissance ein weit höheres Niveau in Europa besaßen. Of-

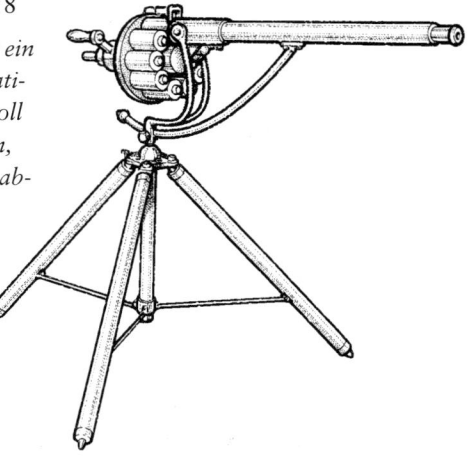

PUCKLE-KANONE, 1718

Die Puckle-Kanone war ein früher Vorläufer automatischer Feuerwaffen. Sie soll in der Lage gewesen sein, 63 Schuss in 7 Minuten abzufeuern.

fensichtlich gab es hier weitaus mehr Handbücher und theoretische Schriften über Kriegführung als irgendwo anders in der Welt, und dies trug zur Überwindung vieler engstirniger, instinktiver und traditioneller Aspekte der Kriegführung bei. Auch viele wissenschaftliche Erkenntnisse kamen zur Anwendung. 1788 beschrieb Dr. Charles Blagden die französischen Hafenanlagen in Cherbourg als „ein neues Experiment im Maschinenbau".

1776 nahm der schottische Ökonom Adam Smith in seinem Werk „Eine Untersuchung über Natur und Wesen des Volkswohlstandes" eine soziologische Analyse der Krieges vor, in der er Nationen aus Jägern, Hirten und Ackerbauern dem „weiter fortgeschrittenen Gesellschaftszustand" gegenüberstellte, in welchem die Industrie bereits eine große Rolle spielte. Aus seiner Sicht schufen diese entwickelten Gesellschaften die Grundlage für eine Hierarchie der militärischen Organisation und Entwicklung, innerhalb welcher „ein wohl geordnetes, stehendes Heer" entscheidend für die Verteidigung der Zivilisation war. Feuerwaffen spielten nach Adam Smith eine entscheidende Rolle für den Beginn der Modernität im militärischen Bereich: „Vor der Erfindung der Feuerwaffen war dasjenige Heer das stärkere, in welchem die Soldaten, jeder für sich, die größte Geschicklichkeit und Fertigkeit im Gebrauche ihrer Waffen besaßen. … Seit der Erfindung der Feuerwaffen sind Stärke und Geschmeidigkeit des Körpers, ja selbst eine besondere Geschicklichkeit und Fertigkeit im Waffengebrauch zwar durchaus nicht unwichtig, aber doch weit weniger wichtig. … In den neueren Kriegen geben die großen Kosten der Feuerwaffen derjenigen Nation, welche diese Kosten am besten bestreiten kann, einen unleugbaren Vorteil, so dass eine reiche und zivilisierte Nation vieles vor einer armen unzivilisierten voraus hat. In alten Zeiten fanden es reiche, zivilisierte Nationen schwierig, sich gegen arme, unzivilisierte zu verteidigen; in neueren Zeiten fällt es den armen und unzivilisierten schwer, sich gegen die reichen und zivilisierten zu verteidigen."

Trotz einer Überbewertung der militärischen Vorteile der „reichen und zivilisierten" Nationen erkannte Smith eine wichtige Veränderung. Die Staaten, die er als „zivilisiert" bezeichnete, befanden sich nicht mehr in der Defensive, eine Tatsache, die in der ersten Hälfte des 18. Jahrhunderts noch nicht so deutlich hervorgetreten war: Peter der Große erlitt eine Niederlage am Pruth (1711); die Dsungaren konnten Tibet erobern (1717) und die Afghanen Persien (1722–1723); Russland wurde zur Aufgabe von Persien gezwungen (1732), und die Österreicher mussten Belgrad und Nordserbien den Türken überlassen (1739).

Jeder dieser Konflikte hatte jedoch seine eigene Spezifik, und so kann man den Zusammenhang zwischen militärischer Entwicklung und Zivilisation durchaus infrage stellen. Waren beispielsweise die Türken weniger zivilisiert als die Österreicher oder die Perser weniger als die Russen? In jedem Fall steht außer Zweifel, dass es damals in Eurasien tief greifende Veränderungen gab. Die Landstreitkräfte Chinas und der europäischen Staaten waren in der Lage, die Angriffe ihrer schlechter organisierten und bewaffneten Gegner abzuwehren, wie dies an den Ereignissen in Ostasien bis 1760 und in Osteuropa bis 1770 deutlich wird, und zwischen 1750 und 1792 konnten sowohl die europäischen Mächte als auch China ihre Landgrenzen erweitern. Mit diesen militärischen Verschiebungen kam es auch zu Veränderungen der politischen und ökonomischen Beziehungen. Allerdings fanden in der Neuen Welt und in

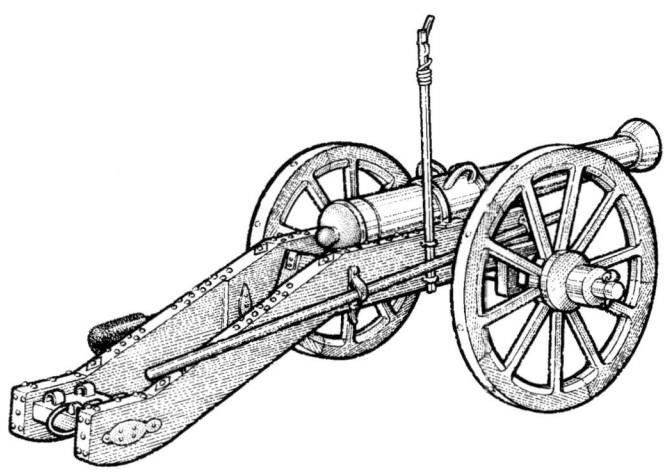

LEICHTES REGIMENTS-
GESCHÜTZ

Leichtes Regimentsgeschütz, um 1755. Mit diesem Modell aus der Schweiz konnten 2 Pfund schwere Geschosse abgefeuert werden.

UMSEITIG: *Die Erstürmung von Otschakow, 1788. Diese große türkische Festung am Schwarzen Meer wurde durch den Günstling Katharinas der Großen, Fürst Potemkin, im Juni 1788 belagert. Der geringe Erfolg der Belagerung zwang ihn, die Festung im Dezember des gleichen Jahres erstürmen zu lassen. Obgleich dies erfolgreich verlief, war die Tatsache, dass man diese Taktik wählen musste, ein Ausdruck der geringen russischen Belagerungskunst.*

Afrika, wo die Trends des vorhergehenden Jahrhunderts beibehalten wurden, keine vergleichbaren Entwicklungen statt: In der Neuen Welt wurden lediglich die Siedlungs- und Machtgebiete ausgedehnt, und auch in Afrika fanden keine echten Veränderungen in den Beziehungen zwischen Europäern und Nichteuropäern statt. Demgegenüber kam es in Australasien nach dem Eintreffen europäischer Truppen im Jahre 1788 zur schnellen Errichtung einer neuen militärischen und politischen Ordnung. In Gebieten, deren natürliche Bedingungen die starke Ansiedlung von Europäern förderten, waren die Aborigines zu keinem ernsthaften Widerstand in der Lage. Dazu fehlten ihnen zahlenmäßige Stärke, Feuerkraft und entsprechende große Organisationen, und außerdem mussten sie sich mit neuen Krankheiten auseinandersetzen. Allerdings berichtete das holländische Expeditionskorps, das man zwischen 1696 und 1697 zur australischen Westküste entsandt hatte, dass das „Südland" wenig für die Holländisch-Ostindische Kompanie bieten könne und folglich errichtete Holland auch dort keinen Stützpunkt.

In Südasien war die Situation komplexer. Wenn man Streitkräfte wie jene des Nadir Shah oder die Afghanen als Barbaren, d. h. weniger entwickelt, definiert, dann kann man ihre Invasionen in Indien als Niederlage der Zivilisation betrachten, wobei dadurch der Prozess militärischer Veränderungen stimuliert wurde. Indien war ein Gebiet, in dem schnelle Veränderung in Waffentechnik und militärischer Organisation stattfanden. So schufen beispielsweise die Marathen und der Nisam von Hyderabad Infanterieverbände nach europäischem Vorbild. Durch die instabile und gespannte internationale Lage wurde zudem die Notwendigkeit einer beschleunigten militärischen Anpassung noch verstärkt. Französische Spezialisten zeigten den Indern, wie man Kanonen französischen Typs gießt, und sie waren auch an den dortigen Festungsbauten beteiligt. So baute Benoît de Boigne, Kommandeur eines Korps für den Marathenführer Sindhia, nach 1788 Befestigungen nach französischem Vorbild in Aligarh östlich von Delhi. Die indischen Regenten waren in der Lage, riesige Truppenverbände auf die Beine zu stellen. John Bristow, ein britischer Einwohner von Lucknow, schätzte 1781 den Bestand der damals allgemein noch nicht als Militärmacht geltenden Streitkräfte des Mogulkaisers auf 30 Sepoy-Bataillone und 5000 Kanoniere, die alle durch die Moguln bezahlt wurden, sowie weiteren 73 000 Mann Infanterie und Kavallerie, die die abhängigen Fürsten stellten.

Im Nachhinein erscheinen diese Truppen wegen ihrer mangelhaften Bewaffnung und Organisation altmodisch und zur Niederlage gegen Großbritannien verurteilt. Als in den 50-er und 60-er Jahren des 18. Jahrhunderts viele indische Söldner mit ihren eigenen Waffen in den Dienst der Britisch-Ostindischen Kompanie traten, wurden sie von den Offizieren der Kompanie als fast wertlos betrachtet. 1754 kam das 39. Infanteriebataillon als erste größere Einheit der britischen Armee nach Indien. Sieben Jahre später meinte John Carnac, ein Offizier in der bengalischen Armee der Ostindischen Kompanie, die damals gerade einen Sieg über die Moguln errungen hatte, dass es dumm sei, in der Armee der Ostindischen Kompanie europäische Kavallerie einzusetzen: „Und die Europäer auf unserer Seite werden nie in anderer Weise als in Form von Infanterie zum Einsatz kommen, denn darin besteht unsere riesige Überlegenheit über die hiesigen [indischen] Streitkräfte." 1782 schrieb Sir John Burgoyne aus Madras: „Ihre Lordschaft würde seinen Augen nicht trauen, wenn er ein indisches Bataillon auf dem Marsch sähe. Die große Zahl von Begleitern, Dienern, Ochsen, Sänften usw. setzte mich in großes Erstaunen, und schon mit einem Viertel dieser Bagage wäre es absolut unmöglich, überhaupt voranzukommen."

Fünf Jahre später berichtete Captain William Kirkpatrick, ein britischer Resident am Hofe des Sindhia, in ziemlich unfreundlicher Weise aus Agra über die Versuche des Sindhia, seine Infanterie und Kavallerie nach europäischen Maßstäben auszubilden. Ihm fiel auf, dass Europäer eingesetzt wurden, „um einen Truppenverband nach dem Vorbild unserer Brigade zu bilden … Insgesamt haben sie ca. 125 Mann unter sich, die sie Europäer nennen, aber dies sind hauptsächlich Armenier, und die Schwarzen Christen, die zumeist Portugiesen genannt werden, obwohl dies falsch ist. Wie ich hörte, soll jeder von ihnen ein Geschütz dirigieren. Shindes Artillerie besteht aus ca. 200 Stück aller Größen. Einige davon sind sehr gute Geschütze, aber im Allgemeinen haben sie geringen Wert. Die Zahl der Lafetten in seinem [Artillerie]Park ist unbedeutend und die Munition wird größtenteils in gewöhnlichen Kisten transportiert … Würde er auf einen starken Gegner treffen, so wäre dies mit Sicherheit sein Untergang.“

Zwischen 1798 und 1816 schlugen die Briten Mysore, die Marathen und die Gurkha, und der Nisam wurde gezwungen, seine von französischen Offizieren geführten Streitkräfte aufzulösen. Jedoch erschienen solche Erfolge in den Jahren 1779 bis 1783, als Großbritannien von den Marathen und Mysore mit ihren äußerst mobilen Truppen unter starken Druck gesetzt wurde, vollkommen undenkbar. Auf dem Feldzug gegen Tipu Sultan von Mysore schrieb Cornwallis im Dezember 1791 aus seinem Feldlager: „Die in England gehegten Erwartungen in unseren Erfolg waren zu optimistisch … es ist keine leichte Aufgabe, die notwendigen Mittel für die Existenz so großer Truppen in einer fernen Einöde zu beschaffen, und ein Fürst, der so stark und aktiv ist, der solche riesigen Reserven besitzt und dem seine Offiziere so gut dienen, kann auch nicht in einem Tag unterworfen werden.“ 1791 beschrieb ein britischer Beobachter „ihre Infanterie in regelmäßigen Reihen, mit Geschützen dazwischen, die von langen Gespannen großer Ochsen gezogen werden, die so weiß wie Milch sind“.

Kirkpatrick ist in seinen Schilderungen sehr schroff. Die Armee des Sindhia war auf ihren Feldzügen in den 80-er und 90-er Jahren des 18. Jahrhunderts in Rajputana durchaus erfolgreich, und seine Artillerie eroberte die große Festung der Rajputen in Chitor binnen weniger Wochen. Schließlich wurden die Streitkräfte des Sindhia jedoch im Jahre 1803 durch britische Truppen unter dem Befehl von Arthur Wellesley, dem späteren Herzog von Wellington, geschlagen. Allerdings sollte man vorsichtig sein und die indischen Staaten nicht, wie dies Kirkpatrick tat, als „in politischen und militärischen Dingen weniger entwickelt“ betrachten. Denn es gab damals keine klare Grundlage für eine Rangordnung und alle diesbezüglichen Definitionen sind fraglich.

Vielleicht ist der Leser mit dieser eher vorsichtigen Schlussbemerkung, die so weit von den Schlachtfeldern der Napoleonischen Kriege in Europa entfernt ist, nicht ganz zufrieden. Dennoch stelle ich sie bewusst an das Ende dieses Buches, denn den Kernpunkt der Militärgeschichte des 18. Jahrhunderts bildeten die Beziehungen zwischen europäischen und außereuropäischen Streitkräften und Militärmethoden. Zur gleichen Zeit, als sich Napoleon zwischen 1796 und 1797 seinen Weg in Norditalien bahnte, war durchaus noch nicht klar, dass Großbritannien einmal in der Lage sein würde, Indien zu beherrschen, die Bedrohung seiner Vorherrschaft zur See und Kontrolle über Irland durch Frankreich abzuwenden und Frankreich darin hindern könnte, seine Macht an der Route nach Indien zu etablieren. Kriege dienten mannigfaltigen Zielen, und es gab noch vieles, um das gekämpft werden musste.

Titel und Auszüge des Werkes von Adam Smith zitiert nach folgender Ausgabe:
Adam Smith, Eine Untersuchung über Natur und Wesen des Volkswohlstandes, Band III,
Gustav Fischer Verlag, Jena, 1920

ti0t8JHUNDERTS

WICHTIGE BEFEHLSHABER

AMHERST, JEFFREY, 1. LORD (1717–1797)
Oberbefehlshaber der britischen Armee 1772–1795. Erfolgreicher Kommandeur in der letzten Etappe des Siebenjährigen Krieges in Kanada. In der Militärverwaltung allerdings weniger erfolgreich.

ANSON, GEORGE, LORD (1697–1762)
Britischer Admiral, der zwischen 1740 und 1744 auf seiner Weltumseglung erfolgreiche Angriffe gegen die Spanier durchführte. Schlug 1747 die Franzosen vor Kap Finisterre und wurde 1. Lord der Admiralität.

AUGUST II. VON SACHSEN, KÖNIG VON POLEN (1670–1733)
Er wurde im Großen Nordischen Krieg durch Karl XII. von Schweden, gegen den er zwischen 1700 und 1707 eine Reihe von Schlachten verlor, entscheidend besiegt.

BELLE ISLE, CHARLES, HERZOG VON (1684–1761)
Kriegerischer französischer General, der im Polnischen und Österreichischen Erbfolgekrieg kämpfte und als Kriegsminister von 1757 bis 1760 eine Reformpolitik verfolgte.

BERWICK, JAMES, HERZOG VON (1670–1734)
Unehelicher Sohn Jakobs II. und Neffe des Herzogs von Marlborough. Kämpfte mit Erfolg im Spanischen Erbfolgekrieg und siegte bei Almansa (1707). Fiel 1719 erneut in Spanien ein. Wurde 1734 bei der Belagerung von Philippsburg durch ein Kanonengeschoss getötet.

BRAUNSCHWEIG, KARL WILHELM FERDINAND, HERZOG VON (1735–1806)
Führender preußischer General. Leitete 1787 eine erfolgreiche Invasion der Vereinigten Provinzen (Niederlande). Wurde aber 1792 bei Valmy durch die französische Revolutionsarmee geschlagen. Erlitt in der Schlacht bei Auerstedt gegen Napoleons Truppen eine tödliche Verwundung.

BROGLIE, VICTOR, HERZOG VON (1718–1804)
Führender französischer General im Siebenjährigen Krieg. Wirkte an der Einführung der Divisionsstruktur mit.

CARNOT, LAZARE (1753–1823)
Ingenieuroffizier, der bei der Organisation der französischen Armee für die Kriege von 1793–1794 eine wichtige Rolle spielte. Er stellte neue Armeen auf und trug zu den Siegen im Jahre 1794 bei.

CLIVE, ROBERT, 1. LORD (1725–1774)
Vereitelte die französischen Eroberungspläne in Indien und errang bei Plassey (1757) einen glänzenden Sieg über die zahlenmäßig überlegene Armee des Nawab von Bengalen.

CORNWALLIS, CHARLES, MARQUESS (1738–1805)
Wurde durch George Washington bei der Belagerung von Yorktown (1781) zur Kapitulation gezwungen. War aber dann 1792 gegen Tipu Sultan von Mysore und 1798 in Irland erfolgreicher.

CUMBERLAND, WILLIAM, HERZOG VON (1721–1765)
Zweiter überlebender Sohn König Georgs II. von Großbritannien. Wurde durch französische Truppen unter Moritz von Sachsen bei Fontenoy (1745) geschlagen. Konnte aber die Jakobiten bei Culloden (1746) vernichten. Versuchte ohne Erfolg 1757 Hannover gegen Frankreich zu verteidigen.

DAUN, LEOPOLD, GRAF (1705–1766)
Österreichischer Gegner Friedrichs des Großen. Besiegte diesen bei Kolin (1757) und schlug eine erfolgreiche Schlacht bei Torgau (1760). Als Meister des Stellungskrieges war er besser als Karl von Lothringen.

EUGEN, PRINZ (1663–1736)
Da Frankreich ihn nicht in die Armee aufnahm, floh er und diente in Österreich. Dort erreichte er große Erfolge gegen die Türken, insbesondere bei Zenta (1697), Peterwardein (1716) und Belgrad (1717), sowie gegen Frankreich, z. B. bei Turin (1706) und, im Zusammenwirken mit Marlborough, bei Blindheim (1704), Oudenaarde (1708) und Malplaquet (1709). Flexibler Feldherr.

FERDINAND VON BRAUNSCHWEIG, HERZOG
(1721–1792)
Fähiger Gegner Frankreichs in Diensten Friedrichs
des Großen. Schlug die Franzosen bei Minden (1759)
und schützte Friedrichs westliche Flanke während
des Siebenjährigen Krieges.

FRIEDRICH II., DER GROSSE, KÖNIG VON PREUSSEN
(1719–1786)
Meisterhafter Taktiker und Stratege. Schlug die
Österreicher und Franzosen. Tat sich aber gegen die
Russen schwer. Zeigte mit der ihm übergebenen
preußischen Armee Risikobereitschaft. Die Siege
1757 bei Rossbach und Leuthen waren seine Meister-
stücke.

GALWAY, HENRY, EARL OF (1648–1720)
Hugenotte (französischer Protestant), der die englischen Truppen in Spanien befehligte und bei Almansa
(1707) geschlagen wurde.

GREENE, NATHANAEL (1742–1786)
Gehörte zu den besseren amerikanischen Kommandeuren und übernahm 1780 das Kommando im
Süden. Trotz seiner Niederlage bei Guilford Courthouse (1781) trug sein Druck auf Cornwallis zum
britischen Scheitern im Süden bei.

GRIBEAUVAL, JEAN BAPTISTE (1715–1789)
Trug zur Standardisierung der französischen Feld-
artillerie bei und machte sie besonders wirkungsvoll.
Am meisten profitierte Napoleon davon.

HOCHE, LOUIS LAZARE (1768–1797)
War bis zur Französischen Revolution Korporal.
Wurde 1793 General und warf die Österreicher und
Preußen im gleichen Jahr über den Rhein zurück.
Schlug die Aufstände der royalistischen Chouans in
der Bretagne nieder.

HOWE, WILLIAM, VISCOUNT (1729–1814)
Befehlshaber der britischen Truppen in Nordamerika
von 1776 bis 1778. Eroberte New York und Philadelphia, konnte aber Washington nicht vernichten.

KARL VON LOTHRINGEN (1712–1780)
Schwager Maria Theresias von Österreich. Spielte
eine führende Rolle im Österreichischen Erbfolgekrieg. Wurde mehrmals von Friedrich dem Großen
geschlagen, darunter bei Hohenfriedeberg (1745) und

Soor (1745). Im Siebenjährigen Krieg besiegte ihn
Friedrich bei Prag (1757) und bei Leuthen (1757).

KARL XII., KÖNIG VON SCHWEDEN
(1682–1718)
Aktiver General, der über lange Zeit für schwedische
Erfolge im Großen Nordischen Krieg sorgte. Schlug
die Russen 1700 bei Narwa und die Sachsen mehrmals in Polen. Wurde aber 1709 durch Peter den
Großen bei Poltawa entscheidend besiegt.

KOSCIUSZKO, TADEUSZ (1746–1817)
Polnischer Soldat, der in den amerikanischen Revolu-
tionstruppen als Ingenieur diente. Kämpfte 1792 und
1794 in Polen gegen die Russen. Verteidigte 1794
erfolgreich Warschau. Wurde aber bei Maciejowice
geschlagen und gefangen genommen.

LACY, FRANZ, GRAF (1725–1801)
Wichtiger Befehlshaber in der österreichischen Armee, wo er im Siebenjährigen Krieg gegen Friedrich
den Großen und im Krieg gegen die Türken von 1788
bis 1791 diente.

LOUDON, GIDEON, FREIHERR VON
(1717–1790)
Führender österreichischer General im Siebenjährigen
Krieg. Schlug gemeinsam mit den Russen Friedrich
den Großen bei Kunersdorf (1759).

MARLBOROUGH, JOHN CHURCHILL, I. HERZOG VON
(1650–1722)
Meisterhafter britischer General, der eine entscheidende Rolle beim Sieg über Frankreich im Spanischen
Erbfolgekrieg spielte. Siegreich bei Blindheim (1704),
Ramillies (1706) und Oudenaarde (1708). Sein letzter
großer Sieg bei Malplaquet (1709) war jedoch sehr
verlustreich. Meisterhafter Taktiker.

MERCY, CLAUDIUS, GRAF VON
(1666–1734)
Fähiger Kavalleriekommandeur und Protegé von
Prinz Eugen, der ihn beim Sieg über die Türken
1716–1718 unterstützte. Fiel in der Schlacht von
Parma, als er versuchte, die Franzosen aus Norditalien zu vertreiben.

MORITZ VON SACHSEN (1696–1750)
Unehelicher Sohn des Kurfürsten von Sachsen, der
eine glänzende Karriere in der französischen Armee

machte. Schlug 1745–1748 die Truppen der Allianz, insbesondere bei Fontenoy (1745). Verfasste auch Schriften über den Krieg.

MÜNNICH, BURKHARD, GRAF VON (1683–1767)

Deutschstämmiger Kommandeur in russischen Diensten. Leitete 1733 mit Erfolg die Invasion Polens und spielte eine herausragende Rolle in den Kriegen gegen die Türken 1736–1739.

NADIR SHAH, SCHAH VON PERSIEN (1688–1747)

Führte während eines großen Teils seiner Regentschaft Krieg gegen die Türken. Fiel aber 1739 auch in Indien ein, wo er die Moguln bei Karnal schlug und Delhi besetzte. Dehnte seinen Machtbereich bis nach Zentralasien aus. War bei Angriffen auf Georgien und Oman jedoch weniger erfolgreich.

PETER DER GROSSE (1672–1725)

Kriegerischer Regent Russlands, der gegen die Türken und Schweden kämpfte. Eroberte 1696 Asow von den Türken. Wurde 1711 jedoch von ihnen am Pruth geschlagen. Unterlag 1700 Karl XII. von Schweden bei Narwa. Vernichtete aber dessen Truppen bei Poltawa (1709) und eroberte dann die schwedischen Provinzen im östlichen Baltikum. Modernisierte die russische Armee.

PONTIAC (ca. 1720–1769)

Häuptling des Indianerstammes der Ottawa. Führte von 1763 bis 1764 einen Aufstand gegen die Briten in Nordamerika an. Eroberte 1763 viele Forts. Wurde aber 1765 zum Waffenstillstand gezwungen.

POTEMKIN, GRIGORIJ, FÜRST (1731–1791)

Geliebter und Berater Katharinas der Großen. Befehligte 1787–1791 Feldzüge gegen die Türken. War in starkem Maße auf Suworow angewiesen.

RAMA I. (gest. 1809)

Begründer der Chakri-Dynastie. Siamesischer General, der 1782 den Thron bestieg. Konnte 1785 und 1786 birmanische Angriffe zurückschlagen.

RODNEY, GEORGE, LORD (1718–1792)

Britischer Admiral, der 1762 mit Erfolg auf den Westindischen Inseln kämpfte. Besiegte 1782 die Franzosen in der Schlacht vor den Allerheiligeninseln.

STUART, CHARLES EDWARD (1720–1788)

Auch „Bonnie Prince Charlie" genannt. Fiel 1745 erfolgreich in Schottland ein und siegte bei Prestonpans. Gab seine Invasion Englands jedoch bei Derby auf und wurde bei Culloden (1746) vernichtet.

SUWOROW, ALEXSANDER (1729–1800)

Russischer Feldmarschall, der besonders zwischen 1787 und 1792 gegen die Türken und 1799 gegen die Franzosen in Norditalien erfolgreich war. Resoluter Meister der Offensivtaktik.

TIPU SULTAN (1749–1799)

Regent von Mysore ab 1782. Kämpfte gegen die Briten. Wurde aber 1792 geschlagen und fiel bei der Erstürmung seiner Hauptstadt Seringapatam.

VILLARS, CLAUDE (1653–1734)

Erfolgreicher französischer General, der Marlborough bei dessen Sieg bei Malplaquet (1709) starke Verluste zufügte. Fiel zwischen 1733 und 1734 erfolgreich in Norditalien ein.

WASHINGTON, GEORGE (1732–1799)

Schuf die Kontinentalarmee der amerikanischen Revolution. War kein guter Taktiker, wie dies seine Niederlagen bei Long Island (1776) und Brandywine (1777) zeigen. Lernte jedoch aus seinen Fehlern. War ein fähiger Armeeführer und zwang die Briten bei Yorktown (1781) zur Kapitulation.

WOLFE, JAMES (1727–1759)

Errang einen glänzenden Sieg vor Quebec im Jahre 1759. Starb im Augenblick seines Triumphes.

WEITERFÜHRENDE LITERATUR

Feldmarschall Viscount Montgomery of Alamein: *Kriegsgeschichte (Weltgeschichte der Schlachten und Kriegszüge)*. Frechen: KOMET, MA-Service und Verlagsgesellschaft mbH.
Titel der englischen Originalausgabe:
A History of Warfare. London: William Collins, Sons & Company Ltd., 1968.

Der Große Ploetz: die Daten-Enzyklopädie der Weltgeschichte; Daten, Fakten, Zusammenhänge / begr. von Carl Ploetz. – 32. neubearb. Aufl./bearb. von 80 Fachwiss. – Freiburg im Breisgau: Ploetz, 1998

Grundzüge der deutschen Militärgeschichte, Band 1: Historischer Überblick, Herausgegeben von Karl-Volker Neugebauer, Freiburg im Breisgau: Rombach Verlag Freiburg, 1993

Enzyklopädie der Gewehre und Handfeuerwaffen, Herausgegeben von Sean Connolly, Wien: Tosa Verlag, 1997

Lewerken, Heinz-Werner, *Kombinationswaffen des 15.–19. Jahrhunderts*, Berlin: Militärverlag der Deutschen Demokratischen Republik, 1989

Taschenbuchreihe: FISCHER WELTGESCHICHTE
– Band 17, *Indien (Geschichte des Subkontinents von der Induskultur bis zum Beginn der englischen Herrschaft)*, Herausgegeben und verfasst von Ainslie T. Embree und Friedrich Wilhelm, Frankfurt am Main: Fischer Taschenbuch Verlag, 1967
– Band 19, *Das Chinesische Kaiserreich*, Herausgegeben und verfasst von Herbert Franke und Rolf Trauzettel, Frankfurt am Main: Fischer Taschenbuch Verlag, 1968
– Band 32, *Afrika (Von der Vorgeschichte bis zu den Staaten der Gegenwart)*, Herausgegeben und verfasst von Pierre Bertaux, Frankfurt am Main: Fischer Taschenbuch Verlag, 1966

REGISTER

BILDNACHWEIS

E. T. Archive: Seiten 6, 22–23, 25, 26, 27, 38, 39, 42–43, 47, 49, 50, 54, 74, 79, 83, 87, 88, 89, 101, 105, 124, 128, 131, 134–135, 144–145, 146, 150–151, 154, 160–161, 165, 168–169, 180–181, 192–193, 200–201, 207.
A.K.G.: Seiten 14, 16–17, 18–19, 51, 60, 61, 64–65, 68, 82, 86, 90–91, 120, 157, 158, 167, 174, 192, 202, 204–205, 210–211.
Peter Newark Pictures: Seiten 20, 22, 58, 78, 94, 108–109, 119, 125, 138, 142–143, 149, 156, 159, 162, 168, 171, 175.
Barnaby's/Fotomas Index: Seiten 24, 29, 30, 31, 32, 48–49, 56, 66, 70–71, 76, 97, 98–99, 130, 136–137, 141, 153, 172, 179, 184–185, 186–187, 190, 198, 212.
Royal Armoury: Seiten 57, 103.
Werner Forman Archive: Seiten 57, 103.
Corbis: Seiten 70, 110, 116, 122, 123.
Mary Evans Picture Library: Seiten 102, 112–113, 114–115, 152, 196–197.

Die Zeichnungen auf den Seiten 79, 118, 159, 166, 167, 182, 194, 195, 206, 208 und 209 stammen von Peter Smith und Malcolm Swanston, Arcadia Editions Ltd.